CHAVS

THE DEMONIZATION OF
THE WORKING CLASS

チャヴ

弱者を敵視する社会

CHAVS

The Demonization of the Working Class

by Owen Jones

チャヴ ◉ CONTENTS

はじめに

誰でも一度はこんな経験をしたことがあるはずだ。友人や知り合いといるときに、誰かがびっくりするようなことを言う（余談とか、つい飛び出した品のないコメントとか）。それなのに、自分以外はまったく驚いた様子がない。ほんのわずかでも心配したり、顔色を変えたりしている人がひとりもいないのを見て、思わず不安になる——

私もある冬の夜、そういう体験をした。場所はイースト・ロンドンの高級住宅地にある友人宅の夕食会。カシスののったチーズケーキが丁寧に切り分けられ、話題がちょうど銀行の貸し渋りに移っていたときのことだ。突然、招待主が軽いジョークを言った。

「ウールワース〔訳注：大手スーパーマーケット〕がつぶれるのは残念だね。チャヴたちは、いったいどこでクリスマスプレゼントを買うんだろう」

彼は、自分が偏見を持っているなどとは考えたこともない人だ。そこに居合わせた人たちも同様で、みな教養があり、心が広く、知的な専門職についている。人種もさまざま、性別も男女半々、同性愛者もいた。そして全員が、政治的にはほぼ中道左派だった。つまり、お高くとまっていると言われたら気分を害するような人たちだ。もしその夕食会で、パキ〔訳注：パキスタン人を指す侮蔑語〕やプーフ〔訳注：男の同性愛者〕といったことばを発する人がいたら、すみやかに部屋から追い出されていただろう。

ところが、「〝チャヴ〟たちがウールワースで買い物をする」というジョークに不快感を示した人はいなかった。それどころか、みな笑ったのだ。

出席者のなかで、この差別用語がロマ族のことばで「子供」を指す「チャヴィ」から来ていることを知っていた人は少なかったと思う。チャヴたちのことを、「急激に増加する粗野な下流階級」と表現した「啓蒙」の書 *The Little Book of Chavs*（チャヴの小冊子）を読んだ一〇万人のなかにもいなかっただろう。書店の店頭でぱらぱら立ち読みしていれば、チャヴの多くがスーパーのレジ係や、ファストフードの店員や、清掃員として働いていることはわかっただろうが……。

©alamy/PPS 通信社

「チャヴ」と呼ばれる労働者階級の若者たち

　でも、じつのところ、チャヴがもっぱら労働者階級を侮辱することばであることは、みな知っていたにちがいない。偽物のバーバリーなどを身につけた無職の若者を中心とする下流階級、というのがみんなが持っているチャヴのイメージだ。だから、先ほどの「ジョーク」は容易に次のように言い換えられる。「ウールワースがつぶれるのは残念だね。悲惨な下流階級は、いったいどこでクリスマスプレゼントを買うんだろう」

さらに言えば、私がいちばん衝撃を受けたのは、ジョークそのものではなく、それを言い、笑った人々についてだった。同席者は全員、高収入で専門的な仕事をしていたが、本人が認めようが認めまいが、彼らの成功は幼いころからの環境によるところが大きい。みな緑の多い郊外の快適な中流階級の家庭で育ち、一部は学費の高い私立校にかよい、大半はオックスフォード、LSE（ロンドン・スクール・オブ・エコノミクス）、ブリストルといった名門大学を卒業していた。労働者階級の出身者が彼らのように成功することは、控えめに言ってもむずかしい。

あのとき私は、何百年も昔から存在する場面を目の当たりにした——富める者が貧しい者をあざける場面を。そして、考えさせられた。なぜ、労働者階級への嫌悪感がこれほど社会に広がったのだろう。

私立校を出て億万長者となったコメディアンが、『リトル・ブリテン』などの人気お笑い番組にチャヴの恰好で登場して、われわれを楽しませる。

新聞は熱心に「チャヴの生活」のぞっとするエピソードを取材し、それが労働者階級の典型的な暮らしであるかのように演出する。

〈チャヴスカム〉〔訳注：スカムは人間のクズの意〕といったインターネットサイトには、チャヴを笑い物にする悪意が満ちている。

まるで、労働者階級はどれほどけなしても許されるかのようだ。

チャヴで金儲けする人々

イギリスで、リチャード・ヒルトンほどのチャヴ嫌いを見つけるのはむずかしい。ヒルトン氏は、ロンドンのフィットネス・ブームの先端をいく施設〈ジムボックス〉の最高経営責任者だ。フィットネス好きの富裕層を狙って、月額七二ポンド〔約一万円〕の会費と一七五ポンド〔約二万五〇〇〇円〕の入会金を要求する。彼自身の説明によると、ジムボックスは、顧客の大半を占める専門職のホワイトカラーの不安感に目をつけて事業を始めた。「会員は、護身術のクラスを希望していた。ロンドンで暮らすのは怖いからね」

ヒルトン氏は、トレーニングのクラスに独創的な名前をつけることでも有名だ。ジムボックスには幅広いメニュー（おっぱいエアロビクス、ポールダンス、あばずれボクシング）がそろっていたが、二〇〇九年春、彼はさらに新しいクラスを追加すると発表した。その名も「チャヴ撃退術」だ。「ブーブーうるさいチャヴどもにASBO〔訳注：反社会的行為禁止命令〕は不要。蹴りを入れてやれ」というキャッチコピーがウェブサイトに掲載された。それに続く説明文も入念で、宣伝上手の自警団員のように売りこんでいた。「赤ん坊からキャンディを奪う代わりに、フーディ〔フードをかぶったやつら〕からバカルディのボトルを奪って、ブーブーをキャいいンキャンに変える方法を教えよう。ようこそ〈チャヴ撃退術〉へ。パンチバッグはもういらない。世界は平和を取り戻す」。パンフレットはもっとあけすけだった。「パンチバッグや木の板で技術を磨くより、チャヴどもをぶん殴ったら？……バカルディ・ブリーザー〔訳注：首長の壜に入ったバカルディ入りのフルーツ飲料〕がきみの剣、ASBOがきみの勲章だ」

もちろん、人をぶちのめす行為を称えるのは度がすぎている、と感じる人もいたが、広告基準局に通報されたときのジムボックスの回答は巧妙だった――差別ではありません、なぜなら「自分をチャヴと認める人は社会にいないからです。チャヴは人々が入りたい集団ではありません」。驚くべきことに、広告基準局は、チャヴ撃退術のクラスが「特定の社会集団に対する暴力を許容ないし助長するとは言いがたい」と判断し、ジムボックスをおとがめなしにした。*1

だが、リチャード・ヒルトンの話を聞けば、このクラスを思いついた彼の憎悪の深さがわかるはずだ。彼はチャヴを「バーバリーを身につけたストリートキッズ」と定義したうえで、次のように説明した。

彼らの多くはイングランドに暮らしながら、そこをたぶん「エンガーランド」と発音している。母国語の発音すらろくにできず、単語を正しく綴ったり、文章を書いたりする能力もほとんどない。連中はナイフやピットブルテリアが大好きで、すれちがうときに、たまたま肩がぶつかったり、相手の目つきが気に入らなかったりすると、待ってましたとばかりにナイフで刺そうとする。一五歳までに子を産むことが多く、一日の大半を「スーパースカンク」［訳注：強力な大麻］や「ギア」［訳注：ヘロインと摂取用の道具］を手に入れることに費やしている不潔なティーンエイジャーたち。もし二一歳までに少年院に入れられなければ、コミュニティ内の実力者に祭り上げられるか、運のいい人間として「大いに尊敬」される。

驚くにはあたらないが、チャヴたちがイギリスで苦しい生活をしていることについて、ヒルトン氏の返事はにべもない。「いや、それは当然の報いだよ」

新しいクラスは会員に大評判だったようだ。「過去一、二を争うほどの人気クラス」について、彼は言った。「ほとんどの人が話題にしたり、楽しんだりしてくれた。ごく一部の『政治的公正さ《PC》』にうるさい連中は腹を立てたけどね」。さらに興味深いことに、ヒルトン氏は自分が偏見の持ち主だとはこれっぽっちも思っていない。たとえば、性差別や人種差別、同性愛差別は「まったく容認できない」という。

つまるところ、大成功したビジネスマン、リチャード・ヒルトンは、ロンドンの中流階級が下の階級に抱く不安や嫌悪感をうまく利用しているのだ。シティ［訳注：ロンドンの金融街］の銀行員が、不景気でたまった欲求不満を、乱暴な貧しい若者たちにぶつけようとトレーニングしている姿には説得力がある。階級闘争を個人のフィットネスに結びつけたジムボックスへようこそ！

ただ残念なことに、ヒルトンのこうした主張は、中流階級に広く浸透した「労働者階級のティーンエイジャーのイメージ」とも一致している。愚鈍で暴力的な犯罪者。動物のように「子を増やす《ブリード》」連中……。「イギリス社会の大きな部分を占める労働者階級に恐怖心を抱いている中流階級」という構図を利用する企業は、ジムボックスだけではない。旅行会社の〈アクティビティーズ・アブロード〉は、カナダの荒野での荒々しい狩猟体験、フィンランドのログハウスですごす休日など、多くが二〇〇〇ポンド（約三〇万円）を超えるエキゾチックな冒険ツアーを販売しているが、チャヴは門前払いだ。

二〇〇九年一月、同社はデータベースに登録されている二万四〇〇〇人の顧客に、二〇〇五年のデイリー・メール紙の記事を引用した販促メールを送った。記事の内容は、「中流階級」らしい名前の子供のほうが、「ウェインやドウェイン」といった名前の子供より八倍もＧＣＳＥ〔訳注：一般中等教育修了試験〕に合格しやすいというものだった。

それを読んだ社員は、ではアクティビティーズ・アブロードのツアーに参加する人の名前はどうだろうと興味を持った。社内チームがデータベースを調べ、彼らのツアーで「出会いやすい名前」と、そうでない名前のリストを作成した。前者には、アリス、ジョゼフ、チャールズなど、後者には、チャヴに多いブリトニーやシャンテル、ダッザなどが並んだ。これをもってアクティビティーズ・アブロードは、「チャヴのいない休日旅行」を堂々と約束できるという結論を出したのだ。

ジムボックスのときと同様、こんなやり方を不愉快に思う人は当然いたが、同社に反省の色はない。そればかりか、取締役のアリステア・マクリーンは、「階級闘争かどうかは別として、中流階級は自分たちのために立ち上がるべきときだと純粋に思います。私としては、自分は中流階級だと主張することになんの呵責《かしゃく》もありません」と明言した。[*2]

同社の別の取締役、バリー・ノーランと話したときにも、同じくらい強気の答えが返ってきた。「大憤慨したのはガーディアン紙の読者だったが、彼らは近所にそういう連中がいないから、怒りのポーズをとっているだけだ。あのメールはまさに、わが社のツアーに予約を入れそうな人々の共感を呼んだ。顧客データベースを使ったキャンペーンとしては大成功だった」。たしかに、そのあと同社の売上は四四パーセントも伸びた。

もっとも、ジムボックスとアクティビティーズ・アブロードの手法は少々異なる。ジムボックスは、中流階級が社会的な下位層を乱暴者の集団と見なして怖れていることを利用した。どこかの暗い通りで、彼らがナイフを突きたててやろうと待ち構えている、というわけだ。一方、アクティビティーズ・アブロードは、航空料金が安くなって労働者階級が外国旅行に「侵入」してきたことに対する、中流階級の不満を利用した。「このごろは、外国に行っても、あいつらが目につく」といったマイナスの感情を刺激したのだ。

だがどちらも、現代イギリスの中流階級の多数派が労働者階級を嫌っていることをはっきりと示している。チャヴ・バッシングが金儲けの手段のひとつになったのは、人々の共感を呼ぶからだ。

右派ジャーナリストたちの声

新聞の見出しになるような珍しいニュースが、チャヴ叩きの「根拠」にうまく使われた場合には、それがいっそうはっきりする。

二〇一〇年七月、ラウル・モートという前科者が、元恋人のパートナーを射殺して逃走するという事件が起きた。すると彼は、一部の労働者階級のアンチヒーローになった。犯罪学者のデイビッド・ウィルキンソン教授は、スカイ・ニュース［訳注：イギリスのニュース専門局］で次のように語った。モートは「まっとうな手段では社会に溶けこめない、疎外された白人労働者階級の男心に響いたのです。思うに、そうしたアンチヒーローとしてのモートの行動が、人々を苛立たせてしまった」。あっという間に、白人労働者階級の男性はまともな向上心のない粗野な悪党と見下され、インターネットが辛辣《しんらつ》な論争の場になった。たとえばデイリー・メール紙のサイトには、次のようなコメントが投稿された。

> スーパーマーケットやバス、最近ではふつうの通りでも、タトゥーを入れて、大声で汚いことばをしゃべり、不潔な子供を連れた労働者がますます増えてきた。彼らはごく当たりまえの礼儀も守らないか、知ってすらいない。自分たちが悪いなどという考えは湧きもしないのだ。こういう連中が冷酷な人殺しに同情する。価値観も道徳心もなく、救いようもない馬鹿。避けるに越したことはない。[*3]

この種の階級差別は、現代のイギリス文化の主要部分を占めている。新聞やテレビのコメディ番組、映画、インターネットのフォーラム、ソーシャル・ネットワーク・サービス（ＳＮＳ）、そして日常の会話にも出てくるようになった。「チャヴ現象」の中心にあるのは、大多数の労働者階級の現実をぼやかそうという意図だ。「いまやわれわれはみな中流階級だ」は流行語になったが［訳注：一九九〇年代末の労働党の政治スローガン］、その「中流階級」に、無能で手に負えない旧労働者階級のなれの果ては含まれていない。

国内でも指折りの右派のジャーナリスト、サイモン・ヘッファーも、この見解の強力な支持者だ。「尊敬に値する労働者階級はほぼいなくなった。社会学者がかつて労働者階級と呼んでいた人々の多くは、いまではまったく働かず、福祉国家に養われている」[*4]とくり返す。労働者階級は、いまや「野生化した下流階級」になったと言うのだ。
要するにどういう意味かと尋ねると、ヘッファーは答えた。「尊敬に値する労働者階級の多くは、いい意味で、いなくなった。彼らには向上心があったし、社会にも向上心を後押しする道があった。だから、大学に行き、ホワイトカラーの仕事や専門職につくことで、社会的な地位を高め、中流階級になった」。いまでも肉体労働をしている何百万もの人々や、大学を卒業していない大多数の国民は、その図式のどこに当てはまるのだろう。興味深い問題だ。ヘッファーによると、イギリス社会には大きく分けてふたつのグループが存在する。「何世代にもわたって質素な環境で暮らす、尊敬すべき（労働者階級の）家族はもうどこにもいない。彼らは福祉国家から給付金をもらう下流階級か、その上の中流階級になった」

ヘッファーの目を通して見た社会モデルによると、一方には上品な中流階級の人々が、もう一方には救いがたい残骸（労働者階級に属する、野心も向上心も持たない「下流階級」）が存在し、あいだには何もない。ヘッファーにとっては、実際の社会構造がどうなっていようと関係ないのだろう。そもそも彼らは実態を知らないのだ。

じつのところ、こういう構造を考えつくジャーナリストは、自分たちが軽んじる人々とほとんど接触していない。ヘッファーも完全に中流階級の出身で、地方で暮らし、子供をイートン校［訳注：一三歳から一八歳までの男子を対象とした全寮制の超名門私立校］にかよわせている。ある時点で「下流階級のことはよく知らない」と認めたが、だからといって、ことあるごとに彼らをけなすのをやめてはいない。

「チャヴ」とは誰か？

なかには、「チャヴ」という呼び名を擁護する人もいる。労働者階級の全員が悪人になったわけではなく、

「チャヴ」はたんに反社会的なチンピラやごろつきを指すことばなのだから、と。しかし、ここには議論の余地がある。

まず、「チャヴ」と呼ばれるのが実際には労働者階級全般であることは明らかだ。二〇〇五年に初めてコリンズ英語辞典に載ったとき、「チャヴ」の定義は「カジュアルなスポーツウェアを着た労働者階級の若者」だったが、その意味は著しく広がった。よく耳にするデマは、「公営住宅に住んで暴力的（Council Housed And Violent）」の頭字語というものだ。要するに、多くの人は、労働者階級に対する不快感をこめて、このことばを使っている。「中流階級の謙虚さや上品さがなく、悪趣味で品のないことにばかり金を使う浪費家」といった意味だ。たとえば、デイビッド・ベッカムやウェイン・ルーニー、シェリル・コールといった労働者階級出身の著名人は、くり返し「チャヴ」だと馬鹿にされる。

いまやチャヴということばには、労働者階級に関連した暴力、怠惰、十代での妊娠、人種差別、アルコール依存など、あらゆるネガティブな特徴が含まれている。ガーディアン紙の記者ゾーイ・ウィリアムズが書いているように、「チャヴ」はいまではあまりに多くの要素を含みすぎて、「貧しいから無価値」という意味を伝える「プロール」〔訳注：プロレタリアートを短縮した軽蔑語〕などのことばと同義になった。[*5] 保守的なデイリー・テレグラフ紙の論説委員長、クリストファー・ハウズですら、「多くの人はチャヴということばを下の階級への嫌悪感を隠すのに使っている……人をチャヴと呼ぶことは、パブリックスクール〔訳注：名門私立中等学校〕の生徒が、町の人間をオイク〔訳注：言動が乱暴で無教養な下流階級出身者〕と呼ぶのと変わらない」[*6]と批判している。

実際、「チャヴズ」はよく「白人労働者階級」の同義語として扱われる。この階級を徹底取材した、BBC〔訳注：英国放送協会〕による二〇〇八年の連続ドキュメンタリー番組『ホワイト』がその典型だ。ここに登場する人物はみなうしろ向きな性格と偏見を持ち、人種をひどく気にしている。サッチャリズム以降、「労働者階級」はタブーの概念だったが、二一世紀に入ると、「白人労働者階級」ということばが頻繁に聞かれるようになった。

そう、「階級」は政界の有力者のあいだで長く禁止用語だった。だから、政治家やメディアが議論する「不平等」は人種差別に関するものだけだった。その間、白人労働者階級は、ひとつの新しい民族的マイノリティとして疎外され、彼らの問題は「人種」というレンズを通してのみ理解された。すなわち、「白人労働者階級」は歴史の裏側にまわり、「失われた民族」とされたのだ。そして、「多文化主義のなかで混乱し、大量移民による文化の荒廃から自分たちのアイデンティティを守ることに取り憑《つ》かれた人々」として描かれた。

こうして、「白人労働者階級」という概念の登場とともに、新たな偏見が広がった。白人労働者階級は人種差別主義者の集まりなのだから、彼らを嫌っても許されるというわけだ。

「チャヴ」ということばの擁護者は、「チャヴ自身が使っているのに、なんの問題がある?」とも指摘する。たしかに労働者階級の若者の一部は、このことばを文化的アイデンティティとして受け入れている。ただ、ことばの意味というのは、誰が使うかによって変わるものだ。異性愛者が「クイアー」〔訳注：同性愛の、ホモの〕と言うと、明らかに同性愛恐怖が感じられるが、ゲイの男性がこのことばをアイデンティティとして使う場合は堂々としている。同様に、「パキ」ということばは、イギリスの白人が使うときわめて不快な人種差別になるが、アジア人の若者が仲間内で使うときには愛情がこめられている。

この点を浮き彫りにしたのは、右派のアメリカ人ラジオパーソナリティ、ドクター・ローラ・シュレシンジャーだ。二〇一〇年、アフリカ系アメリカ人から放送中にかかってきた電話で、彼女は一一回も「ニガー」と言ったあと、その場で、黒人のコメディアンや俳優も使っていると自己弁護した。

いかなる場合でも、話者によってことばの意味は変わる。中流階級の人が「チャヴ」と言えば、それは完全に階級差別用語だ。グレーター・マンチェスターの労働者階級の町で育った、工場労働者の息子リーアム・クランリーは、中流階級の人に「チャヴ」と言われたときの気持ちをこう語った。「それはぼくの家族を指していた。ぼくの兄弟、母さん、友だちを」

不平等社会とヘイト

「チャヴ・ヘイト」は決して特異な現象ではない。それはある面で、きわめて不平等な社会の産物だ。「格差の拡大がもたらすひとつの大きな結果は、社会に優越感と劣等感が増えることだと思う」。こう言うのは、格差とさまざまな社会問題とのつながりを的確に示した名著『平等社会――経済成長に代わる、次の目標』（東洋経済新報社）の共著者リチャード・ウィルキンソンだ。今日、格差は人類史上例を見なかったほど広がっている。人文地理学の教授で「格差の専門家」、ダニー・ドーリングも、「世界の大半の地域において、格差の拡大はごく最近の事象だ」と論じている。

　最下層の人々を劣等視することは、いつの時代でも、不平等社会を正当化する便利な手段だった。論理的に考えれば、偶然の生まれで社会の頂点に立ったり、底辺から抜け出せなかったりする人がいるのはおかしい。だが、頂点に立つべき資質があるからこそ、そこにいるのだとしたら？　技術や才能、決意が足りないから底辺にとどまっているのだとしたら？　これが不平等の正当化だ。

　こうした劣等視には、たんなる不平等以上の問題がある。その根本にあるのは、イギリスの階級闘争の名残だ。一九七九年、首相に就任したマーガレット・サッチャーは、労働者階級への総攻撃を開始した。これによって、労働組合や公営住宅などの制度は廃止され、製造業から鉱業に至る数々の産業が破壊された。回復できないほどバラバラになったコミュニティもあった。連帯感や共通の向上心といった価値も一掃され、そこには厳しい個人主義が居座った。労働者階級は力を奪われ、誇りある集団とは見なされなくなった。代わりに冷笑され、見くびられ、スケープゴートにされた。そして、メディアや政治の世界から労働者階級出身の人が消えるにつれ、こうした考えはさらに広まった。

政治家、とりわけ労働党の政治家が労働者階級の生活改善を訴えたこともあった。しかし、今日の世論は、労働者階級から「抜け出す」べきだということで一致している。政治家の演説には、中流階級を拡大するという約束がちりばめられている。「向上心」ということばは、個々人が富を増やすこと、つまり、出世街道をひた走って中流階級になるという意味に再定義された。貧困や失業といった社会問題は、かつては資本主義の欠陥から生じた不正であり、少なくともなんらかの対処が必要と考えられていたが、今日では個人の行動や欠陥、選択の結果だと理解されるようになった。

労働者階級の苦境も、きまって彼らの「やる気のなさ」のせいにされる。特権階級を利するように作られたきわめて不平等な社会が原因ではなく、個人の性格の問題だというのだ。極端な場合、新たな「社会ダーウィン主義」さえ唱えられる。進化精神科医ブルース・チャールトンによると、「貧しい人々は、裕福な人々より平均ＩＱが低い……つまり、専門職の階級と比べて、労働者階級が最難関大学の標準入学レベルに達するのは、はるかにむずかしい」[*7]。

二〇一〇年の総選挙のあと、億万長者が支配する保守党が政権を握ると、一九二〇年代の初頭以来なかったような経費削減計画が進められた。二〇〇七年に始まった世界経済危機は、大金持ちの銀行エリートの強欲と無能が引き金だったかもしれないのに、当時もいまも、その代償を支払わされるのは労働者階級だ。それも、正面きっての福祉の縮小は政治的にまずいので、政府は生活保護受給者を責める策に打って出た。

ためしに、推定資産四一〇万ポンド（約五億九〇〇〇万円）の保守党ジェレミー・ハント保健相を見てみよう。

彼は社会保障費削減を正当化するために、長期受給者は家族の子供の人数に「責任を持たなければならない」と言い、国は無職の大家族をこれ以上支援しないと主張した〔訳注：イギリスでは子どもの数に応じた社会保障制度がある〕。長期受給者のうち子供が四人以上いる世帯は、実際には全体の三・四パーセントにすぎない。それなのにハントは、「貧乏人の子だくさん」という古くさい偏見とともに、「子供ばかり産んで福祉制度を食い物にするだらしないシングルマザー」という、タブロイド紙定番のイメージを利用した。言うまでもなく、この国でもっとも弱い労働者階級への攻撃強化を正当化するためである。チャヴをあざ笑うこうした態度は、これから何年にもわたって、イギリスの政治の中心になるだろう。

本書の狙い

本書の狙いは、労働者階級の敵視の実態を明らかにすることだ。しかし、中流階級を敵視する方向には進まない。同様に、労働者階級を偶像に祭り上げたり、美化したりするつもりもない。目的は、「チャヴ」という戯画の陰で見えなくなっている大多数の労働者階級の実像を、多少なりとも示すことだ。

ことに強調したいのは、「人々の態度の変化だけを求めるべきではない」という点だ。階級差別は、階級によって深く分断された社会の主要な構成要素である。われわれが最終的に取り組まなければならないのは、差別そのものではなく、差別を生み出す源、すなわち社会だ。

1

シャノン・マシューズの奇妙な事件

中流階級の人はみな、胸の奥に階級的偏見を持っていて、ほんの少しのきっかけでそれが目を覚ます……労働者階級がひどく甘やかされ、失業手当や老齢年金、無料教育などで救いがたく堕落しているという考えは……いまだに広くある。だが、失業がたしかに存在することが最近認識されて、その考えもわずかばかり揺らいだかもしれない。

ジョージ・オーウェル『ウィガン波止場への道』

なぜ、ひとりの子の命が、別の子の命より大切になるのだろうか。

二〇〇七年五月のマデリーン・マクカーンの失踪と、二〇〇八年二月のシャノン・マシューズの失踪は、見たところそっくりの出来事だった。どちらの被害者も無力な幼い少女で、ふたりともなんの痕跡も残さず、マデリーンは就寝中に寝室から、シャノンは水泳教室からの帰り道で姿を消した。ともに打ちひしがれた母親がテレビに出て、かわいい娘の好きだった玩具を握りしめ、無事に帰ってきてほしいと涙ながらに訴えた。マデリーンはポルトガルのアルガルベにある高級リゾート地でいなくなったのに対し、シャノンはウェスト・ヨークシャーのデューズベリーの通りで姿を消したのだが、視聴者はどちらの事件でも、わが子を失った母親の比べようのない苦悩を目の当たりにした。

しかし、このふたつの事件には、九カ月と数百キロの距離以上の隔たりがあった。

マデリーン・マクカーンの場合、二週間のうちにイギリスのジャーナリストが一一四八の記事を書き、彼女を無事両親のもとへ届けた人には、二六〇万ポンド（約三億七七〇〇万円）という驚くべき報奨金が約束された。おもな資金提供者には、新聞社のニュース・オブ・ザ・ワールドやサン、ヴァージン・グループ会長のサー・リチャード・ブランソン、音楽プロデューサーのサイモン・コーウェル、ベストセラー作家のJ・K・ローリングらがいた。行方不明の幼児の名は、たちまち世間に知れ渡った。

マクカーン家の娘の失踪は、国民的大事件になった。テレビのぞっとするリアリティ番組のように、事件のあらゆる細部が全国放送され、イギリスの大衆を釘づけにした。ニュース番組は、それぞれ局でいちばん有名なレポーターをアルガルベからの生中継に送りこんだ。まるでスコットランドやウェールズの田舎町を探せば三歳の迷子が見つかるかのように、国じゅうの店に彼女の特徴的な右目を拡大したポスターが貼られた。国会議員は一致団結を表すイエローリボンを身につけ、多国籍企業は「マデリーンの捜索にご協力を」という広告メッセージを自社のウェブサイトに掲載した。ひとりの幼児の失踪が、この種の事件に対する現代のメディアの関心を異常なまでに高め、集団ヒステリーに近いものを引き起こしたのだ。

一方、シャノン・マシューズの失踪に対する反応は哀れだった。事件発生から二週間たっても、報道数は同時期のマクカーン家の三分の一。現地からの中継もなく、政治家がリボンをつけることも、企業サイトに「シャノンの捜索にご協力を」というメッセージがまたたくこともなかった。発見した人への報奨金は控えめな二万五五〇〇ポンド（約三七〇万円）で（ただし、のちに五万ポンドになる）、そのほとんどはタブロイド紙のサンからの寄付だった。かりに金銭だけで判断すれば、マデリーン・マクカーンの命はシャノン・マシューズの命の五〇倍以上の価値があると見なされたことになる。

なぜマデリーンなのか？　不正があふれる世の中で、あるひとりの幼い少女の悲劇だけが、どうしてこれほどの苦悩を人々にもたらしたのか——この疑問に、きわめて率直に答えたコメンテーターがいた。「こういうことは通常、私たちのような人間には起きない」と著作家のアリソン・ピアソンはデイリー・メール紙で嘆いた。[*1] 彼女の言う「私たちのような人間」とは、快適な中流階級の出身者だ。誘拐、傷害、殺人といったことは、ロンドン南東部のペッカムやグラスゴーで暮らす人々に似つかわしいと考えているのだろう。〈ウェイトローズ〉［訳注：高級スーパーマーケット］で一週間分の買い物をするような人たちにはこういう悲劇は起きない、と。

ピアソンは、マデリーンの苦境に心を痛めているのと同じくらい、シャノン・マシューズに冷淡だった。理由は同じく彼女の出自である。警察でさえシャノンが生きて見つかるとは思っていないなか、ピアソンはシャノンの家庭環境について遠慮なく独断のことばをぶつけた。「今日の子供にありがちなことだが、シャノン・マシューズも、二月の寒い夜に失踪するまえから、いたいけな子供をいじめる両親の破滅的な家庭環境の犠牲者だった」[*2]。ピアソンがこちらの事件に触れたのは、この一文だけだ。だが、幼い子供をリゾートホテルの一室に放置し、誘拐されてしまったマクカーン夫妻が非難されたときには、夫妻を強力に擁護して、「マクカーン夫妻に過失はなかった。他人が出しゃばって非難すべきではない。夫妻は残りの人生で自分たちをさんざん責めつづけるのだから」と断言した[*3]。

この中流階級の連帯感は、高級紙であるタイムズにインディア・ナイトが書いた記事にも見られた。「マクカーン夫妻が滞在したリゾート地は、中流階級の家族が楽しむ休暇プランを専門とするマーク・ワーナー・グループの所有だ」と彼女は解説した。そうしたリゾート地の楽しみは、「素性のわかる人たち」がいて安心でき、「みんな私たちと同じ」と感じられることだという。そこは「セインズベリー〔訳注：スーパーマーケット〕でベそをかくわが子を殴るような人たち」に出会うような場所ではない[*4]。

これらの記事からおのずとわかるように、コラムニストが心から同情しているのは、たんに幼い少女が誘拐されたからではない。少女の家族が中流階級だったからこそ、ここまで嘆いているのだ。

マクカーン一家はなぜ、これほど中流階級のジャーナリストの同情を呼び起こすのか？　理由は簡単だ。両親はレスターシャー州のしゃれた郊外に暮らす医療関係者で、毎週日曜には教会にかよい、写真うつりがよく、清潔感があり、いかにも健康そうな夫婦だった。愛情をこめて双子の幼児の世話をする写真は、理想的な中流家族の生活を体現していた。マクカーン一家の苦悩にアリソン・ピアソンやインディア・ナイトが感情移入し

©alamy/PPS 通信社

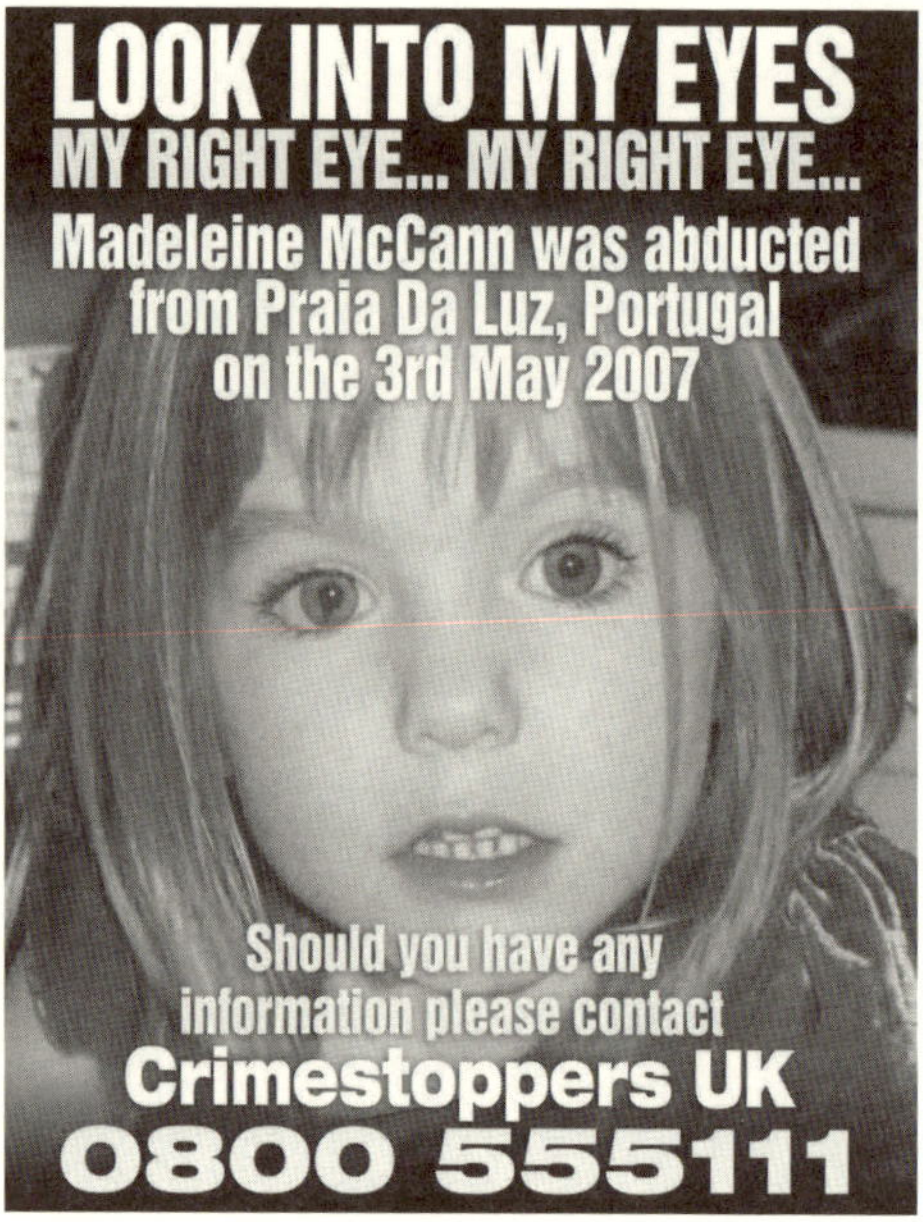

マデリーンの情報提供を求めるポスター

やすいのは、彼女たちの生活が一家と似ているからだった。

反面、マシューズ一家は大ちがいだった。シャノンは、北部の古い工業地帯の貧しい団地で育った。母親のカレンは五人の男性とのあいだに七人の子をもうけ、本人は無職で、パートナーのクレイグ・ミーハンがスーパーマーケットの魚売り場で働いていた。ミズ・マシューズは世間のまえに、垢抜けない服装、ひっつめた髪、化粧もせず三二歳の実年齢よりかなり老けて見える暗い顔で登場した。その隣に立つ猫背のミーハン氏は、野球帽、スウェットシャツ、ジャージのズボン。彼らは明らかに「私たちと同じ」ではなかった。

こうして、シャノンの事件は、ほとんどが中流階級出身のジャーナリストたちからマデリーンの事件と同等の反応を引き出せなかった。たとえば、デイリー・ミラー紙の元編集者ロイ・グリーンスレイドは、メディアの取材が圧倒的に足りないことに対して、「社会階級がすべてに影を落としている」と感じた。[*5] 新聞各紙はシャノンの事件の一週間後ですら、失踪から九カ月たったマデリーンの目撃情報を一面に載せていた。

シャノンの出自は、大半の事件記者たちから隔たりすぎていた。ニュースの発信者があくまでマデリーンにこだわり、さびれた北部の町の少女の失踪にほとんど注意を払わない理由は、心理学用語を駆使しなくてもわかる。「デューズベリー・ムーアは牧歌的なロンドン郊外でもなければ、ポルトガルのリゾート地でもない」。

シャノンの事件でメディアが大騒ぎをしないわけについて、タイムズ紙のある記者はそう説明した。「北のほうだからね〔訳注：低所得者層はイングランド北部に多い〕。石壁の公営住宅と見捨てられた荒野からなる殺風景な場所に、白人の下流階級を絵にかいたような、悪いイメージどおりの人たちが住んでいる」。近隣住民で悲しんでいる人はたしかにいたが、ほかの人たちは「行方不明の少女のドラマを、最低生活ラインぎりぎりの単調な毎日から解放してくれる、楽しいゲームか何かのように考えている節があった」[*6]。

こうしたコメントから、教養ある中流階級の記者たちの考えをうかがい知ることができる。そういう環境で育った人たちと接する機会がなかったのだから、感情移入がむずかしいのも無理はない。「事件の取材で北部に行った全国のジャーナリストの多くは、まるで異世界に入ったように感じただろうね」と、ミラー紙のベテラン記者ケビン・マグワイアは言う。「そこはカンダハールやティンブクトゥと同じくらい未知の場所で、イギリスだとさえ思えないだろう……彼らが生まれ育ち、暮らしているイギリスではないから」

根拠のない考えではない。特派の記者ですら、似たようなことを告白している。タイムズ紙のメラニー・レイドは、「私たちのようなおとなしい中流階級には、この事件は理解できない」と熱心に主張した。「なぜならこの種の貧困は、アフガニスタンで起きることのように私たちの日常からかけ離れているからだ。デューズベリーの白人労働者階級の生活は、まるで外国のようだ」[*6]

デューズベリー・ムーアで暮らす労働者階級の人たちは、シャノン・マシューズに世間の関心が向かない理由を痛々しいほど理解していた。多くのジャーナリストは、デューズベリーのような地域の人々に軽蔑しか抱いていないのだ。「いい？　公営住宅に住んでるからって、いつも酔っ払ったり、クスリで舞い上がったりしてるわけじゃないの」。地域の代表者ジュリー・ブッシュビーは、ジャーナリストに怒りをぶつけた。「ここの住人の九〇パーセントはちゃんと働いて、いまの生活をまかなっているのよ」

マデリーンとは明らかにちがう反応について、彼女はこうも言った。「ふたりの子供が行方不明になったというのが重要じゃないの？　金持ちでも貧乏でも、事件が起きればみな同じ気持ちになる。ケイト・マクカーンに幸運を。私たちが探してるのは子供でしょう？　その母親じゃなくて」[*8]

少女発見。すると世間は……

その後、ふたつの事件は大きな展開のちがいを見せた。マデリーン・マクカーンは見つからなかったが、シャノンは二〇〇八年三月一四日に生きて発見されたのだ。誘拐ののち屋根の梁《はり》に紐でつながれ、ソファベッドのなかに隠され、騒がないよう薬を飲まされていたという。犯人とされたのは、カレン・マシューズのパートナーのおじだった。しかし人々の怒りの矛先は、この孤独な変人には向かなかった。非難の的になったのは、母親と、さらに重要なこととして、彼女に代表される階級だった。

シャノンの無事が確認されたことで、彼女の住む町を大っぴらに攻撃しても品性を疑われなくなった。結果的にこの事件は、イギリスが不道徳な階級にいかに甘いかを知らしめる恰好の事例とされた。「彼女の出自、つまり見るとがっかりするような、あのおそろしく自堕落なイギリス人を取り巻く物語は、失敗の教訓として読まれるべきだ」と、あるコラムニストはバーミンガム・メール紙に書いた。「野暮ったい髪が脂ぎった顔に垂れ、実年齢は三二歳だが六〇歳に見えるカレン・マシューズは、無気力に褒美を与える社会の産物である」[*9]

これは政治的得点を稼ぐチャンスでもあった。ジャーナリストのメラニー・フィリップスは、みずから道徳の権威と称し、手前勝手な伝統的価値観を押しつけることで有名だが、彼女にとってシャノン・マシューズ事件は、自説の正しさを証明してくれる願ってもない贈り物だった。少女が発見されたあと、フィリップスはこの事件が「大部分の国民の暮らしや、われわれの大半が常識だと思っている態度や社会的慣習からかけ離れた下流階級の存在を明らかにする」のに役立ったと論じた。ヒステリックな長文のなかで、「家庭を大切にする父親がまれで、そういう父親のいる子はいじめられる危険性があるコミュニティ」、さらには「少年たちが考えもなく二人、三人、四人の少女を妊娠させるコミュニティ」があると断言もしている。[*10] しかし、その主張を裏づける根拠はなんら示されていない。

険悪な雰囲気が高まるなかで、極端な偏見が公然と語られはじめた。二〇〇八年三月におこなわれたマシューズ事件の討論会では、ケント州の保守党議員ジョン・ウォードが、「生活保護を受けている家庭で二人目――あるいは三人目でもかまわないが――の子供が生まれたら強制的に不妊手術をするという提案にますます説得力が出てきている」と発言した。批判を受けても、ウォード氏は「私欲のために子供を作るプロのたかり屋」に対する不妊手術の主張を取り下げなかった。[*11] どこかで聞いた気がする？ 地元の労働党議員グリン・グリフィスもそう考え、「実質的にはナチスの優生学」だと私に語った。「西欧の民主主義では許されないことだ」

だが、デイリー・メール紙の何十人もの読者は、グリフィスの心配などそっちのけで、保守党議員を支持するメッセージを次々と投稿した。ある人は「彼の発言のどこが問題なのかわからない」と書き、「子供の大量生産は天に与えられた権利ではない」とつけ加えた。別の支持者は、「なんてすばらしい案だ。勇気ある政治家が採用できるか見届けよう」と投稿し、さらに別の支持者は、支援の署名運動を提案したり、水道に不妊薬を混ぜ、親になるのに「ふさわしい」人だけに解毒薬を与えるという独創的な案まで出した。この最後の投稿には、察しがいいことに、「リベラル左派が憤激するのはまちがいない。つまるところ、彼らは職なしのチャヴの票に頼って政権を取るのだから」とも書かれていた。また、ウォードの提案に全面的に同意し、「国はこういう怠け者のたかり屋のせいで沈みかけている」と書いた人もいた。[*12]

もちろん、階級差別がいつもこれほどあからさまなわけではない。コメントのなかには平静を失っているものもある。だが、イギリス社会の根底にある嫌悪感を反映しているのは事実だ。しかも、これは氷山の一角にすぎなかった。マシューーズ事件の暗い真相が明らかになると、デューズベリー・ムーアのような労働者階級のコミュニティに、狩猟解禁が宣言されたのだ。

「犯人」と「階級差別」の闇

娘の生還から三週間後、状況は一変し、母親のカレン・マシューズが逮捕された。母親がここまでするとはとうてい信じられないが、彼女は報奨金を手に入れるために、自分の九歳の娘を誘拐したのだった。その金額は五万ポンド(約七二五万円)。さらに、彼女のパートナーのクレイグ・ミーハンが、児童ポルノ所持の有罪判決を受けた。カレン・マシューズが法廷に立ったときには、その友人や親戚を見に集まった傍聴人のなかから、「次に逮捕されるのはおまえらの誰だ?」という野次が飛んだ。[*13]

シャノン・マシューズの奇妙な事件は、社会に大きな影響を及ぼした。金のためにわが娘を異常な方法で虐待した親という問題をはるかに超えて、明るく燃え上がった炎のように、現代イギリスの階級社会と差別意識を照らし出したのだ。事件の特殊なおぞましさや、まわりの人々、警察、国家のすべてを欺《あざむ》いていたカレン・マシューズの悪巧みによって、メディアの大げさな報道が正当化されたのはもちろんだが、大多数の評論家や政治家にとって、これはもはや、堕落した個人と共謀者の犯罪に限定されるべき事件ではなかった。ある地元紙は、「この事件によって『下流階級』に対する多くの偏見が正しいことが確認されたようだ」と報じた。[*14]マシューズと似たような出自の人々が、彼女といっしょに被告人席に並んだようなものだった。

タブロイド紙は、国の判事、陪審、死刑執行人として、デューズベリー・ムーアという地域に目をつけた。標的は地元の住民である。なんといっても、カレン・マシューズと同じ通りで暮らすほど神経が図太いのだから。彼らの地域は、国じゅうの似たような労働者階級のコミュニティを代表することになった。「公営住宅地はベイルートをもっとひどくしたようなところ」というのが、サン紙の親切な見出しだった。

なんと乱暴な表現だろう。レバノンの首都ベイルートはとりわけ悲惨な内戦の中心地で、およそ二五万人が死亡し、街の大部分が瓦礫になりかけていたのに、それよりひどいとは。だが、サン紙は裏づけ証拠をそろえていた。「駆けつけた報道陣は、真っ昼間でもパジャマ姿で店に出入りしている住民たちを写真に収めた……雨が降っていてもである」。さらに、あの地域の住人は「まさにチャンネル4の大ヒットドラマ『シェイムレス（恥知らず）』を地でいく生活だった」とも記した。『シェイムレス』は、マンチェスターの公営住宅に住む家族の破滅的な生活を扱った人気番組だ。サン紙は完全に有罪の判決を下したが、驚いたことに「地元の住民は罪を認めようとしなかった」[*15]。

じつは、こうしたイメージを作り出すために、ジャーナリストたちは少々手心を加えていた。たとえば、北のほうで消えたみすぼらしい労働者階級の少女にメディアが飽きたころに、地元の人たちが力を合わせて彼女を見つけ出そうとしたことは報じなかった。実際には、何十人ものボランティアが、ときには大雨のなか毎晩のように家々をまわって、少女の失踪に関するチラシを配り歩いた。はるばるバーミンガムまでチラシを配りにいくために、チームを組んで長距離バスも予約した。イスラム教徒の多い地域向けに多言語のチラシも刷った。地元住民の多くは貧しいが、少しでもシャノンを見つける力になりたいと、なけなしの金を出していたのだ。

「コミュニティが独自の力を発揮したと、私も地元のほかの議員も強く感じている」と地元議員のキザール・イクバルは振り返る。「みなが一致団結した。誰もがあの子の幸せを祈り、無事で元気な姿を見たいと願っていた。あのときコミュニティが発揮した力を誇りに思う」。しかし、かぎられた財力ながらひとつの目的のために結びついた、この労働者階級の強い絆が、シャノンの物語の一部になることはなかった。メディアが作り上げた『シェイムレス』のイメージに合わなかったからだ。

カレン・マシューズと似た経歴の持ち主や、同じ公営住宅地に住む人たちがニュースに出るときには、かならず、どうしようもない社会不適合者として描かれた。だが、元大臣のフランク・フィールドは、「私がすばらしいと思ったのは、（カレン・マシューズの）周囲の一部の人々だ」と語る。「彼女の友人のひとりは、すべてカレンの仕業だったとわかったあと、カレン本人に会ったら思いきり引っぱたいて、抱きしめてやると言っていた。悲しいかな、ニュースで報じられなかったことのなかに、より興味深い疑問に対する答えがあるのだ――たとえば、なぜ近所には模範的な親もいるのに、彼女は自分の面倒もみられず、まして子供の世話などできるはずもない落伍者なのか」

これはメディアが嫌がる議論、断じて近寄らないテーマだった。そればかりか、この種のコミュニティに属する人々はある意味で人間以下だ、とほのめかすジャーナリストさえいた。そのひとりがキャロル・マローンだ。ギャラの高いコラムニストで、テレビに出演すると、誰であれ最近むっとさせられた相手を思いきりこきおろす。彼女が公営住宅の入居者を批判する資格があると考えていたのは、かつて彼らの「隣人」だったからだ。「デューズベリー・ムーアとそっくりな場所で、カレン・マシューズのような人ばかりいた。定職についたことがなく、そうする気もない、産んだ私生児の生活費は全部政府が出してくれると思っている――手放せない酒やドラッグや煙草の代金は言うに及ばず。家はまるで豚小屋みたいだった。床には犬の糞が落ちていて（本当に見たの）、カーペットにはカビが生え、服は山積み、汚れた皿がそこらじゅうに散らかっていた」

こうして労働者階級から人間性を奪おうとしても、まだ不十分だと思ったのか、マローンはさらにあけすけに説明した。事件にかかわったマシューズやミーハンやドノバンは、「現在この国のもっとも暗く汚れた片隅

逮捕された母親のカレン・マシューズ（左）と、パートナーのクレイグ・ミーハン

で、（人間より）下の階級に属している。ごくつぶしのたかり屋で、道徳心や思いやり、責任感はいっさいなく、愛情も罪悪感も持ち合わせていない」[*16]。マローンによると、こうしたコミュニティは不潔で人間以下、基本的な感情が欠落している。金のために自分の娘の狂言誘拐を仕立てるような人間がたむろしている。デイリー・メール紙は、これをもっと端的に「野生化した下流階級」と呼んだ[*17]。

キャロル・マローンが黒人やユダヤ人を指して（スコットランド人でもかまわないが）、同じことを言ったと想像してみてほしい。たいへんな騒動になるだろう。当然だ。マローンのキャリアは終わり、サン紙は印刷物でヘイトをあおったと法的措置を取られる。だがこのとき、彼女の解雇を求める激しい抗議や怒りの声はあがらなかった。なぜか？　彼女が攻撃したコミュニティが公認の標的になっているからだ。

「この国では、恵まれない人を叩くおぞましい風潮が広がりつつある。私はそれが本当に嫌だ」。カレン・マシューズに対するヒステリーが激烈だったころ、デイリー・スター紙のコラムニスト、ジョー・モットは訴えた。「この状況につけこんで労働者階級に卑劣な攻撃を加えるのはやめようじゃないか」[*18]。しかし、モットは孤立無援だった。仲間のジャーナリストたちにとって、カレン・マシューズは特異な例ではなかった。イギリスには彼女のような人間があふれていた。

彼らはあからさまに事実をねじ曲げて、ある種のイメージを作り上げた。「この手のあらゆることに言えるのだが、噂にはつねに多少の真実が含まれている。けれども、それらはメディアから見て都合のいい話になるように、効果的な憶測が加えられたり、誇張されたりしている」と全国ジャーナリスト組合委員長のジェレミー・ディアは言う。「あのときにはまるで、いまさらああいう住民に何を期待すると言わんばかりだった」。新聞各紙は、「彼女（カレン・マシューズ）個人ではなく、彼女の出自や人柄、つまり階級を狙い撃ちしていた」。

とりわけ当時の報道の根底にあったのは、旧来の労働者階級が、無能な「チャヴ」という残りかすに取って代わられたという考えだった。「かつての労働者階級は、いまや場所によっては下流階級になっている」とメラニー・マクドナーはインディペンデント紙に書いた。「この不運な女性が体現しているのは、社会の衰退だ」[*19]。つまるところ、これがチャヴ蔑視の核心にあるものなのだ――われわれはみな中流階級で、労働者階級のなれの果てのチャヴとは別物だ、という意識である。

ゆがんだ報道、飛びつく政治家

シャノン・マシューズ事件は、メディアにとって、無能で野蛮で無価値な「チャヴ」を笑いものにするのにぴったりの衝撃的な事例だったが、これで終わるわけはなかった。ボールは坂を転がりはじめ、マスコミはこのゆがんだイメージを定着させるために、熱心にほかの事例に飛びついた。

二〇〇八年一一月に、当初「ベビーP」とだけ報じられたロンドンの幼児が、母親とそのパートナーの男の凄惨《せいさん》な虐待で死亡した事件も、その一例だ。このとき、地方自治体の児童保護制度がうまく機能していないことに非難が集まるだけでなく、閉鎖的で心地よい「中流《ミドル》のイングランド」の外に暮らす人々に、またもスポットライトが当たった。

「彼らの多くは、複数の男性とのあいだに子をもうける母親を持つことになるだろう」と、サンデー・テレグラフ紙でブルース・アンダーソンは主張した。「アフリカのサバンナでは、新たに群れのリーダーになった雄ライオンが、まえのリーダーの子供を嫌ってよく殺してしまう。ロンドンの密林でも、似たような行動が見られないわけではない」[*20]。ベビーP事件の恐怖は、シャノン・マシューズ事件が燃やしはじめた火――貧しい労働者階級のコミュニティから人間性を奪おうとする態度――に油を注いだ。

ますます不愉快になる報道から距離を置いていた少数のジャーナリストは、当然ながら労働者階級への卑劣な攻撃に苦言を呈したが、それは事態の半分でしかなかった。もとよりメディアが労働者階級に目を向けることはめったになく、あったとしても、たいていカレン・マシューズや、二〇〇九年の初めに一三歳で父親になったと誤って告発されたアルフィ・パッテンのような特異な人物が現れたときだけだった。ジャーナリストたちは、イギリスに残った労働者階級を代表するような、この上なくおぞましい話題を競って探した。

「彼らは見つけられるなかで最悪の住宅地に着目して、最悪の事例を調べている」とガーディアン紙のコラムニスト、ポリー・トインビーは抗議する。「仕事もない、いちばん崩壊していそうな家族にカメラを向けて、『これが労働者階級の生活だ』と言うのよ」

か弱い子供を野蛮に虐待する残酷な親たちを含めて、生活上きわめて深刻な問題を抱えている住民がいないわけではない。ただ重要なのは、そうした人々はごく少数で、とても代表例とは言えない点だ。「子供が一〇人いて一度も仕事をしたことがないといった、きわめて特殊な家庭が熱心に探し出され、典型例として紹介される」とインディペンデント紙の記者ヨハン・ハリは言う。「めちゃくちゃな生活をして、自分のこともきちんとできず、当然子供の世話もできないような機能不全家庭はごく一部だ。なのに、その数がひどく誇張されて、あたかも貧しい家庭がみなそうであるかのように映る」

いちばん心配なのは、メディアがシャノン・マシューズ事件をゆがめて報道したこと自体ではない。政治家が世の中の流れを目ざとく見つけ、例によって優勢な側に便乗したことだ。マシューズ家の事件は、ジャーナリストがいまに残るイギリス労働者階級を戯画に仕立て上げたことで、政治目的にうまく利用された。保守党も、ニュー・レイバー［訳注：トニー・ブレアやゴードン・ブラウンなど、労働組合の政党から中道の国民政党に変わることをめざす労働党の一派］の指導者も、断固たる態度で生活保護の受給者数を大幅に減らすことにした。労働者階級のコミュニティはみな堕落し、無気力で仕事を嫌い、道徳心に欠け、不潔で性的にだらしなく、ひどくすると獣じみた完全失業者の集まりになりつつあるというイメージの定着に、メディアが力を貸した結果である。デイリー・メールのような保守系の新聞は、カレン・マシューズが無職だったという事実を生活保護への攻撃材料にした（「専業」主婦を熱心に支持する新聞から言われたくない気もするが）。[*21]

政治家が社会保障制度を蹴り飛ばすのには絶妙のタイミングだった。保守党の元党首で、党内の社会政策の責任者、そしてなぜか名前がそぐわない〈社会公正センター（CSJ）〉の設立者であるイアン・ダンカン＝スミスは、マシューズ家の真相発覚によって、「まるで別世界への扉がわずかに開き、イギリスじゅうの人がなかをのぞけるようになったようだ」[*22]と言った。何百万という住民が、公営住宅のまわりをうろついて自分たちの子供を誘拐し、熱狂的な努力でタブロイド紙から金を巻き上げているといわんばかりだった。こうしたことを背景に同センターは、イギリスにいる一〇〇〇万人ほどの公営住宅入居者は、きちんとした行動への褒美として、その不動産の権利を譲渡されるべきだ、それがイギリスの公営住宅地の「ゲットー」をなくすのに役立つだろう、と提案した。[*23]「きちんとした行動への褒美」とは、まるで刑務所の囚人か子供やペットに使うようなことばだ。イギリスの人口の大きな部分を占める労働者階級全体が、一挙にカレン・マシューズの行動に巻きこまれたのだ。

保守党にとって、カレン・マシューズはじつに便利な政治の道具になった。保守党党首デイビッド・キャメロンも、事件を福祉国家の全面的な見直しの呼びかけに利用した。「先週のカレン・マシューズと下劣な共犯者への判決は、われわれの壊れた社会への判決でもある」とキャメロンはデイリー・メール紙に語った。「この事件だけですめばよかったのですが」。事件を受けた改革の一環として、彼は「無料《ただ》で何かが得られる文化を終わらせる。合理的な条件の仕事につかないのであれば、生活保護は打ち切る。例外はない」と宣言した。[*24]

ここでも、カレン・マシューズと、それよりはるかに大多数の労働者階級が結びつけられたのだ。政治戦術としては賢い。彼女と同じような出自の人々が同じようにおそろしい行動をとる可能性がある、とより多くの国民が信じるようになれば、それらを封じる政策が支持されやすくなるからだ。

保守党のその提案には、長期無職者の家庭生活の調査まで含まれていた。保守党の労働・年金報道官のクリス・グレイリングは、カレン・マシューズの事件を「身の毛のよだつ極端な例」としながらも、「あの事件によって、わが国でもっとも貧しい一部の地域の生活が衆目にさらされた。何世代ものあいだ、いっさい生産的な生活をしてこなかった世帯が集まる地域だ。この世界はなんとしても変えなければならない」[*25]と言って、党の計画を擁護した。

これらベテラン政治家のことばを信じるなら、カレン・マシューズは、中流階級社会の下に、「社会保障制度にちゃっかり援助されつつゆがんだ生活を送る、より大きな層」があることを明らかにしたわけだ。これに対し、ヨハン・ハリは、「事件を福祉国家のせいにするのは異様だ」と言う。「貧困者は生まれながらに道徳心がなくて人をだます、だから彼らに支援は必要ないという、一九世紀後半の反福祉国家の理屈の焼き直しだ」

当然ながら、カレン・マシューズのような慢性的にだらしない個人を、労働者階級の生活保護受給者や公営住宅入居者、ましてさらに広いコミュニティの代表例と見なすのは馬鹿げている。そう言う政治家にかぎって、彼女の娘の失踪について地域の人たちが感じた恐怖や、彼らが少女を見つけ出そうと固い決意で団結したことには触れない。

庶民とかけ離れたジャーナリストの生活レベル

ジャーナリストも政治家も、一女性の非難されるべき行動を、労働者階級の人々の悪印象作りに利用した。彼らは、この事件全体がイギリス社会の内実をとらえたスナップショットだと主張した。それはある意味で的を射ているが、じつはカレン・マシューズ事件は、メディアの標的にされた人々よりも、報道をしている当人たちについて多くのことを語っている。

仮に、あなたが中流階級出身のジャーナリストになったとしよう。快適な中流階級の町や郊外で育ち、私立校にかよい、似たような境遇の子と友だちになり、中流階級の生活にどっぷり浸かって有名大学に進む。メディア関係の仕事につくと、そこでも似たような環境で育った人々に囲まれる……。さて、デューズベリー・ムーアのような場所で暮らす人々について、どうすれば知ることができるだろう?

ミラー紙のケビン・マグワイアは、記者の経歴が、デューズベリー・ムーアなどのコミュニティの取材方法に少なからず影響を与えていると言う。「そうならざるをえないと思う。共感も同情も理解もできないし、彼らと出会うのはコーヒーを買うときや家を掃除してもらうときだけだから」。ジャーナリストの生活は、残りの人々の生活からどんどんかけ離れていく。「就学期の子供を持つ全国紙の編集者が、わが子を公立校に入れるとは思えない。加えて、そのくらいのレベルのジャーナリストには民間医療保険が適用されるから、日々の生活の心配はないようなものだ」

ケビン・マグワイアは労働者階級出身という珍しい経歴のベテラン記者だが、彼のように、デューズベリー・ムーアの住宅地と多少なりとも似た環境で育った記者やアナウンサーを見つけ出すのは、かなりむずかしい。トップ一〇〇ジャーナリストの半数以上は私立校出身で、その比率は二〇年前よりさらに高くなっている。一方、きわめて対照的に、イギリスで私立校出身の児童は一四人に一人しかいない。*26

労働者階級の生活が知られていない——この実態こそ、カレン・マシューズが労働者階級のコミュニティの代表例として扱われるようになった何よりの理由である。「おそらく、私たちがみな中流階級だから、やる気のある労働者階級が無気力で野蛮な下流階級になった悲劇に、冷たい目を向けるのだ。合成皮革のソファに座って、プラズマテレビでジェレミー・カイル・ショー〔訳注：一般人が出演して喧嘩する番組〕に没頭している、頭の悪い太っちょたちを、そんなふうにあざ笑っている」と評論家のクリスティーナ・パターソンは説明する。「彼らの呼び名まである——チャヴだ」*27

その結果、社会の階層化がいっそう進んで多数の中流階級に支配され、残りの労働者階級は滑稽な「チャヴ」になり下がったと信じられるようになった。ヨハン・ハリは、よくほかのメディア関係者に、「イギリス人の平均収入はいくらだと思うか？」と尋ねるが、回答はいつも実状よりはるかに高い。ある年配の編集者は八万ポンド（約一一六〇万円）と予想した。この馬鹿げた金額は、正解の二万一〇〇〇ポンド（約三〇〇万円）の約四倍だ。「ロンドンの中心部から出たことがないとか、公営住宅の出身者と会ったことがない、公営住宅地に行ったこともないのなら、当然、現実離れしたファンタジーの世界に住んでいるということだ」。ハリは多くの同業者とちがって、カレン・マシューズを「哀れな変わり者」以外のなにものでもないと考えている。
ジャーナリストたちの経歴がみな似かよっていて、ごく一般の人の生活から途方もなくかけ離れているのは、労働者階級の人々が新聞記者やアナウンサーになるのがどんどんむずかしくなっているという現実のせいだ。もし、デューズベリー・ムーアのようなコミュニティの出身者がいれば、こうした問題の扱いで、もっとバランスのとれた報道ができたかもしれない。だが、現状でそうなる見込みはゼロに近い。

全国ジャーナリスト組合委員長のジェレミー・ディアは、その理由は単純だと考える。ジャーナリストの志望者は、キャリアを積む費用を自己負担しなければならず、通常、学位が最低ひとつは必要だ。つまり、若手の賃金がひどく安いジャーナリズムの世界に踏みこむときに、すでに高額の借金が肩にのしかかっている。「そういうことができるのは、経済的な支援がある人だけだ」とディアは言う。「要は、両親に支援するだけの資金があるということ。それによってジャーナリズムに進む人の性質は劇的に変わった」

問題は労働者階級出身のジャーナリストの不足だけではない。ほとんどの新聞社は、労働組合の影響力が急激に落ちこむのに合わせて、労働問題を取材する専属記者を解雇した。どうにかふつうの生活をしていた、全国の地方自治体のジャーナリストも姿を消した。地方自治体の日々の暮らしを取材してきた地方紙もまた、ここ数年で、倒産や厳しいリストラに直面している。一般の人々の暮らしがメディアから追い出された結果、カレン・マシューズのような極端な事件が、労働者階級の生活の報道を実質的に独占することになったのだ。

「メディアや大衆文化、政治家たちのまえから、労働者階級の人々は完全に姿を消した」とポリー・トインビーは言う。「目のまえに存在するのは品行方正な中流階級の人ばかりで、持ち家があり、デイリー・メール紙に好意的に書かれる。それとは逆に、極悪人もいる。ところが、その中間のふつうの人々に関する一般的なイメージがなくなった。あるとしても中立ではなく、ましてポジティブなものは見当たらない」

華麗なる政治家たち

記者や報道担当者と同じように、政界も同じ特殊な経歴を持つ人々によって支配されている。「下院は国全体を反映した代表ではない」とケビン・マグワイアは言う。「弁護士、政治家兼ジャーナリスト、さまざまな専門家、特定分野の講師が多く……コールセンターや工場で働いていた人、地方公務員だった人などはほとんどいない」

国会議員が、ふつうの町で暮らす大多数の人々の代表でないというのは事実だ。国会の緑の椅子に座る議員で私立校にかよった人の割合は、国民平均の四倍以上で、保守党議員について言えば、驚くべきことに五人のうち三人が私立校出身者だ。[*28] 保守党党首デイビッド・キャメロンをはじめ、政治的エリートの多数は名門イートン校の出身者である。

伝統的に、とくに労働党の議員には工場や鉱山の仕事から出発した人が多かった。だが、それももう昔話だ。そうした経歴の政治家の数は、選挙を重ねるごとに減っている。いまや下院で肉体労働から身を起こした議員は二〇人に一人もおらず、保守党政権だった一九八七年と比べても半数となった。その反面、三分の二もの議員が専門職か実業界で働いた経歴を持っている。一九九六年、当時の労働党副党首ジョン・プレスコットは、「いまやわれわれはみな中流階級だ」というブレア派のスローガンをくり返していたが、仲間の政治家たちについて言っているのであれば、まさに正鵠《せいこく》を射ていた。

こうした議員たちがデューズベリー・ムーアのような地域の暮らしをよく理解していたら、むしろどこでそんな知識を得たのだと怪しまれるだろう。「以前の議員は何度も政治活動をおこない、地域のために闘い、かなりの私財を政治に投じて世の中を変えようとした人たちでした」と労働党議員ケイティ・クラークは言う。

「でも、現状はまったくちがいます」。年配の保守党議員たちとちがって、クラークはカレン・マシューズがより大きな集団を代表しているとは考えなかった。「カレン・マシューズはあくまでカレン・マシューズだと思う」

特別に恵まれた環境で育った政治家がすべて、恵まれない人々への同情心に欠けているわけではない。けれども、避けられない事実として、彼らが労働者階級の生活を知っている可能性はそうとう低い。

デイビッド・キャメロン首相のような人物に、どうしてデューズベリー・ムーアのようなコミュニティを知る機会があるだろう。保守党議員のなかでも、彼はもっとも地元のパブで出会いそうにないタイプだ。先祖にウィリアム四世がいて、父は裕福な株式仲買人、一家は何十年も財政界で莫大な富を築いてきた。妻は高級インテリアショップの専務理事で、別の店のオーナーでもある。家族は広大な土地を所有し、チャールズ二世の血を引いている。

野党党首時代のキャメロンが、特権階級の生まれであることを責められて、「大事なのはどこから来たかではなく、どこへ行くかだ」とやり返したのは有名だ。[29] それ自体は立派な考えだが、そもそも「どこへ行くか」は、「どこから来たか」と密接にかかわっているのではないか。

キャメロンがカレン・マシューズの事件を多数の代表例と考えていることは、マシューズと同じ環境に住む人々に抱いている感情からも察せられる。伝え聞くところでは、自分の娘がノッティング・ヒルの二〇〇万ポンド（約二億九〇〇〇万円）の自宅のパーティにだらしない恰好で現れたときに、「公営住宅の部屋から地面に落ちたようだ」と言ったらしい。[30]

また、キャメロンは、タブロイド紙がデューズベリー・ムーアを報じるときによく引用するテレビ番組『シェイムレス』をいつも見ていると公言している。[31]「労働者階級でも大勢の人が『シェイムレス』を見て笑うよ」

とケビン・マグワイアは言う。「だが、彼らはキャメロンとは少しちがう観点で笑っているのだと思う。キャメロンはおそらく、あれをドキュメンタリー番組だと思ってるね」

保守党の数少ない労働者階級出身議員のひとり、マイク・ペニング運輸副大臣も、労働者階級出身の議員が足りないことで、デューズベリー・ムーアのようなコミュニティに共感するのがむずかしくなっていると言う。「他人の抱える問題を完全に理解し、共感することは物理的に不可能だ。たとえば、いま窓際族になる人がたくさんいるけれど、それがどういうことかは、自分がなってみるまでわからない」。ペニングは、問題の一端は政界進出が困難なことにあると指摘する。「どの政党にいても、つるつるすべる棒をのぼるためのなんらかの援助がなければ、この偉大な議会にたどり着くことはきわめてむずかしい」

イギリスのエリートに中から上にかけての中流階級出身者があふれているという事実は、ある種のダブル・スタンダードが働いている証拠だ。貧困者が犯罪を起こせば、似たような出自の全員が非難される一方、中流階級の人間の犯罪であればそうはならない。ハロルド・シップマン医師による大量殺人［訳注：自身の患者に大量のモルヒネを投与し殺害したとして、一九九八年九月に逮捕された。その被害者は何百人とも言われる］は、悪鬼の所業としてみなの記憶に残ったかもしれないが、あの事件でイギリスの中流階級の暮らしにスポットライトを当てた人がいただろうか。中流階級のコミュニティを「ぜったいに変えなければならない」と怒るタブロイド紙の見出しや、政治家のキャッチフレーズをどこかで見聞きしただろうか。

また、マシューズのような事件は、社会保障のいわゆる「たかり屋」を攻撃するきっかけとして使われるが、富裕層が同じようにメディアや政治家から注目されることはない。社会保障費の不正受給による損失は年間約一〇億ポンド（約一四五〇億円）と見られているが、公認会計士リチャード・マーフィーの綿密な調査によると、脱税による損失は毎年七〇〇億ポンド（約一〇兆一五〇〇億円）、不正受給の七〇倍だ。しかも実際には、不正受給よりむしろ「申告もれ」のほうが問題で、毎年何十億ポンドものタックス・クレジット［訳注：税額控除。控除額より所得が少ない場合には現金を給付するので、低所得層への福祉手当となる］が申告されないままになっている。非常に皮肉なことに、デューズベリー・ムーアのような地域で暮らす貧しい人々のほうが、彼らを攻撃する裕福なジャーナリストや政治家たちより、収入比でいえばより多くの税金を払っているのだ。

それなのに、中流階級のたかり屋への非難の声はあがっていない。メディアの報道が偏っているせいで、世の人々が脱税の金額を著しく低く、生活保護の不正受給の金額を著しく高く見積もっているのは、不思議でもなんでもない。*32

有力な政治家やジャーナリストは、シャノン・マシューズ事件を新たな残酷物語として歴史の一部にすることには興味がなかった。金のために無力なわが子を用いた母親の醜い策略は、意図的に誇張され、かつての労働者階級が道徳的に堕落し、働く気のないあぶれ者の集団になったことを証明するのに利用された。

だが、この事件からは、それよりもっと大きな教訓を引き出すべきだろう。もちろん、デューズベリー・ムーアのようなコミュニティも相応の問題を抱えているが、より重要なポイントは、「誰が責められるべきか」ということだ。そうしたコミュニティか、それとも過去三〇年にわたって受け継がれてきた各政府の政策か。そして、なぜイギリスはこれほど二極化し、「チャヴ」への嘲笑や軽蔑がここまで深く社会に浸透したのか。そこを考えなければならない。

実態はこうだ！

シャノン・マシューズ事件を都合よく用いたジャーナリストや政治家は、大胆な主張をするために、あえて厄介な事実は排除した。マシューズ家が無職の世帯ではなかったこと（クレイグ・ミーハンは仕事をしていた）や、共犯者のマイケル・ドノバンがコンピューター・プログラマーだったという事実に、右派の評論家や政治家は見向きもしなかった。

「中流階級の比率が高いイングランド南部では、多くの人が北部の非人道的で堕落したコミュニティの出来事に興味をそそられている、というコメントを読んだことがある」と、デューズベリーの牧師サイモン・ピッチャーは言う。「メディアの横暴だと思います。デューズベリー全体がことさら問題を抱えているかのように報道されているけれど、実際はちがう」。彼の主張は、貧困にあえぐすべてのコミュニティに当てはまる。イギリスの政治家や評論家の勝手な決めつけとは対照的に、政府の発表する数値によれば、貧困世帯の六割近くで、少なくとも成人ひとりが就労している。[*33]

メディアは、われわれの社会があたかも「ミドル・イングランド」と、デューズベリー・ムーアのような地域で暮らす反社会的な「チャヴ」の集団に二分されているかのように報道するが、それはまやかしだ。じつは、われわれのほとんどは自分を労働者階級だと考えている。二〇〇七年一〇月に発表された世論調査では、回答者の半数以上がそう答えた。この数値は一九六〇年以来、多少の変動はあるものの安定している。[*34]

自己認識はあいまいで主観的だから、どの階級にいても、さまざまな理由から社会序列における自分の位置を見誤ることはある。だが、この数字に関しては、じつに正確に事実をとらえている。今日のイギリスで、ブルーカラーの労働とホワイトカラーの単純事務作業に従事している人の割合は、労働者全体の半分を超え、二八〇〇万人以上にのぼる。[*35] わが国には秘書や店員、事務職の労働者があふれているのに、この過半数の人々の暮らしは、ジャーナリストや政治家に事実上無視されているのだ。言うまでもなく、この過半数とカレン・マシューズとの共通点は何もない。それでも労働者階級の人々が珍しく公に報道されるときには、カレン・マシューズほどではないにしろ、憎まれて当然というストーリーが添えられることが多い。

では、デューズベリー・ムーアのようなコミュニティが、イギリスのほかの地域とは異なる特別な社会問題を抱えている、と論じる政治家やジャーナリストは、まちがっているのだろうか？　多くの固定観念がそうであるように、「チャヴ」の戯画化にもわずかながらの真実は含まれている。イギリスじゅうの労働者階級のコミュニティが高い失業率に悩まされていることは否定できないし、そういう地域で生活保護受給者が比較的多く、犯罪発生率が高いのも事実だ。とはいえ、非難の声は、ここ数十年の政府が進めてきた政策より、その犠牲者のほうに向けられてきたのもまた事実である。

デューズベリー・ムーアは、こうした傾向の典型例だった。この地区は、全体的な貧困と子供の貧困の両方で国内の上位一〇パーセントに入っている。マシューズ事件でメディアが不快な印象を広めていたときにもそうだったように、中傷者は、貧困の大きな原因は住人の無責任にあると主張するが、それはまちがっている。この労働者階級の町は、政府の社会政策によって、問題を抱えるべくして抱えるようになったのだ。

第二次世界大戦後に、労働党のアナイリン・ベバンがいまの公営住宅を建てて以来、イギリス社会は大きな進歩をとげてきた。ベバンの最大の狙いは、混合のコミュニティを作ることだった。それによって、出自のちがう人々が理解し合い、今日われわれがチャヴに向けているような偏見を打破できると考えたのだ。「公営住宅に一タイプの住民しか住まないというのは、まったく望ましくない」とベバンは論じた。「もし住民に満ち足りた生活を送ってもらい、互いに隣人の抱える問題に気づくような環境を作りたいなら、さまざまな集団から人を集めるべきだ。医師、食料品店や精肉店の働き手、農場労働者といった人たちが同じ通りに住んでいる、イングランドとウェールズのすばらしい村のように」[*36]

しかし、このすばらしい信条は、サッチャー時代に導入された数々の政策によって、完全に息の根を断たれた。ニュー・レイバーも嬉々としてその政策を引き継いだ。デューズベリー・ムーアのような公営住宅地は現在、ベバンが当初思い描いていたのとは正反対の様相を呈している。一九七〇年代の終わりにサッチャー政権が「買う権利」（七九ページ参照）政策を打ち出すまえは、五人に二人が公営住宅に住んでいたが、現在は一〇人に一人に近づいており、住宅購入組合と生活協同組合のテナントがふたたび半分を占めるようになっている。[*37]

緊縮政策によって、地方自治体は新しい住宅の建設を禁じられ、サッチャーの住宅政策を継承したニュー・レイバーの労働党は、過去一一年にわたって各自治体の管理下にある既存の住宅への投資を拒んできた。公営住宅制度が崩壊するにつれ、残った住居は、それらをもっとも必要とする人々に優先的にまわされるようになった。「基準が厳しくなったために、これからの入居者は、幼い子供を抱えたひとり親か、刑務所などの施設から出てきた人たちにほぼかぎられている」。生涯、公営住宅に住み、利益団体〈ディフェンド・カウンシル・ハウジング〉の会長を務めた故アラン・ウォルターは、こう説明した。「だからほとんどの場合、無職ということになる」

公営住宅に居残った人の多くは、全員ではないにしろ、貧しすぎて「買う権利」を行使することができなかった。「金銭的な余裕があって公営住宅から出ていく人の数は増えている。すると空いた家は、かならずしもきちんとした家庭の出身ではない人に安く売り渡される」とポリー・トインビーは言う。「公営住宅地を去る人が増えるにつれ、格差は広がる。中間層の賃借人が事実上いなくなるということだから」

住人たちの抱える問題は、公営住宅に住んでいること自体とはまったく関係なく、最貧層だけが公営住宅に住めるという事実と深く結びついていた。驚くにはあたらないが、公営住宅の入居者の三分の二以上は、総人口の最貧から五分の二までの層に含まれる。また、公営住宅の半数近くは、下から五分の一までの貧しい地区に存在する。[*38] 全人口の上から一〇分の一にあたる富裕層の二〇パーセントが公営住宅に住んでいた三〇年前とは、確実に様変わりしているのだ。[*39] デューズベリー・ムーアのような地域が大きな社会問題を抱えているとすれば、それはそうなるように「仕向けられた」せいだ。

イギリスの最貧層の住まいが公営住宅に集中しているので、その地域はたやすく「チャヴ」と結びつけられる。イギリスの貧困者の半数は家を所有しているが、公営住宅に住んでいる人が多いのも事実だ。公営住宅が社会の掃きだめのようになってきたことから、イギリスは中流階級の社会と、自業自得に苦しむ労働者階級の「チャヴ」に分断されたという説は、ますます勢いづくことになった。

もちろん、労働者階級の地区に社会的に不利な影響を与えたのは、政府の住宅政策ばかりではない。サッチャリズムもまた、デューズベリー・ムーアのようなコミュニティを破壊する産業空洞化の大波をもたらした。製造業の仕事は過去三〇年のあいだに崩壊した。サッチャーが政権を握った一九七九年当時、製造業で生計を立てる人は七〇〇万人を超えていたが、三〇年後にはその半分以下の二八三万人になった。人件費を削減するために、工場が発展途上国に移転したことが大きな要因だった。

デューズベリーの町も、かつては繊維工業で栄えていたが、過去三〇年で仕事はすべて失われた。カレン・マシューズが昔住んでいた通りの先にも、閉鎖された繊維工場や広大な工業団地を含めて、もう使われていない立入禁止の建物がたくさん並んでいる。[*40]

「ここは、ウェスト・ヨークシャーの毛織物工業の一大拠点でした。エンジニアリングや製造関連の仕事もたくさんあった」とピッチャー牧師は説明する。でも、「そういう仕事はどれもこれもなくなり、製造業は実質的に消えました。残された人々はどうすればいいか？　どんな仕事の選択肢があるのか？　みな大手スーパーマーケットに雇ってもらうしかありませんでした。仕事らしい仕事のできる場所は、ほかにどこにもなかったのです」。地元住民への影響は甚大だった。「これによってコミュニティは不安定になった。かつて住民が持っていた共同体の感覚が失われたのです」。大きな製造工場がなくなったことで、充分な教育を受けていなかった人々が職につくことが、非常にむずかしくなった。

工業の没落は、マシューズ一家にも打撃を与えた。両親も祖父母も地元産業、とくに繊維工業にかかわる仕事をしていたが、カレンの母親が言うように、「いまでは町がすっかり変わってしまった。繊維工場はなくなり、昔あった仕事もなくなった」[*41]。デューズベリー・ムーアのような地域の製造業は、元来は安全で比較的収入が多く、労働組合にしっかり守られた仕事を供給し、それが何世代も受け継がれていた。

「イギリスの製造業や工業基盤の衰退によって、国じゅうのコミュニティが壊れました」と労働党議員のケイティ・クラークは言う。「私の選挙区（ノース・エアシャーおよびアラン）にかぎった話でも、昔は製造業などの大規模産業があり、何万もの人々が働いていたものですが、いまではそういう仕事がすべてなくなり、だいたいサービス業や公営機関の低賃金の仕事に取って代わられました」

工業は地域社会の要だった。一九八〇年代に、多くの地域でそれが突如なくなると、大量の失業者が生まれた。今日、公式発表されているデューズベリー・ムーアの失業率は、全国平均よりわずか一パーセント高いだけだが、この数字は非常にまぎらわしい。全日制の学校にかよっている人口を除くと、デューズベリー・ウェストのゆうに四分の一以上は「経済的に無活動」に分類され、これは平均より約一〇パーセント高いのだ。

そのおもな理由は、失業者の多くが公的には「疾病」や「就労不可」に分類されたことにある。これは、デューズベリーと同じく一九八〇年代から九〇年代にかけて工業が衰退したすべての地域に当てはまる。住民が怠惰なたかり屋だったからそうなった、と論じるには無理がある。二〇〇八年の後半、政府は三五〇万人の生活保護受給者を就労させる計画を発表しながら、同時に就職口は五〇万件ほどしかないという見積もりを出した。それは、史上もっとも少ない数値だった。つまり、デューズベリー・ムーアなどの地域で住民が無職でいる理由は単純で、たんに充分な数の就職口がないからなのだ。

にもかかわらず、カレン・マシューズがイギリス社会に深く認知されたことで、「チャヴ」という戯画が典型として根づいたのは明らかだ。社会問題の犠牲者はたいてい自己責任、と考えたがる国民は増える一方である。たとえば二〇〇六年の調査では、国民の四分の三が、収入格差が「大きすぎる」と考えていたのに、貧困者の社会保障にもっと税金を使うべきだと考える人は、全体の三分の一をわずかに超える程度だった。一九八六年には国民の半数近くが、無職の夫婦を「生活困窮者」に分類すべきと感じていたが、二〇〇五年になるとそれが三分の一あまりに減った。さらに目立つのは、一九八六年には、貧困の原因を怠け癖や意志の弱さと結びつける人がわずか一九パーセントだったのに対し、二〇年後には二七パーセントにまで増加したことだ。*42

こうした数値で注目してほしいのは、社会的流動性の減少と軌を一にして、不平等が急激に増加したことだ。一九七九年、イギリス全体の収入格差を測った「ジニ係数」は二六パーセントだったが、今日では三九パーセントになっている。社会の分断が深まって、最富裕層がほかの人々の生活に無関心になっている、という単純な話でもない。すでに述べたとおり、裕福でない人を敵視する風潮も、過去に例のない社会的不平等の拡大を後押ししている。

結局、「社会に内在する不公平によって、一部の人々がほかの人々より貧しくなる」ということを公式に認めるには、政府によるアクションが必要だ。どんな状況に陥ろうと本人に責任があるという考えは、それと正反対の結論を出すのに役立つ。「白人労働者階級にきわめて非情なことばをぶつけることが許されるばかりか、むしろ当たりまえになるような文化ができつつある。これは不平等が拡大した社会に共通する症状だ」とヨハン・ハリは警告する。「たとえば、南アフリカやベネズエラ、あるいは裕福なエリートがごく少数しかいないほかのラテンアメリカ諸国に行くと、人々が、まるで貧困者はまともでないか人間以下であるかのように話している」

シャノン・マシューズ事件は、現代のイギリスに不安な影を投げかけた。あれは労働者階級を軽蔑するきっかけになったのではなく、われわれの社会に蔓延してきた偏見をあらわにしたのだ。あの事件をめぐるヒステリーは、「チャヴ」のレッテルを貼られた人々について、実質的になんでも言えることを示した。イギリス国民の大部分が、本来関係のない犯罪に加担させられたようなものだ。中流階級の政治家もジャーナリストも、労働者階級のコミュニティの実態を積極的に明らかにしたがらない結果、社会秩序を乱す一部の哀れな個人の生活が、「ミドル・イングランド」の外にある現代生活の一般的な事例として報道され、「チャヴ」たちは事実上ほかのどの集団より蔑《さげす》まれるようになったのである。

蔓延する偏見

たしかに、社会の最下層の人々に悪意をぶつけるのは、いまに始まったことではない。一七世紀の神学者たちも、「腐敗し、堕落し、国家の害虫である貧困者」に対する「思慮のない誤った慈善活動」を非難した。[*43] 一九世紀には厳しい救貧法によって、無職の貧困者が救貧院に入れられ、劣悪な環境でせっせと働かされた。尊敬に値する労働者階級は堕落して「残りかす」になってしまうのかという議論もあった。二〇世紀初めの優生学の台頭で、自称左派のなかには、「不適格」な貧困者の不妊手術や、果ては彼らの根絶まで主張する者たちも現れた。

チャヴ・バッシングも、このように昔から続く下劣な階級差別の流れのなかにある。だが、そこを理解するには、もっと現代の事例を見る必要がある。

何よりそれは、イギリスの「階級闘争」の落とし子なのだ。

2

「上から」の階級闘争

世界の一方では階級闘争を説き、
もう一方ではそれを盛んに実行している。

ジョージ・バーナード・ショー『メトセラへ還れ』

現代の保守党は、階級や派閥的な利益を超越した存在であることを躍起になって示してきた。「ひとつの国家」は、二〇世紀の大半をつうじて彼らが大切にしてきたスローガンだ。二〇〇五年にデイビッド・キャメロンが党首に選ばれたときにも、保守党は当初、軽視されてきた若年層を理解しようとか（ニュー・レイバーは、キャメロンが「不良《フーディ》をハグしろ」と言っていると揶揄《やゆ》した）、さらには富裕層と貧困層の格差を減らすといった美辞麗句を並べていた。

ところが、無事に組閣を終え、カメラに映らないところに入ったとたんに、心地よい宣伝文句はぱたりとやんだ。私自身、大学四年生のときにその化けの皮がはがれるところを目にした。高名な保守党内の穏健派議員が、学生たちに非公開の講演をしにきたときのことだ。熱心な学生ジャーナリストたちは、率直な話ができるようにと、講演の記事を書くことを禁じられ、彼の匿名性を守ると誓約させられた。本当の理由はすぐに明らかになった。雨模様の一一月の夕方、暖炉で薪がパチパチ音を立てるなか、その保守党の大物は驚くべきことを告白したのだ。

「保守党について、きみたちが理解しなければならないことがある」と、彼はたいしたことではないというような口調で言った。「保守党は特権階級の仲間の連合で成り立っている。大きな党是はその特権を守ることだ。そして選挙に勝つ秘訣は、必要最小限のほかの人々に必要最小限のものを与えることだ」

保守党は裕福な権力者の政治執行部門だと、党の重鎮が認めたようなものだった。保守党の存在意義は、トップに君臨する人たちのために闘うこと。それはまさに階級闘争である。

「階級闘争の闘士」というと、たいていの人は丸々と太った労働組合のリーダーを思い浮かべるだろう――ハンチング帽をかぶり、地元の訛《なま》りまる出しで「経営陣」を非難しながら、次第に顔を真っ赤にしていく。ふつう、しゃれたスーツに歯切れのいい発音の上品な紳士は想像しない。だが、事実はそうなのだ。

労働党の元党首ニール・キノックに、保守党はイギリス政治における階級闘争の闘士だと思うかと尋ねたときにも、彼は暗い顔で首を振った。「もとよりあちらは和解するつもりなどなかった。だが、われわれはそれに気づかないまま、自分たちだけ和平協定に署名してしまったのだ」

保守党による「階級闘争」の歴史

労働者階級への敵視について理解するには、今日のイギリス社会を築いた一九八〇年代のサッチャー政権による実験を振り返る必要がある。その中核にあるのは、労働者階級のコミュニティ、産業、価値観、組織に対する攻撃的態度だった。労働者階級であることはもう誇れない、そこから抜け出すべきだ――。この見方は、どこからともなく湧いたものではない。保守党が二世紀をかけて断続的に仕掛けてきた、階級闘争の到達点だった。

もちろん、保守党が公にそれを認めることはない。彼らは「特権階級連合」の利益が脅《おびや》かされるたびに、ごく穏健な社会改革でも、それは「階級闘争」だとして拒否してきた。戦後の労働党政権が導入した国民保健サービス（ＮＨＳ）［訳注：医療費原則無料。所得に応じて保険料を払う］や社会保障制度などの改革のときにも、保守党は六年間反対しつづけたあと、まさにそのことばを用いて労働党を批判した。一九五一年の公約では、「階級闘争は、あらゆる妨害のなかで最悪である」と宣言し、労働党が「階級差別をあおり、強欲や嫉妬の感情に取り入ることで新たな力を得ようと」もくろんでいると告発した。

だが、保守党の歴史を見れば、とりわけイギリス労働者階級の脅威から「特権階級の仲間」をつねに守ってきた党であることは明らかだ。一九世紀を通して、保守党は富裕層以外の選挙権拡大に熱心に反対した。一八三一年、成人男性の五人に一人まで選挙権を拡大する選挙法改正案が国会に提出されたときには、ヒステリックに反応した。ある保守党議員は、この改正案は「階級や財産に対する論理的な措置を根本から覆《くつがえ》す革命」だと大げさに主張した。やがて保守党から首相となるソールズベリー侯爵も、参政権拡大が気に入らず、「一流の紳士は暴徒に遊説などしないし、暴徒も一流の紳士を選ばないだろう」と暗い見通しを語った。

とはいえ、保守党と特権階級連合が最大級の政治的脅威にさらされたのは、二〇世紀に入ってからだ。労働者階級の人々が一〇〇万人規模の労働組合を結成し、これらの組合が労働党を創設したのだ。労働党は、史上初めて「国会で労働者階級の利益を代表する」という特別な使命を帯びた。対する保守党は、この脅威に守りを固めた。ソールズベリー侯爵とアーサー・バルフォアの政府は、一九〇一年の悪名高いタフ・ベール判決［訳注：ストライキで雇用者のこうむった損害に対して組合役員の賠償責任を認めた判決］を断固支持、労働組合はこの賠償問題で打撃を受けた。のちの保守党首相スタンリー・ボールドウィンは、当時を振り返って、「保守派に階級闘争を語る資格はない。自分たちがそれを始めたのだから」と打ち明けた。*1

一九二六年、労働組合がゼネストに入ったときには、保守党政府は赤色革命の危険があると警戒し、軍隊を出動させた。そのストライキが失敗に終わると、保守党の大物で頑固な階級闘争の闘士だったアーサー・バルフォアは、鼻高々でこう言った。「ゼネストによって労働者階級は、何年話し合っても学べないことをたった四日で学んだ」。その教訓のひとつとして、集団デモや、労働者を支援するその他のストライキはいっさい禁じられ、労働組合と労働党のつながりも弱まった。労働者階級はもとの箱に戻されたのだ。

こうして見ると、大衆民主主義の時代によく保守党が選挙に勝てるものだと思うかもしれない。だが、イギリスの保守党は西欧社会でもっとも成功している政党なのだ。二〇世紀の三分の二は、保守党がこの国を支配していた。マーガレット・サッチャーの政策ユニットでトップだったファーディナンド・マウントは、保守党重鎮による「特権連合」論を軽く退けてこう言った。「昔の政治家が得意とした、これ見よがしの皮肉だよ。特権を持たない大多数の人々に本心から共感していなければ、総選挙でつねに一二〇〇万から一四〇〇万の票を獲得するのはまず無理なのではないかな」

これには説得力がある。たしかに、なぜ労働者階級の人々は富裕層を利する政党に投票するのだろうか。かつての階級闘争の闘士ソールズベリーでさえ、二〇世紀の初めに肉体労働者の三分の一が保守党に投票したことには驚いた。

その答えは、先ほどの匿名政治家の発言に尽きるだろう。保守党は「必要最小限のほかの人々に必要最小限のものを与える」ことによって勝利する。彼らはつねに、社会の一集団である労働者階級の集合的な力を弱めることに腐心してきたが、その一方、多くの巧妙な手段で労働者階級の「個人」の機嫌をとって選挙に勝つ方法も知っていたのだ。

その典型が、保守的な目標を掲げた穏健な社会改革だ。一九世紀後半の保守党内閣首相ベンジャミン・ディズレーリが用いた、非常に効果的な手法である。保守党のなかでも減りつつある「ひとつの国家」をめざす一派から、いまもその創始者として慕われているディズレーリは、一日の最長労働時間を一〇時間に減らしたり、子供がフルタイムで働くことを禁じたりする漸進的《ぜんしんてき》な政策を導入した。そうして「保守党に対する労働者階級の長期的な好感を獲得し、維持できる」と計算したのだ。実際、この時期に自由党をいっそう嫌うようになった労働組合のリーダーもいた。サッチャーその人は、一九世紀の自由党党首ウィリアム・グラッドストンの自由放任資本主義から柔軟に政策のヒントを得た。

もちろん、ディズレーリ率いる保守党の政策の本質は、既存の社会序列を維持することだった。比較的穏健な保守党議員マイケル・ヘーゼルタインは、一世紀後にこれを評して、「善良で理性的な資本主義、あるいは家父長主義だ。これこそノブレス・オブリージュ。権力と特権を有する者には責任があると私も強く思う」と言った。

つまるところ、保守党員もあえて労働者階級を攻撃しようとは思っていない。どれほど反動的な人物であろうと、政治家はみな大義のために合理的な政策を実行しなければならないと感じるものだ。いまも昔も、彼らの多くが公共サービスに対して高潔で家父長的な考えを持っているのはまちがいない。ビジネスのためになるものは国のためにもなるというのが、保守党に確固として根づいた信念だ。

けれども、保守党の執行部がつねに社会の最富裕層に支配されてきたこと、そして最初は自由党から、次いで労働党から提案された改革案を阻止する判断を下したことは、動かしようのない事実である。民主主義制度のもとでは、労働者階級をムチだけで抑えることができないから、アメも差し出しているにすぎない。

労働者階級の支持を得るために、保守党は長いこと切り札としてポピュリズムを利用してきた。たとえば、一九世紀後半からアイルランド人やユダヤ人の移民に対して高まった反感に乗じて、一九〇四年には厳しい外国人法を導入した。以来、移民の取り締まりが保守党の選挙運動の中心になった。ほかにも、二〇世紀への変わり目で、アイルランド自治に対する国粋主義者の反感に訴えるなど、さまざまな方法で闘いの旗を振り、それがいつも保守党の目的に役立ってきた。もちろん、犯罪に対する国民の不安は、法と秩序を断固重んじる意思表明をしている政党にとって、またとないテーマだった。

今日でこそ彼らは際立った特徴を失っているが、かつては宗教的な忠誠が重要な役割を果たしていたことも忘れてはならない。第一次世界大戦が始まる一九一四年まで、イングランド国教会の敬虔な教徒は、保守党に投票する傾向がかなり強かった（「祈る保守党」と冷笑されたものだ）。今日のリバプールは労働党の磐石の支持基盤だが、宗派を巡る対立と保守党の反カトリック主義によって、一時は労働者階級における保守主義の中心地だった。

さらには「社会的向上心」も、労働者階級のアイデンティティを弱めると同時に、多数の票を獲得できるツールだった。保守党は、頂上にはまだ余裕があり、社会の梯子《はしご》を少しずつのぼっていくことで運命が変わると約束した。スコットランドやウェールズ、大半のイングランド北部など、有力な中流階級のいない地域では説得力に欠けたが、中流階級の強固な基盤があるところでは、労働者階級の出身者も保守党に投票しがちだった。それが世間に遅れをとらない方法、よくすれば中流の仲間入りをする方法と考えられたのだ。「労働党は、戦間期でさえ炭鉱町からの支持が厚かった。ロンドンのイーストエンドでも同じだ。基本的に、そういうところには中流階級がいないからである」と政治歴史家のロス・マッキビンは言う。「中流階級がいくらかいるだけで、労働者階級の投票に対する態度は変わる」

しかしなんといっても、保守党は徹底した実用主義で労働者階級の支持を得てきた。自由市場資本主義の信用を永久に失墜させたかのような世界大恐慌を経て、第二次世界大戦後に劣勢を強いられた保守党は、社会保障制度や増税、強力な労働組合運動を受け入れざるをえなかった。戦後の労働党のベテラン政治家トニー・クロスランドによると、保守党は「二〇年前には左派と結びつけられ、右派に否定されていた数々の政策に頼って」選挙戦に臨むしかなかった。[*2] その後、一九五〇年代は保守党が長期政権につく。労働組合と労働党も穏健路線をとったため、保守党議員のなかには自分たちが優位だと考えてしまう者もいた。「階級闘争は終わり、われわれが勝った」と一九五九年に保守党の首相ハロルド・マクミランは宣言した。

だが、この休戦は長くは続かなかった。企業収益が落ちこみ、労働組合が力を取り戻した一九七〇年代に、両陣営の合意はほころび、まるで階級闘争がいきなり戻ってきたように見えた。そしてこのとき、新世代の保守党は勝利をつかもうとした――永久に。

キース・ジョセフからサッチャーへ

現代のイギリスでキース・ジョゼフほど大きな影響力を持った人物はなかなかいない。建設業界の大立者の息子だったジョゼフは、一九七〇年代初期の保守党右派で誰よりも目立っていた。一九七四年の二回の総選挙で保守党が立てつづけに敗れると、ジョゼフは戦後初期の保守党政府が掲げた厚生資本主義の合意に反対する、新しいタイプのリーダーになった。そして労働組合の力を抑えにかかり、国有産業を売り払い、一九世紀の自由放任資本主義に回帰した。だが、ジョゼフの人生に本当の転機が訪れたのは、保守党の首相エドワード・ヒースが炭鉱労働者と対立して敗れ、退陣したときだった。「私が保守主義に転向したのは一九七四年四月だ」と彼はのちに回想した。「それまで自分は保守主義だと思っていたが、ぜんぜんちがった。いまはそれがわかる」

一九七四年、「労働者の家族のために、権力と富のバランスを根本から永遠に変える」という公約を掲げた労働党がダウニング街（官邸）に返り咲いた。キース・ジョゼフと自由放任主義の同志たちは、アメリカの自由市場の教祖的存在、ミルトン・フリードマンを支持していたが、その時点では、フリードマンの考えはまだ理論の域を出ていなかった。例外はチリだ。一九七三年にアメリカの支援を受けたアウグスト・ピノチェト陸軍大将が、南米の苦悩の歴史のなかでも一、二を争う残酷なクーデターによって、社会主義のサルバドール・アジェンデ大統領を排除していた。ピノチェトは、「労働者階級」という概念を消し去ることをめざした点で、イギリスにいるイデオロギー的な仲間、キース・ジョゼフと共通していた。ピノチェトは、「チリをプロレタリアートの国ではなく、起業家の国にする」と宣言した。

かたやキース・ジョゼフは、選挙をつうじて同様の計画を実行するチャンスをふいにした。一九七四年一〇月の演説で、彼はかつて中流階級の優生学者のあいだに広まっていた「下層の人々」に対する態度をあらわにしてしまった。「子供を産み育てることにもっとも向かない母親たちのもとで、出生率が上がりつづけている。四番目か五番目の社会階層にいる彼女たちは、思春期のうちに妊娠する……生まれる子供の一部は知能が低く、たいてい学業成績も低い」。なかでも決定的なひと言は、「わが国の人口のバランス、人的資本が脅かされている」だった。ジョゼフの主張は明白だった。貧困者は子供を作るのが早すぎる、彼らが社会にあふれかえる危険性があるということだ。

彼は、富裕層の多くが昔から抱いてきた偏見をくり返したにすぎない。だが、それを公の場で口にしたのはまちがいだった。そのせいで、保守党党首になる夢はついえた。とはいえ、すべてが終わったわけではなかった。ジョゼフの庇護者だったフィンチリー地区の議員マーガレット・サッチャーが出馬し、当選したからだ。いわゆるサッチャリズムの知的基盤には、如実にジョゼフの影響が見られ、鉄の女の「怪僧《マッド・モンク》」と呼ばれて批判されるほどだった。

一九七九年の総選挙でサッチャーが大勝すると、保守党は三〇〇年以上前にピューリタンがイングランドを支配していた時代以来、もっとも大胆な社会実験に打って出た。「私たちは、この国を新しい方向へ動かさなければなりません。物事の見方を変え、まったく新しい考え方を生み出すのです」。サッチャーは党員にそうながした。

サッチャーとは何者か

イギリスの労働者階級に対するサッチャリズムの姿勢を理解するには、まずサッチャー自身を知ることが大切だ。熱心な支持者のなかには、彼女は下流階級の出身だと痛ましげに語る人がいるが、それは事実に反する。忠実なサッチャー派保守党議員のデイビッド・デイビスは私に、「マーガレットは、外でふるまうよりもう少し中流階級だ」と話した。食料雑貨店の娘という説明は、もはや陳腐に聞こえる。

サッチャーはリンカンシャー州グランサムの市場町で育ち、父親からいわゆる下位中流階級の価値観を叩きこまれて、それが彼女の政治的見解を形作った。下位中流階級の価値とは、個々人が己を豊かにして積極性を持つことや、団体行動を毛嫌いすることなどだ。サッチャーの伝記を書いたヒューゴ・ヤングは、彼女に労働者階級との接点はほとんどなく、まして労働組合の運動に加わったことは皆無だと述べている。

サッチャーの考え方はまちがいなく一九五一年に固まった。この年に、労働組合はすべて禁止すべきと考える裕福な実業家、デニス・サッチャーと結婚し、特権階級の男性たちに囲まれたのだ。彼女の第一次内閣では、八六パーセントの大臣がパブリックスクール出身者で、七一パーセントが企業役員経験者、一四パーセントが広大な土地の所有者だった。[*3] 大臣のひとりが一九七九年の選挙直前に記者にこう語ったのもうなずける。「彼女はいまでも基本的にフィンチリー地区〔訳注：ロンドン北部に位置する治安のよい高級住宅街〕の女性だ……労働者階級は怠け者、嘘つき、劣悪で、血の気が多いと考えている」[*4]

サッチャーに狙いがひとつあったとしたら、それは国民に階級で物事を考えるのをやめさせることだった。「階級というのは共産主義者の考え方です。人々をいくつかの集団にまとめて、仲たがいさせる」とのちに記した。[*5] 彼女は人々に、集団的な行動で自分たちの生活をよくするという考えを捨て去り、個々人がみずから向上すること、つまり「自助努力」を望み、一九七九年の選挙で勝利してわずか数カ月後に、これを厳しいことばで国民に伝えようとした。

「倫理観は個人的なものです。集団的良心、集団的思いやり、集団的親切心、集団的自由といったものは存在しません」。彼女としてはこのように主張する計画だった。「社会的正義、社会的責任、新世界秩序というと簡単でいい気分になりそうですが、個人の責任が免除されるわけではありません」。さすがにこれはスピーチライターから見て言いすぎであり、最終的な演説に採用されることはなかったが、[*6]彼らもサッチャーの数年後の悪名高い宣言は阻止できなかった（よりにもよってライフスタイル誌『ウーマンズ・オウン』に掲載された）――「社会などというものは存在しません。個人としての男と女がいて、家族があるだけです」

保守党は、イギリスの階級区分に根ざした政党であるにもかかわらず、その事実を思い出させるあらゆるものから国民の目をそらしてきたが、サッチャー式の右派イデオロギーでも、階級について話すことを徹底的に避けた。社会のなかである集団が富と権力を持ち、ほかは持っていないということを認めてはならない。もし認めれば、修正しなければならないという結論まであと一歩になってしまう。ある集団がほかの集団のために働いて生活しているとなると、搾取ではないかという疑問が生じ、他者の経済的利益に対する自己の利益は何かと考えたくなる。それに何より、政治経済的な権力を握る目に見えない組織があることを思い出させ、富と特権への宣戦布告をうながすかもしれない。だからこそ、労働者階級という「概念」の存在は、サッチャーの自助努力の資本主義モデルの天敵になったのだ。

サッチャーは、決して社会階級をなくそうとしたわけではない。ただし、どの階級に属しているかを国民に認識させたくなかっただけだ。「国家統合を脅かすのは階級の存在ではなく、階級意識の存在である」と保守党の一九七六年の公文書にもある。[*7]とはいえ、サッチャリズムは労働組合を叩きのめし、税の負担を富裕層から労働者階級と貧困層に移し、ビジネスから国の規制を取り払って、イギリス史上もっとも激しい階級闘争をおこなった。だから、正確に言えばこうだ。サッチャーは階級闘争を終わらせたかった——ただし、上流階級に有利な条件で。「時代遅れの保守党議員は階級闘争などないと言う」と保守党広報紙の編集者、ペレグリン・ワースソーンは語った。「新しい保守党議員は正直に認めますよ、われわれは階級闘争の闘士であり、勝利するだろう、と[*8]」

©alamy/PPS通信社

労働者階級の敵、マーガレット・サッチャー

　この改革運動の主眼は、労働者階級の価値観、組織、伝統的な産業を一掃することだった。社会における労働者階級の政治的、経済的な力を削《そ》ぎ、個人か起業家の集合体に置き換えて、自己利益追求のために競い合わせる、それが目的だった。将来性のある新しいイギリスでは誰もが上昇志向を持つべきであり、持たない者は自分の失敗の責任を負うべきだ、つまり、概念としての階級は消えるが、現実の階級制度は強化されるということだった。

　イギリスでは、工業と労働組合に対するサッチャーの二面攻撃ほど激しい労働者階級への暴力はかつてなかった。国内の製造業をシステマティックに破壊して地域社会を荒廃させただけではない。たしかに失業や貧困など、あらゆる壊滅的な社会問題をあとに残して、のちに労働者のせいにされるのだが、それに加えて労働者階級というアイデンティティそのものが攻撃されたのだ。

　昔ながらの工業は、彼らが維持してきたコミュニティの生きた心臓だった。地域住民の多くは、何世代も似たような仕事に従事してきた。そしてもちろん労働組合も、欠点や限界はあるものの、コミュニティの労働者に力や連帯感や権力意識を与えていた。これらすべてによって、社会への帰属意識や、労働者階級として経験を分かち合っているという誇りが持続していた。

私もそうだが、強い労働組合のない地域で育つと、サッチャリズムが労働者階級の組織に仕掛けた戦争の弊害を軽く見がちだ。しかし、サッチャーが残した傷痕はじつに大きい。一九九七年に労働党が政権を握ったときにも、トニー・ブレアはこう言って自慢した。「(私たちの改革案を実行したとしても)イギリスの労働組合法は西欧諸国でもっとも労働者に厳しいままだ」

サッチャー政権が生まれるまえに労働者階級が敵視されたのは、たいてい人々が労働組合を怖れたからだった。「六〇年代、七〇年代、八〇年代と、ストライキの実行者はだいたい労働者階級だったが、メディアではいつもひどい扱いを受けていた。つねに悪者扱いだった」と、デイリー・ミラー紙の記者ケビン・マグワイアは言う。「攻撃的なデモ隊とか、『国を人質に取った労働組合』が新聞の見出しの主流だった」

保守党も、巧妙な印象操作を戦略の中心にすえた。三〇年以上たったいまでさえ、「不満の冬」(おもに低賃金の公務員による一九七八年から七九年にかけての一連のストライキ)は、産業界がわずかでも不安定になると右派が労働組合をバッシングするために使われる。回収されずに道端で腐っていくゴミや、埋葬されない死体が、あたかもこの世の終わりかのように語られるのだ。

じつは、それらのストライキはかなり確実に回避できたはずだった。当時、ジェイムズ・キャラハンの労働党政府は、インフレを抑えるために、何年も公務員の実効的な賃下げを要求していた。「組合が賃上げを求めると物価は上がる」という社会通念にもとづいた策だったが、当時西欧諸国に蔓延していたインフレは、組合の影響力とは関係がなかった。「一九六〇年代に本物の影響を与えたのは、経済の自由化と、信用管理の撤廃が招いた過剰な負債だった」とシティの元エコノミスト、グレアム・ターナーは言う。

もうひとつの要素はベトナム戦争だ。この戦費をまかなうためにアメリカ政府が大量の貨幣を刷ったことで、西欧諸国には巨大なインフレの波が押し寄せた。つまり、ゴミ収集者などの低賃金労働者が一九七八年から七九年にストライキを実行したのは、生活水準が落ちこみ、自分たちが加担したわけでもないインフレ危機の代償を払わされたからだった。

「不満の冬」のあいだ労働党内閣の大臣だったトニー・ベンは、「あれは労働者対経営者の経済闘争だった。そして事実上、政府は経営者側を支援していた」と回想する。「それがわが党への大きな幻滅につながった」

いずれにせよ、「不満の冬」で労働組合に対する国民の苛立ちが募ったのはまちがいない。右派のタブロイド紙は過熱し、まるでイギリス全体が混迷に陥るかのように書きたてた。国民はサービス停止で不便な思いをした。結局、貧しくなってストライキをせざるをえなくなった労働者たちの声が届くことはなかった。

サッチャー政権は、こうした過去の記憶を容赦なく利用した。目標は、労働組合を永遠につぶすことだった。新たな法律によって、経営者はストライキを起こした者を解雇し、退職金を減らせるようになった。他者を支援するためにストライキに参加することも禁じられ、裁判所による組合資金の差し押さえや、組合への巨額の罰金も認められた。

しかも、政府は法律の改正だけではすまさず、先例まで作った。労使関係の専門家、グレガー・ゴール教授によると、政府は「公共部門への本格攻撃で立てつづけに労働組合を負かしたあと、民間経営者にも組合と争うことを勧めた。サッチャーの鉄拳を最初に受けたのは、一九八〇年の鉄鋼業の労働者たちで、一三週間のストライキののち敗北し、何千人も解雇されるという代償を払った。さらに三年後、ストックポート・メッセンジャー紙の社屋のまえにピケラインを張った労働者たちは、三〇〇〇人の機動隊に襲撃され、近くの野原で打ちすえられた。そして、彼らの組合であるナショナル・グラフィカル・アソシエーションの資産は、政府に差し押さえられた」

これほどの総攻撃を受ければ、数ある労働組合が結集して反撃するはずだと思われるかもしれない。だが、そうはならなかった。労働組合も、さらには労働党も、どうしようもなくバラバラだった。彼らの指導者たちは、サッチャー派の断固たる猛攻に完全に不意をつかれたのだ。政府は敵の弱点を見抜き、反撃に出そうな労働者を狙い撃ちにした。

とはいえ、さまざまな法律も本格的な弾圧も、サッチャーのもうひとつの武器ほどの威力はなかった——それは、長くなる一方の失業手当受給者の列だ。

保守党は、労働党政権下の一九七九年に失業者数が一〇〇万人に達したという事実を大げさに言いたてた。そして、大手広告代理店〈サーチ&サーチ〉を雇って、かの有名な「労働党は仕事をしていない」というポスターを作成させた。実際には、サッチャー政権下で失業者数がピーク時で四〇〇万人にのぼったという推計もあるが、失職の恐怖はあらゆる反撃の誘惑を抑えこんだ。

「サッチャーの労働法改正の最大の触媒は失業だった」と元労働党党首ニール・キノックは言う。「新聞記事を書いているような愚かな中流階級は、四〇〇万人の失業者というと、それを、怒って積極的な行動を起こす労働者の数だと考えるだろう。だが、そうじゃない。事実は、四〇〇万人の怯えきった人々がいるということだ。失業に怯える人々は、労働争議に加担して自分の仕事を危険にさらすようなことはしない。そう、何もしないんだよ」

サッチャー内閣の最初の財務大臣だったジェフリー・ハウに、大量失業が組合の力を抑えるのに役立ったかと尋ねると、彼は「昔と同じように行動してもむなしい、ということを示すうえで役立ったと思う」と同意した。そのあとすぐに、自分たちの政策は「意識的にそれを示すための薬だったわけではない」とも言ったが、だとしても彼の知るかぎり、サッチャリズムのなしとげた偉業のひとつは、「労働組合の専制政治」を打破したことだった。

保守党政府にかかわったほかの人々は、もっとあけすけだった。一九九〇年代の初めに財務省のチーフ・エコノミストだったサー・アラン・バッドは、BBCの番組に出演した際に、「(政府は)これがインフレを抑える正しいやり方だとは一瞬たりとも信じていなかったのではないか」と言った。「ただ、それが失業率を上げる非常にすぐれた方法だというのはよくわかっていた。そして、失業が労働者階級の力を弱めるじつに望ましい方法だということもね」

政府の動機はともかく、経済学者グレアム・ターナーのことばを借りれば、「ジェフリー・ハウの遺産は、わが国の経済における産業空洞化」である。一九七九年の圧勝から三カ月もたたないうちに、保守党は為替管理を劇的に緩和し、通貨投機で金融機関に莫大な利益をあげさせた。これによってシティは、製造業などの他業種を犠牲にして繁栄できることになった。しかしそれ以前に、ポンドの価値が急上昇し、製造業では輸出品の価格が海外の競合他社より格段に高くなった。一九八三年——たった五年後である——には、イギリスの海岸から三分の一近くの工場が消えていた。かつて栄えた労働者階級のコミュニティが滅びたのだ。

今日、シティへの過剰な依存と製造基盤の激減による経済危機に際して、保守党の執行部でさえイギリスの製造業を復活させるべきだと言っている。けれども、サッチャリズムの焦土政策に対する深い反省の弁を聞くことはめったにない。

私はジェフリー・ハウに、金利を上げるような単純な政策をとったことを後悔しているかとも尋ねてみた。すると彼は、「あれは避けられなかった」と言った。「われわれが取り組んでいたことの多くは、意識していなかったにせよ、国の自滅を食い止めるための管理だった……だから工業界にとっては不愉快だった。しかし、脱出ルートについて誰も真剣に議論していなかったのだ。脱出ルートがあればよかったのだが、あったらあったで、ほかのことがうまくいかなくなっていただろう」。ハウの知るかぎり、責められるべきは製造業そのものだ。「そう、誰もが後悔しているよ。工業界の内部の行動で引き起こされたことがほとんどだから……イギリス工業界の自滅的な提案には、私はかねがね疑問を呈してきた」

保守党のベテラン議員であり、党首選で争ったこともあるデイビッド・デイビスは、もっと後悔していない。「どうだろう、避けられただろうか」と明らかに色をなして言った。「われわれに何ができた？　あなたならどうしたか教えてほしい。製造業に資金をつぎこむ？　最初からつぎこまれているじゃないか！　何ができたというんだ」。さらに続けて、「知ってのとおり、サッチャー政権は地域社会のために、再教育ほかいろいろなことをしてきた。そう、たくさんやった。ただ、うまくいかないこともある。問題はそこだ……公共政策の現実として、経済分野では、たとえ運がよかったとしても成功する確率はせいぜい半々だから」。それについてはハウも、「新規事業推進計画やそれに類する政策の多くが、結局、税金逃れの集団を作り出すだけに終わった」ことを認めている。

デイビスに言わせれば、製造業は「つっかえ棒」でなんとか生かされていたのであり、サッチャーとしてはその棒を蹴り飛ばすしかなかった。「それに、製造業が中国に出ていく大きな流れを止めるには、クヌート大王［訳注：一一世紀にイングランド、デンマーク、ノルウェーの王位についた］ほどの力が必要だ。皮肉なことに、この流れには社会主義者が反対することが多い。これこそ世界的な物の再分配のひとつなのに。裕福な西で生じた収入を、貧しい東にまわす市場の再分配だ。多くの点で私は賛成している」。彼はそう言いつつ、すぐにつけ足した。「だからといって、仕事を手放すことを望んでいるわけではないがね」。デイビッドの議論から、仕事を手放さないという結論を導き出すのはむずかしいと思うのだが……。

一方、「それは醜い歴史の改竄《かいざん》だと思う」と反論するのは、ガーディアン紙の経済担当編集者、ラリー・エリオットだ。「保守党が政権を握って次々と破滅的な経済政策を打ち出し、失敗したせいで、ポンドは急上昇し、わが国の輸出競争力はひどく落ちこんだ。インフレ率が二〇パーセント、金利が一七パーセントまで上昇することを許し、製造業にとっては死活問題である借入費用が高くなった」。エリオットは、サッチャー政権初期にイギリスの工業の一五パーセントが窮地に陥ったという見解について、「つぶす機が熟したということさ」とあきらめたように言った。

言い換えれば、時代が前進したせいではなく、政府の政策のせいで、イギリスから工業が失われたのだ。ほかの西欧諸国でこれほど短期間に製造業が一掃された例はない。二〇〇八年に発生した金融危機の対応と比べてみよう。サッチャリズムが一九八〇年代に製造業を出血死させたのに対し、ニュー・レイバー政府は、納税者の何十億という金を、強欲と愚かさゆえに倒産の瀬戸際にあった銀行に注ぎこんだ。その理由は？　倒産させるには銀行は巨大すぎたからだ。

「製造業についても同じことが言えただろうね」とグレアム・ターナーは言う。「結局、世界経済は持ち直したが、製造業をもっと支援していれば、それにかかわる仕事をここまで失うことはなかったかもしれない」

これらすべてから疑問が浮かんでくる――保守党は、ほんの少しでも製造業を救うことに関心を示したのか？　サッチャー派の考えでは、金融業とサービス業が未来の産業であり、製造業は過去のものだった。元BBCの政治特派員ジョン・コールは回想録のなかで、サッチャーにこの「サービス」経済、あるいは「ポスト工業」経済がどう機能するのかと尋ねたときのことを書いている。「彼女はまえの週に会った起業家の話をした。その人物は、バターシー発電所を買収し、そこをテーマパークに変えることを望んでいた」。翌日、コールはアメリカ大使館の経済担当官にこの話をした。「彼は純粋に驚いた顔で私を見て、思案顔でフォークを置くと、大声で言った。『だがな、ジョン、みんなが互いにドアを開け合ったところで、生計は立てられないだろう!』」[*9]。しかし、みんなが「互いにドアを開け合うことにもとづく経済」こそ、サッチャーがめざしていたものだった。

サッチャーによる労働組合と工業への攻撃は、製造業で働く労働者階級にボディブローのように効いた。誰もが誇りに思う高収入で安定した技能職は、労働者階級のアイデンティティの要だったのに、それを根こそぎにされた。人々がイギリスの労働者階級と結びつけて考えていたものが、すべて消えていった。

とはいえ、一九八三年にサッチャーがまた勝利したあともなお、イギリスの労働者階級は政治的、社会的一勢力として死んではいなかった。決着はまだこれからだった。

炭坑労働者の敗北

「みながあまり気づいていない興味深い点は、サッチャー政権が、二度目のチャンスを与えられたヒース政権［訳注：一九七〇年~七四年の保守党内閣］だったということだ。人事もほとんど重複している」とジェフリー・ハウは言った。これは注目すべき見解だ。

テッド・ヒース率いる保守党は、一九七四年の国有鉱山労働者によるストライキで退陣を余儀なくされた。ヒースが有権者に「イギリスを治めているのは誰だ?」と尋ねたら、「おまえじゃない!」と言われたのだ。それは屈辱的な敗北であり、労働組合が事実上、政府を転覆させた初めての例だった。サッチャーはそのことを忘れていなかった。だから彼女の反応は、イギリス史上まれに見る冷酷な報復でなくてはならなかった。いや、あれは報復以上のものだった。

炭鉱労働者は、二〇世紀を通してつねに組合活動の先導者だった。イギリスで唯一のゼネストは、炭鉱労働者を支援するためにおこなわれた一九二六年のストライキだ。彼らは、一九七〇年代にやってみせたように、エネルギーの供給を断つだけで国の活動を停止させる力を持っていた。炭鉱労働者を撃退できたとしたら、ほかの労働者などものの数ではない。だからこそ、現代イギリスの労働者階級の歴史のなかで、炭鉱ストライキの敗北は決定的な節目となった。

「炭鉱労働者のコミュニティはみな活発で、採掘場を取り巻くように発達していた。採掘場がコミュニティの中心であり、人々を結びつけるものだった」と全国鉱山労働組合（NUM）の指導者クリス・キッチンは思い出す。「暗黙の行動規範も、コミュニティのひとつの要素だった。たとえば、週末に若者が羽目をはずすことは認められないし、年長者を怒らせたりもしなかった。採掘場で仕事中に命を守ってくれるのは彼らだからね。どうして週末の数杯のビールのために年長者を怒らせなきゃならないんだ？」

だが、一九八四年にサッチャー政府が廃坑計画を発表し、こうした強い絆で結ばれたコミュニティの多くが危機に直面した。当然のごとく、ヨークシャー各地の炭田でストライキが自然発生し、それは全国に広がった。NUM指導者のアーサー・スカーギルが、このストライキは全国規模であり、すべての炭鉱労働者を動員すると宣言し、その年の四月の全国会議で了承された。ちなみに、主要な採掘場のなかでは、ノッティンガムシャーの炭鉱労働者たちだけがストライキを拒否し（自分たちの仕事は安泰だと思っていたのだが、やがてまちがいだったことがわかる）、炭鉱労働者のコミュニティに苦々しい思いを残した。

トニー・ベンの回想によると、その闘争は「労働者の活動に電気ショックを与えた。私は一年間に二九九件の市民集会に参加したが、どこへ行っても驚くほどの支援と活動がおこなわれていた」。その一方、全国メディアやサッチャー支援者にとって、スカーギルは目の敵だった。また、炭鉱労働者の闘争からは興奮のみならず恐怖も生まれた。デイリー・テレグラフ紙の記者で大のサッチャー派のサイモン・ヘッファーは、私との議論のなかで、「ナチスを思い出さずにはいられなかった」と語った。

実際、スカーギルは精神を病んでいたと思う。私は一九八四年の労働党会議に出席して、スカーギルの衝撃的な演説を聞いた。それまで彼の演説を聞いたことがなかったし、誰かがあそこまで人々に影響を与える部屋に同席したこともなかった。あの昔ながらのスターリン主義的な批判。二五年たったいまでも憶えているが、「マーガレット・サッチャーは彼女の階級のために戦っている。私はここで私の階級のために戦っている」というフレーズがあった。私はテレビでヒトラーを見たことがあるが、あれはヒトラーのような民衆扇動を思わせたよ。おそろしかった。私は影響されなかったが、ひどく感化された人が大勢いたし、おそらく今日に至るまで興奮している人もいるだろう。

ほかのノッティンガムシャーの炭鉱労働者とちがって、苦い結末を迎えるまでストライキを続けたエイドリアン・ギルフォイルは、採掘場で働く仲間の連帯感がとりわけ印象に残っている。「仕事を守るためにストライキは重要だった。息子がふたりいて、もちろんほかの仕事につけるなら坑道にはおりてほしくなかったが、少なくとも、ふたりが成長してほかに何も仕事がなければ、採掘場はいい修業の場だったんだ。だから、そのために闘う価値はあった」

ときに争議は、文字どおりの階級闘争のように感じられた。「いつも朝五時ごろ目が覚める。ロンドンから来ていた警察が、朝の五時から手に持った盾をバンバン打ち鳴らすんで、みんな目が覚めるんだ」とギルフォイルは思い出す。「正直言って信じられない。そりゃひどかった。それやこれやでよけいに決意が固まったよ」

それでもまだ、サウス・ヨークシャー州オルグリーブの争議に比べれば、たいしたことはなかった。一九八四年六月一八日、六〇〇〇人に及ぶ炭鉱労働者がコークス工場を封鎖しようとして起きたこの争いに、ギルフォイルも参加した。労働者たちは、騎馬警官も含めてイギリス一〇州から集まった何千人もの警官と睨み合ったが、突如、警察側が突撃した。

あの日、悪いのは労働者側ということになってた……けど、労働者はピケのうしろにいて何もしてなかった。なのに、いきなり騎馬警官が突っこんできたんだ。それがすべての騒動の始まりだった。弟とふたりでそれを見て、信じられない思いで呆然と突っ立ってたのを憶えてる。次の瞬間には騎馬警官が追いかけてきた。よけるのが精いっぱいだった。その警官は、もうひとりいたやつの後頭部を警棒でかち割った……走って〈アズダ〉［訳注：大手スーパーマーケット］に逃げこむと、店長が警官を阻止してくれて、「カゴに欲しいものを入れて逃げろ。支援してやるから」と言ってくれたっけ。それにしても怖かった。

このとき警察に逮捕された労働者は裁判で全員敗訴し、何十万ポンド（何千万円）もの賠償金を請求された。ストライキに参加した多くの炭鉱労働者と同様に、ギルフォイルも妻の貯金が頼りだった。「婦人活動団体とか、あらゆる運動に参加していてね。各地のデモにも加わって、例の若者（ストライキ中に不審死した二三歳の炭鉱労働者デイビッド・ジョーンズ）が殺されたオラートンにも出かけて葬式に参列した。家内が墓穴の縁に立ってる写真があるよ」。ある日、ギルフォイルが妻に「なあ、明日から仕事に戻ろうと思う」と言うと、彼女は「仕事に戻ったら、あんたの脚をへし折るからね！」と答えたという。

犠牲になったのは、エイドリアン・ギルフォイルのような炭鉱労働者だけではなかった。彼の妻も、あるとき小学校の助手の仕事を失い、「胸も張り裂けんばかりに泣きながら」帰ってきて、仕事に復帰した炭鉱労働者について愚痴っていた。

ストライキが終わってまもないころ、その妻が具合を悪くして帰宅した。「医者に電話して、と言うんだ。ストのときに電話を解約してたから、隣の家に借りにいかなきゃならなかった。家内は倒れ、心臓発作を起こして、ものの数分で死んでしまった」。彼女はまだ三三歳で、ギルフォイルに五歳と一〇歳の息子を残してこの世を去った。

炭鉱ストライキはじつに一年に及ぶ悪戦苦闘の末、一九八五年三月三日に瓦解した。労働者たちがふてくされて仕事に戻るときには、ブラスバンドと組合旗が随伴した。「マギー〔訳注：サッチャーを指す〕はやりたいようにやった。そうだろう？」とギルフォイルは言う。「そしておれたちは完全降伏して、すごすご職場に戻ったのさ」。一九七四年のストライキとちがって、政府は細かく対策を立てていた。「リドリー計画」という一九七八年に漏洩《ろうえい》した保守党の文書によると、石炭の備蓄を含め、各地の労働組合、とくに炭鉱労働者たちと闘うための周到な青写真ができていた。

ほかの組合や労働党の執行部は何をしていたのか？　組合規約にもとづく全国投票がなかったことを理由に、彼らは炭鉱労働者を支援しなかった。「それによって、争議活動と労働党執行部は切り離されてしまった。労働党執行部から炭鉱労働者への実質的な支援がなかったわけだから」とトニー・ベンは言う。

炭鉱労働者を見放した理由がなんであれ、労働運動の運命はこのストライキと同じ道をたどった。彼らの敗北は二度と立ち直れないほど壊滅的な打撃になった。炭鉱労働者は国内でもっとも強力な組合を持っていたのに、それが大敗した。ほかの者たちにどんな希望があるというのだ。

政府は鉱業を破壊する気だ、というスカーギルの主張は、ヒステリックだと糾弾された。しかし今日、イギリスに鉱業らしい鉱業は残っていない。サッチャーの副官だったノーマン・テビットでさえ、最近、次のように認めている。「これら（炭鉱労働者）のコミュニティの多くは完全に破壊された。仕事を失った人々はドラッグに走り、まともな職につけなくなった。仕事自体がいっさいなくなってしまったからだ。これがコミュニティを崩壊させ、家族をバラバラにし、若者を制御不能にしたのはまちがいない。鉱山の閉鎖があまりにも一気に進みすぎた[*10]」

炭鉱ストライキの支持者も反対者も同意することがひとつある。それは「労働組合が忘れようもない教訓を得た」ということだ。「あれは政府にとっての転機だった」とウェスト・ロージアンの元炭鉱労働者、ロバート・フォーサイスは言う。「炭鉱労働者を叩きのめせるなら、ほかの誰でも叩きのめせるということさ」。サイモン・ヘッファーも同意する。「炭鉱労働者のストライキは、夢が破れた記憶としていまもさまざまな左派に残っていると思う……あれの唯一の遺産は、大きな影響力を持つほかの労働組合に対して、政府に挑むなら命がけだぞという忠告ができたことかもしれない」。四半世紀がすぎたいままでも、労働組合の指導者たちはあの炭鉱ストライキを忘れられない。労働組合を率いるマーク・サーウォッカは、「残ったのは、長年の失望と敗北主義だった」と言う。

多くの炭鉱労働者とその支持者たちは、労働党党首だったニール・キノックがストライキを支援しなかったことを非難した。今日、キノックはスカーギルとサッチャーに対し、「どっちもどっち」という態度を保っているが、炭鉱労働者の指導層には依然として辛辣だ。また、ストライキの結果に幻想は抱いておらず、あれは労働運動にとって「有益な」敗北だったと認める。労働組合は、「保守党政府が炭鉱産業を粉砕できるなら、ほかのどんな産業にも同じことができる」ことを知った。「それで労働組合の考え方が変わった。無理もないことだ。誰も責めるわけにはいかないね」。彼はさらに言った。

サッチャー政府の野望は、テッド・ヒースの敗北からの影響も多少はあるが、ごく控えめに表現すると、労働運動を本来のあり方に戻すという決意と強く結びついていた。戦略的に露骨だったのは、炭鉱労働者と闘って打ち負かすことだった。なぜなら政府は——考えてみれば当たりまえだが——炭鉱労働者の敗北がほかの労働運動に重大な影響を与えることを理解していたからだ。実際にそうなった。

当時の多くの人の目には、炭鉱ストライキが労働者階級の最後の花道のように映った。労働者階級のなかでもっとも猛々《たけだけ》しい集団が玉砕し、採掘場のある村へ送り返され、ぐずぐずと衰退していったのだ。著名な歴史家のデイビッド・キナストンは、炭鉱ストライキ後の雰囲気を憶えている。「結局、かつての労働者階級は力を失い、社会への影響力もなくなったと世間が見はじめたということだ。考え方ががらりと変わった。私のようにいわば中流階級向けの郊外で暮らす人たちは、それまで労働者階級に好感を抱いていたが、正直なところ、急に彼らがたいして重要でなくなったように思えた」

サッチャー派の攻撃が始まるまで、全国の労働者の半数は組合員だった。それが一九九五年には三分の一に落ちこんだ。労働者階級のアイデンティティと結びついていた旧来の産業は破壊され、もはや労働者階級であることに喜びは感じられなくなったようだった。そこにサッチャリズムは別の選択肢を差し出した——労働者階級であることをやめ、不動産を所有する中流階級になりなさい、それに失敗した人は新しいイギリスに居場所がなくなります。

「買う権利」

一九七九年、新たに発足したサッチャー政権は住宅法案を発表し、いささか興奮していた。「この法案は、今世紀で最重要とも言える社会改革の土台になります」と、下院議員のマイケル・ヘーゼルタインは誇らしげに言った。その立法の中核は、「買う権利」として有名になる。公営住宅の賃借人が、格安の値段でそこを自分の家にできるようになったのだ。たとえば、公営住宅を二〇年借りていた人は、相場の半値で買うことができた。住宅ローンの審査も確実に通る。かつてない規模で政府が持ち家を奨励したのだった。[*11]

当然ながら、この政策は多くの労働者に人気を博し、一〇年間で一〇〇万戸の公営住宅が売却された。元賃借人は持ち家にペンキを塗って、所有者になったことを知らせた。一九八五年には、労働党も政策への反対を撤回した。とはいえ、それは想像したほど自発的な動きでもなかった。一九八〇年代の終わりには、保守党政府が、地方自治体を財政的に締めつけて公営住宅の売却をうながす法律を導入したほどだ。

少し考えればわかるとおり、家を所有した人がすぐさま中流階級になるわけではない。賃貸料を払う代わりに住宅ローンを返済していくのだから、働いて生計を立てることに変わりはないのだ。ニール・キノックは当時を振り返って、「一九五〇年代から七〇年代にかけて、私の故郷でもみんなが家を買ったが、彼らの階級や関心、アイデンティティはまったく変わらなかった」と語る。早くから家を所有していたイギリスの自動車産業の労働者も、一九七〇年代にはもっとも闘志あふれる労働組合員だった。

しかしこの住宅政策は、国民一人ひとりがとにかく自分の面倒をみろというサッチャーの断固たる決意の表れだった。自分の成功または失敗の責任を国民に感じさせるには、そうするしかなかったのだ。サッチャリズムは、「何を所有しているか」によって成功の度合いが測られる新しい文化を醸成した。適応できない者は蔑まれる。「向上心」を持っているのは、もはや「力を合わせて地域社会をよくしていこうという人々」ではなく、「社会的費用に関係なく、個人としてより多くのものを手に入れる人々」と再定義された。

その代償は、あまりに大きかった。不動産所有に踏みきらなかった賃借人は、「落ちこぼれ」として公に非難された。サッチャーが政権を握るまえ、公営住宅の家賃は週に平均六・二〇ポンド（約九〇〇円）だったが、一〇年後にはその四倍近くまで値上がりした。国からの住宅補助は、サッチャー政権下で驚くべきことに六〇パーセントも下がった。もっとも苦しんだのは次の世代だ。こうして、売却された物件に代わる新規の公営住宅の建設を、政府みずから妨げた。

住宅慈善団体〈シェルター〉は当時、「買う権利」に反対した。「決定的な理由は、長い目で見て、この政策が公営住宅の供給数に影響を与えることに気づいたからだ」とシェルターのマーク・トマスは言う。「懸念したのは、物件を格安で売却したあと、その利益が代わりの公営住宅の建設に再投資されないことで、実際そのとおりになった。買う権利で減少する公営住宅の数より年間の供給数が上まわったのは、ごく最近だ」

住宅需要が家の価格を押し上げ、悲惨な高騰を招いた。人口の大部分にとって、家を持つことはどんどんむずかしくなり、何百万もの人々がやむなく公営住宅の入居待ちリストに名を連ねたが、何年も放置された。一九八四年から一九八九年のあいだだけで、イギリスのホームレスの数が三八パーセント上昇したのもうなずける。[*12]

また、この住宅政策は労働者階級に亀裂を生じさせた。家を所有する人と公営住宅の賃借人のあいだに溝ができたのだ。「買う権利」は、最高の条件の物件が売り払われることを意味する。つまり、比較的暮らし向きのいい賃借人は家の所有者になったが、その代わりに、公営住宅を借りたままの人々はより貧しく、劣悪な家に住むことが多くなった。一九八六年には、賃借人の三分の二近くが収入の最下層から三〇パーセントの人たちで、収入の上位半数に入る賃借人はわずか一八パーセントだった。ほんの七年前には、最富裕層の一〇パーセントのうち、五分の一が公営住宅に住んでいたのにだ。

公営住宅は、もっとも貧しく弱い人々に特化した住まいになっていった。公営住宅の評判が悪くなったのは一九八〇年代になってからだ。ひどく貧しく、荒廃していて、犯罪が多発する――誇張されてはいるものの、真実の部分があるとしたら、それはすべて政府の政策の直接の結果である。

向上心という概念を再定義するための方策は、持ち家の奨励だけではなかった。サッチャー政権下のイギリスでは、富（そして裕福であること）は称えられるべきことだった。保守党は、人が裕福になるのは勤勉と才能の賜物《たまもの》だという考えを浸透させると同時に、裕福になれないのは何かが欠けているからだという暗黙の了解を広めた。「もっともまじめに働く気構えの人が、最大の報酬を手にすべきだと考えます。私たちが支援すべきは働く人々であって、たかり屋ではありません」というのが、サッチャーの明確な呼びかけだった。

富裕層、なかんずくシティで働く人々は、かつてないほど憧れの的になった。金融サービスの規制撤廃、いわゆる「ビッグバン」は、国のシティへの依存度を高めただけでなく、闇取引にたずさわる人間や投機家をヒーローに仕立て上げた。「誰もが資本家です」とサッチャーは宣言した。それは達成不可能な目標だったが、そのとき国民がたどるべき道を示していた。

過去何世代ものあいだで初めて、富裕層のほうにできるだけたくさんの金を集めることが、政府のあからさまな目標になった。最初の予算で、勤労所得の八三パーセント、不労所得の九八パーセントだった高額納税者の税率がともに六〇パーセントに減らされ、法人税は五二パーセントから三五パーセントになった。一九八八年当時の財務大臣ナイジェル・ローソンはさらに踏みこんで、所得税の最高税率を四〇パーセントにした。

ジェフリー・ハウは、「企業を妨害するのではなく、奨励するように税制を改革した」ことを後悔していない。それでもサッチャーの階級闘争のこの部分に関しては、税負担を富裕層からほかの全員に移したというのが真実だ。「富や収入の分配に適切な影響があったかどうかはわからない」とハウは言う。「だが、たしかに自由化は進み、収入を得たり、貯蓄したり、事業を拡大したりするチャンスは増えた……」

ハウに言わせれば、保守党は「直接税の負担を減らすための財源を見つけ」なければならなかった。そこで付加価値税（ＶＡＴ）〔訳注：日本でいう消費税〕を上げた。この税によって、貧しい人ほど収入における税の割合が大きくなった。富裕層からするとこの世の春だ。

保守党の支配が終わる一九九六年までに、子供が三人いる上位一〇パーセントの富裕層の資産は、サッチャーが政権につくまえと比べて平均二万一〇〇〇ポンド（約三〇〇万円）増加していた。[*13] 最富裕の一〇パーセントの収入は、一世帯あたり六五パーセントも急増したのに、納税額は収入の半分以上から、三分の一を少し上まわる程度にまで下がった。[*14] 映画監督スティーブン・フリアーズは、ローソン財相が所得税の上限を四〇パーセントにしたときのことを憶えている。「まるでローソン男爵がわが家のドアを叩いて、『政府から五万ドルの小切手を差し上げよう！』と言ったみたいだった」

一方、そのほかの国民はどうなったか。「低税金の党」保守党のおかげで、一九七九年に収入の三一・一パーセントだった納税額は、一九九六年末には三七・七パーセントに増えた。[*15] 最貧層一〇パーセントの実質所得は、住宅費を差し引くと五分の一近くにまで落ちこんだ。[*16] 最貧層一〇パーセントで子供が三人いる世帯は、サッチャーが政権につくまえと比べ、一九九六年には年間六二五ポンド（約九万円）も支出が増えた。一九七九年の貧困者数は五〇〇万人だったが、一九九二年には一四〇〇万人に近づいた。また、保守党政権下で、富裕層の頂点の一パーセントの収入がほぼ四パーセント増えたのに対し、所得が平均値の人の収入は、平均一・六パーセントしか増えなかった。[*17]

こうした貧困層の数字を示すと、ジェフリー・ハウは少し居心地が悪そうにした。「そういう切り口で考えたことはあまりなかった、なぜなら……いや、私はその手の統計で騒ぎたてたりしない、つまり……あの時期の最後には、彼らもまえより裕福になったのではないかな?」

そうだろうか? 公認会計士で、税制の優秀な専門家であるリチャード・マーフィーによると、「サッチャーは税負担を、社会でもっとも暮らし向きのいい人から、もっとも悪い人に移した。サッチャー政権下で貧富の差が拡大した一因は、財政政策にある。あれが意図的だったことはまちがいない」。なぜ意図的なのか。「なぜなら彼女の理念では、望ましい富を生み出すのは富裕層の頂点にいる人々だったからだ。残りは落伍者で、どうでもいいと考えていた」。税制は、政府の考える国民の価値を反映するように再編されたのだ。

では、政府が後援する富裕層の蓄財はどのように正当化されたのか。サッチャー派は「トリクルダウン」について語った。頂上で増えた富があたかも水のようにあふれて、ゆくゆくは最下層まで滴るのだと。だが、そういうことは明らかに起きなかった。そこでサッチャリズムは、失敗した経済政策の犠牲者たちを攻撃しにかかった。彼らが苦しんでいるとしたら、それは自己責任である、と。

サッチャーの哲学の中心には、「貧困」は現実には存在しないという考えがあった。貧しい人がいたなら、それは彼ら自身が失敗したからだ。「今日、この国に根本的な貧困は存在しません」とサッチャーは言った。「西欧諸国に残っているのは貧困以外の問題です。たしかに、貧困らしきものはあるかもしれない。それは予算の立て方や、収入の使い途を知らないからです。しかし、いま残っている問題は、個人のごく基本的な性格の欠陥だけです」[*18]

失政が招いた大量失業、貧困、犯罪、薬物中毒

一九八一年の保守党会議では、閣僚だったノーマン・テビットが有名になった。「父は自転車に乗って仕事を探しにいき、見つかるまで帰ってこなかった」と発言したからだ。イギリスの工業が崩壊したからには、失

業者の多くも同じことをすべきだというわけだ。

「自転車に乗って」は、サッチャリズムの象徴的文句として全国的に流行した。要するに、政府が押しつけた問題の責任は、（とりわけ）失業者が個人的に背負わなければならないということだった。その考え方でいくと、失業手当は減らされ、平均収入が上がっても連動しない。そもそも政府の政策が人々をこういう状況に追いやったという事実は、一顧だにされなかった。皮肉なのは、炭鉱労働者のように労働者がみずからの仕事のために闘うと、さらに敵視されたということだ。

保守党はいまも、いわゆる福祉依存をつねに厳しく非難しがちだが、結局、社会保障費の支出が史上最高の水準に跳ね上がったのはサッチャー政権下であり、それはかつての工業中心地で安定した仕事が永久に失われたせいだった。だが、サッチャーは自分の政策が悪かったという批判に対して、自己弁護しつづけた。生活保護を受けている人々の話が出ると、「貧困は物質的な問題ではなく態度の問題」と明言し、「福祉依存はいまだに社会主義的すぎる社会の古典的な徴候」[19]とまで言った。現実には、サッチャーはおそらくいま認識されているよりずっと、イギリスを社会主義国家に近づけていたのだが。

サッチャー派のイデオロギーが現実に影響を与えたもうひとつの顕著な例が、犯罪の急増だ。暴力犯罪の実態を知るために一九八一年からおこなわれた全国犯罪調査によると、調査開始時の犯罪件数は二〇〇万件あまりだったが、保守党政権が終わったときには倍増し、もっとも件数が増えたのは、仕事がなくなった貧しい地域だった。

大量失業と貧困による社会的損害と、犯罪とのつながりは否定のしようがない。ただし、サッチャーのような人物は別だ。「失業が犯罪の原因だとよく言われますし、私自身、議会でたびたび聞かされてきましたが、私は『ちがいます、それは完全な誤解です』と答えてきました」[20]

サッチャーは焦土作戦さながらの経済政策の「症状」には断固対処する構えだったが、その「原因」は放っておいた。刑期の延長と、陪審に対する原告の答弁を限定した一九八六年の刑事司法法案は、犯罪者の収監を増やすことでしか犯罪解決の道はない、という社会通念に訴えたものだった。また同じ年、公共秩序法が警察に新しい権力を付与した。サッチャリズムの考え方では、犯罪は個人の選択であって、壊れたコミュニティにはびこる社会病のひとつなどではなかった。

薬物使用者に対する考え方も同様だった。保守党政権下で公式に記録された薬物中毒者の数は、一九八〇年の三〇〇〇人未満から一九九六年の四万三〇〇〇人に急増した。一九六〇年代はほとんどが中流階級の乱用者だったのに対し、一九八〇年代の中毒者は若年層で、たいてい仕事がなく、独身で、技能もほとんど持たずに貧困地域で暮らしていた。薬物の専門家であるジュリアン・ブキャナン医師は、手に職のない若者に対するさまざまな機会が失われた根本原因は、産業の空洞化だと指摘している。そして「不満を抱き孤立したコミュニティの労働者階級の若者が、麻薬を使用するようになった」[*21]。

慈善団体〈ドラッグ・スコープ〉の代表マーティン・バーンズも、旧来の産業の崩壊が大きな要因だと確信している。「私は一九八〇年代から九〇年代にかけての不景気や、政府が多数のコミュニティや家族、個人の気力を奪ったことを憶えている世代だ」と彼は言う。

コミュニティも、家族も、個人も失業の打撃を受けた。その打撃とは、人々が仕事を失ったとか、企業が出ていってコミュニティに影響を与えたということではない。住民の収入が減ったのだ。そんなときにヘロインを買ったり、何か盗んでヘロインを買う金を作ったりすることができたら、その体験はほとんどことばで言い表せないくらいすばらしく、どれほど気分がいいか想像もつかないだろう。一部の人たちがいい気分

――になるためにドラッグを使っても、なんの不思議もない。

しかし、サッチャーの回答は、「私たちは麻薬と戦争している」という宣言だった。一九九五年には一〇万人近くが麻薬関連の罪で起訴され、その数は一〇年前のおよそ四倍となった。

ほかの労働者階級の弱小集団も攻撃された。貧しい暮らしをしていることが多いひとり親は、無責任で、生活保護に頼りきった怠け者と見なされた。一九九一年にはその数が二〇年前の二倍になり、貧しい地域、とくに失業率のもっとも高い地域での増加が著しかったが、ひとりで子育てに奮闘する極貧の女性に同情が寄せられることはなかった。

社会保障制度の担当大臣だったピーター・リリーが、一九九二年の保守党会議の演説でシングルマザーを攻撃したときには、長年の偏見を口にするだけでよかった。彼は、ギルバート・アンド・サリバンのオペレッタをもじって、「ここに小さなリストがある。公営住宅に転がりこむ、そのためだけに妊娠する若い女性の小さなリストがある」と歌ったのだ。まったく声もあげられない貧困者を、現役の閣僚が公の場で愚弄して替え歌を歌うまでになってしまった。これがサッチャリズムのもっとも醜い部分だった。

この不愉快な茶番を喜ぶ労働者階級はいたか？　もちろんいた。こうして労働者階級の複数の集団同士を反目させるのが、政治の常套手段になった。サッチャリズムは、その行きすぎで破壊された労働者階級のコミュニティを分断しようともくろんだ。いつの時代の統治者もおこなってきた古めかしい「分断と統治」である。サッチャーの破滅的な階級闘争でもっとも苦しめられた労働者階級のコミュニティが、群れをなして「下流階級」に落ちこみ、その貧困は自業自得と見なされたのだった。

ここまで労働者階級の文化が攻撃されると、そのコミュニティやアイデンティティも壊滅的な打撃を受ける。サッカーは長年、労働者階級の主要な娯楽だった。脚本家のジミー・マクガバンは次のように述べた。

労働者階級の一般的なイメージは、サッカーと緊密に結びついている。伝統的な炭鉱業や繊維工業や工学技術から、労働組合と労働党との歴史的なつながりに至るまで、労働者階級が誇ってきたものが一掃された時代に唯一生き延びた大衆娯楽が、サッカーだった。[*22]

ヒルズボロの悲劇

だが次第に、サッカーファンは、少数の乱暴な集団の行動によってフーリガンや暴漢として敵視されるようになった。そして、労働者階級の人々が敵視されるだけでなく、人間扱いされなくなっていたことが、胸の悪くなるような結果をもたらした。それが、イギリスのサッカー史上最悪の事故と言われる一九八九年の「ヒルズボロの悲劇」だ。

好天の春の日、シェフィールドのヒルズボロ・スタジアムの外には、リバプール対ノッティンガム・フォレストのFAカップ準決勝戦をまえに、大勢のリバプールファンが詰めかけていた。ゴール裏の立見席は、すでにレフェリーが笛を鳴らすのをいまかいまかと待つ熱心なファンで満杯だった。それなのに、警備にあたっていた警察が別のゲートを開いて、さらに群衆を入れてしまった。

警察が誘導などの手順を怠っているあいだに、ファンは収容人数を超えている立見席にどんどん入っていった。全国のサッカー場でも似たような状況だったが、リバプールのサポーターはまるで動物のように金属フェ

©alamy/PPS通信社

「ヒルズボロの悲劇」として記憶された日のスタジアムの様子

ンスの囲いのなかに閉じこめられた。窒息しかけたファンが必死でピッチになだれこんだが、多くの警官は、悲劇が起きているなどとは考えもせず、ピッチへの侵入と見なした。

ファンたちがピッチで瀕死の人々に人工呼吸をほどこしているあいだも、警察は、リバプールファンがスタジアムの対面にいるノッティンガム・フォレストのサポーターに近づけないように遮断線を張りつづけた。そこを突破して負傷者を救急車に運ぼうとしたファンたちは、ただの「混雑のトラブル」と言い張る警察に無理やり押し戻された。現場には救急車が数台到着していたが、スタジアムのなかには入れなかった。

こうして一九八九年四月一五日のこの日、九六人のリバプールファンが死亡した。医者の治療を受けた人はほとんどいない。もっとも若い犠牲者は一〇歳の少年だった。

その後、テイラー判事による調査で、これはファンの起こした事故ではなく、「警察の誘導不備」がおもな原因とされた。ところが、警察はまったく責任を負おうとせず、代わりに犠牲者を攻撃した。ファンが悪いという考えを広めるために、警官たちは一連の偽情報まで流した。それはある程度功を奏し、大衆のあいだで真相が議論されるようになったのは、一九九六年にジミー・マクガバンの脚本で受賞したドキュメンタリードラマなどが世に出てからだった。[*23]

悲劇の翌週の水曜日、サン紙は警察が広めたデマにもとづき、事故の犠牲者に残酷な攻撃を仕掛けた。記事によると、ファンたちは死者や瀕死者たちから盗みを働き、警官、消防士、救急隊員はフーリガンに襲われ、リバプールのサポーターは被害者の遺体に放尿、人工呼吸をしていた警官は袋叩きにされた。ほかにもぞっとする作り話が並んだ。サン紙は後日、デマについて謝罪したが、その記事が出て一五年がたったいまも、マージーサイド州では広く不買運動が続いている。イギリスの労働者階級への攻撃と中傷の一〇年のなかで、ヒルズボロの悲劇は改めてそのすさまじさを見せつけた瞬間だった。

それでも、なぜ、サッチャーは勝てたのか？

それにしても、保守党のこの攻撃的な新しい階級闘争の闘士たちは、なぜ何度も選挙に勝てたのだろう。ジェフリー・ハウははっきりと、「われわれが改革していたとき、反論はさほど怖くなかった」と言ったが、その理由は長らく謎に包まれていた。

サッチャーが労働者階級から記録的な支持を得たのは、公営住宅の売却とポピュリスト的な治安政策のおかげとよく言われる。そうした政策が労働者階級の一部の票を保守党に向かわせたのは確かで、とくにイギリス南部では顕著だった。だがハウによると、保守党が労働者階級を取りこめたのは、「（彼らが）成功への憧れと、それを自分で達成したいという願望を持っていたからだ。その目的からすると、自然にわれわれの政策は好ましく映った。さらに彼らはある意味で、差し迫った貧困とは無縁だった」

これこそ、つねに保守党の戦略の中心だった。労働者階級の有権者のなかの、暮らし向きのいい集団と悪い集団のあいだに亀裂を生じさせながら、気概と決意のある人のために「頂上には空きがある」と思わせるのだ。それでも得票率を見ると、一九七四年の二回の総選挙を除いて、サッチャーが一九七九年に政権を取ったときの保守党は、第二次世界大戦以降に勝利したどの政党より少なかった。その一方、労働党に投票した人の数は、勝利した一九七四年より、敗北した一九七九年のほうが多かった。サッチャーを勝たせたのは、自由党から保守党に鞍替えした有権者の票だった。

アンソニー・イーデンのような「ひとつの国家」をめざす指導者たちのもと、それまで保守党はつねに五〇パーセント前後の得票率を獲得していたが、サッチャーの得票率は最高でも四四パーセントだった。労働党寄りの貧困層はあまり投票しないから、それを考慮すると、サッチャーは最後まで有権者全体の三分の一以上の支持を得ていなかったことがわかる。

実際、彼女は最初の首相任期中の世論調査で三位と、おくれをとっていた。助け舟を出したのは、アルゼンチンの軍事政権だ。一九八二年にイギリス軍がフォークランド諸島に侵攻した際、その諸島の名前を知っている人はほとんどいなかったが、イギリスが紛争に勝利したことで愛国心が高まった。

とはいえ、一九八三年にサッチャーが勝ち誇ってダウニング街に戻った最大の理由は、じつはまったく別のところ、つまり労働党にあった。

一九七九年のサッチャー勝利のあと、労働党は左傾化し分裂した。そして右派は社会民主党を結成し、自由党と連合を結んだ。一九八三年の総選挙での大敗北を振り返って、労働党の元党首マイケル・フットはこう述べた。「おもな原因は、いわゆる社会民主主義者の離反だった。彼らの裏切りが、この国にサッチャリズムをもたらしたのだ」[*24]。サッチャーは一九七九年から五〇万票を失ったが、保守党は、対抗者が分裂したことで国じゅうの選挙区の中間層を取りこみ、地滑り的な勝利を収めた。

労働党はこの不運な選挙のときでさえ、非熟練労働者の得票数ではまさっていたが、熟練と半熟練の有権者については、連合の大半の支持者がまた労働党に戻ってくる一九九二年まで、保守党から優勢を奪回できなかった。つまり、サッチャーが勝ちつづけたのはひとえに、彼女を支持しない熟練と半熟練労働者の六〇パーセントがどうしようもなく分裂したからだった。

労働党の度重なる敗北は、それ自体、さまざまな結果をもたらした。まず、「労働者階級の声を代弁し、労働者階級の利益や要望を最優先する党」という考えが、一九八〇年代にひどく弱まった。問題が相次ぐなかで、キノック率いる労働党は、サッチャーの自由市場政策に降伏した。抵抗する者はみな政治の脇に追いやられたのだ。

労働党を降伏へと導いたいちばんの要因は、サッチャー派の勝利を目の当たりにした党内の深刻な士気の喪失だった。たとえばキノックに、労働党がサッチャーの労働組合法を覆さないことをどうやって労働組合に納得させたのか、彼の言う「取っ組み合い」をどう乗りきったのかと尋ねたとき、彼は次のように答えた。「敗北したことで、しかも一九八七年のような大敗北を喫したことで、話が簡単になった。私はそれを利用しようと思った。断固たる決意で、容赦なく利用した。一九八八年ごろには、ふと気づくと、『あなたたちが得られるものはこれしかない』とくり返していた」。つまり、ニュー・レイバーが出現するまえに、すでにサッチャリズムは労働者階級から政治的な擁護者を奪っていたのだ。ハウがのちに語ったように、「本物の勝利は、一党だけではなく二党が変わったことだった」。

ほんの一〇年ほどで、サッチャリズムは階級の見方を完全に変えてしまった。富める者は必要以上に褒めそやされた。みな社会の梯子をわれ先にのぼることを奨励され、どれだけものを持っているかによって区別された。貧困者や失業者は自分を責めるしかない。イギリスの労働者階級の伝統は根本から打ち砕かれ、労働者階級であるということは、もはや誇れないし、まして賛美されることでもなくなった。団結といった昔ながらの労働者階級の価値観は、私利私欲の個人主義に取って代わられ、彼らのために闘ってくれる政治家もいなくなった。

サッチャリズムが作り出した新生イギリスは、財産を所有し、自分や家族だけの面倒をみる中流階級の個人の集まりだった。向上心は、より大きな車や家に憧れることを意味した。炭鉱労働者の指導者クリス・キッチンが言ったように、「コミュニティの精神など関係ない。利益が出ないなら、やめるしかない。それがサッチャーの一貫した価値観だった」。

サッチャリズムによってもっとも破壊された労働者階級のコミュニティが、なぜかもっとも信用を落とした。彼らは取り残され、あと戻りできない歴史の行進に踏みつぶされた旧世界の残骸と見なされた。同情は寄せられず、むしろあざ笑われ、罵《ののし》られて当然と考えられた。

かつて労働者階級が大切にされた時代があった。ディズレーリは彼らのことを「大理石のなかの天使」と呼んだ。「地の塩」〔訳注：マタイ伝福音書第五章第一三節〕と結びつけられたこともある。しかし今日では、それが往々にして「チャヴ」と呼ばれる。

地の塩から地のクズへ――これがサッチャリズムの遺産だ。労働者階級にかかわるものは、ことごとく敵視される。

3

「政治家」対
「チャヴ」

いまや労働者階級は、敬意をもって接しなければならない政治的に危険な存在ではなくなった。上の階級はまるで18世紀のように大いに優越感を楽しめる。

ポリー・トインビー[*1]

保守党のデイビッド・キャメロン首相には勇気がある、と言っていいかもしれない。二〇〇八年の補欠選挙で、彼が保守党候補者の応援のためにグラスゴー東部に出向いた当初、現実を思い知らされるだろうというのが大勢の見方だった。なにしろグラスゴーの失業者数は全国平均の二倍で、市内の子供の半分以上が貧しい暮らしをし、スコットランドのなかでも、麻薬中毒、過密な住宅、年金生活者の貧困といった問題がいちばん深刻でもあった。グラスゴーのカールトン周辺の平均寿命は五四歳。ロンドンのキングストンやチェルシー地区の男性と比べて軽く三〇歳は下まわり、パレスチナのガザ地区より低い数値だった。

「一九八〇年代のサッチャー政権下で工業を破壊したことをお詫びしにきました」。キャメロンはそう言ってもよかった。「今日の保守党は、当時の政策がみなさんの仕事やコミュニティ、希望や向上心に与えた影響を理解しています。同じことは二度と起こしません」と。以前の保守党政権がもたらした損害をきちんと認めれば、選挙区で厳しい戦いを強いられている候補者が当選する見込みは大いに高まったことだろう。

しかしキャメロンは、どうせ獲得できない議席のために票を増やすことではなく、中流階級の偏見を助長することに関心を寄せていた。「貧困や社会的排除に脅かされている人々がよく話題になります。まるで肥満や、アルコール依存症や、麻薬中毒が、疫病や悪天候のように純粋に外から来る厄災であるかのように。もちろん、生まれ育った地域や、学歴、両親の決断といった周囲の環境は多大な影響を与えます。けれど、社会問題は多くの場合、人々が自分の意思で選んだことから発生しています」

保守党からの説明にもとづいて、新聞各紙はキャメロンの言わんとすることを読者にはっきりと伝えた。タイムズ紙は、「デイビッド・キャメロン、肥満者と貧困者に責任を負わせる」と報じた。デイリー・メール紙も、「肥満？　貧困？　それはあなたが悪い、とキャメロン宣言」と明らかにうれしそうに書いた。キャメロンは、運の悪い人はだいたい自業自得という、サッチャリズムが世に広めた見識を利用していた。

グラスゴーの労働者階級は、デイビッド・キャメロンが「外から来る厄災」としてあっさり片づけたもの、すなわちイギリス工業の没落に苦しめられていたが、この保守党党首は国民に、それらの仕事が消えたあと起きたことの責任は自分で取れと言ったのだ。まず、三万人を雇用していた鉄鋼業が消え去った。次にテンプルトンのカーペット工場、最後にアロール〔訳注：土木建設会社〕の製作所もなくなった。これらの工業中心地に依存していた多くの中小企業やサプライヤーも、運命をともにした。それなのに、キャメロンはこの不都合な真実には触れず、代わりに犠牲者たちを批判するという手段に訴えた。

キャメロン、その輝かしい経歴

彼の演説がなおさら目立つのは、本人が極めつきの特権階級の出身だからだ。グラスゴーで長々と説教した相手の人たちと、一度でもじかに接したことがあったかどうか疑わしい。グラスゴーの一般市民とちがって、キャメロンは一族の富、権力、人脈のすべてから恩恵を受けていた。「父は株式仲買人、祖父も株式仲買人、曾祖父も株式仲買人です」と金融関係者の集まりで自慢したことがある。

彼は少年時代、アンドルー王子やエドワード王子も卒業したバークシャーのヘザーダウン・プレパラトリー・スクールにかよった。一一歳ですでに、石油王ジョン・ポール・ゲティの孫、ピーター・ゲティの誕生日を祝うために、四人の学友とコンコルドでアメリカに飛んでいた。元家庭教師のリディアン・ルウェリンは、キャメロンと友人たちがキャビアやサーモン、牛ステーキの赤ワインソースがけなどをたらふく食べるのを見たそうだ。このときキャメロンは、ドン・ペリニヨンの六九年物のグラスを掲げ、「ご健康をお祈りします！」と朗らかに言って乾杯した。

彼が学生時代、イギリスの支配的エリートの伝統的な修練場であるイートン校にかよったことは周知の事実だが、大学に入るまえから、名づけ親の保守党議員ティム・ラスボーンの議会調査官として働いてもいた。その数カ月後には父親のつてを頼り、香港の多国籍企業でも働いた。

オックスフォード在学中には、ブリンドン・クラブという評判の悪い上流階級の社交クラブに所属し、卒業後は、バッキンガム宮殿から謎の電話を受けた保守党中央事務局の仕事についた。立派な声の男性が、「聞いていると思うが、デイビッド・キャメロンがそちらに行くのでよろしく」と中央事務局の職員に伝えたのだ。「政治などで時間を無駄にするなと、あらゆる手段で説得したんだが、どうしてもやりたいと言うのでね。じつに押し出しのいい若者だから、ひと言そちらに知らせておこうと電話した」。宮殿からの電話が、彼のチャンスを広げなかったはずはない。

数年後にキャメロンが中央事務局を辞めたときにも、取り巻きのエリート集団が出世を後押しした。同じ特権階級に属する婚約者のサマンサ・シェフィールドの母、アナベル・アスターが、友人で〈カールトン・テレビジョン〉会長のマイケル・グリーンに、キャメロンを雇うべきだと進言したのだ。「彼女は本当に恐るべき女性だ」とキャメロンはのちに語っている。「彼女に何かをやれと言われたら、私はすぐにやった！」[*2]

本人の弁によると、「私の履歴はきわめてありふれている。イートン、オックスフォード、保守党調査室、財務省、内務省、カールトンＴＶ、そして保守党議員だ」。しかし、キャメロンが国民の大多数の生活からどれほどかけ離れているかは、ディラン・ジョーンズとの共著 *Cameron on Cameron* の記述からもうかがえる。そこには、彼の妻の育った環境は「ひどく型破り」、なぜなら「全日制の学校にかよっていた」からだとある〔訳注：特権階級の多くは全寮制の寄宿学校に行く〕。

とはいえ、キャメロンとグラスゴーの労働者階級には、共通点がひとつだけある。それは、キャメロンも彼らと同じように経歴に縛られている、ということだ。キャメロンは、首相になることは避けられたかもしれないが、何が起きようと、生まれたときと同じく富と特権に恵まれた環境で人生を終えることはまちがいない。一方、グラスゴーの何十万もの住民は、両親と同じように貧困や失業のリスクを背負って成長する。

元同級生の話では、キャメロンはまったく悪びれない上流社会人だという。「自分はこういう人間だから国を治めるのにふさわしいと信じているところは、ふつうの保守の政治家とはぜんぜんちがうね。権力そのものが正しいと信じているから、生まれもっての支配層だ。自分には統治権があると考える人間がまた現れたということだ」。イートン校の別の同級生は次のように語った。「彼はわれわれの世代でも特殊だね……ノブレス・オブリージュ保守主義の継続というか、そこへの退行を体現しているように見える。われわれは本当にもう一度、アーサー王の騎士たちに支配されたいと思っているのかな」[*3]

たしかにキャメロンは、特権階級の「アーサー王の騎士たち」に囲まれているようだ。それを私に指摘したのは、意外にもレイチェル・ジョンソンだった。彼女は扇動的な左派ではない。保守党のロンドン前市長、垂れた髪で風采の上がらないボリス・ジョンソンの妹だ。父親スタンリーは保守党の欧州議会議員、弟のジョーも金融ジャーナリストから保守党議員になった。レイチェル自身、中部諸州の上流階級の女性がよく読むという古めかしい雑誌『レディ』の編集者として成功している。その雑誌の大きなセールスポイントは、ベビーシッターや家事手伝いの求人だ。たとえば、「ウェスト・バイフリートにて、明るい女の子たちのベビーシッタ

©AGE/PPS

「超エリート」のデイビッド・キャメロン（左）とボリス・ジョンソン

ー募集」。

レイチェルは、イートン校出身のベテラン保守党政治家の妹でありながら（ボリス・ジョンソンとデイビッド・キャメロンの経歴は「大きく異なる」と主張してはいるが）、二〇一〇年の総選挙のまえに、反感を込めてこう言った。「イートン校の卒業生たちが株式仲買人から資金提供を期待するなんていうのは……マクミランとイーデンの時代に逆戻りね」。その指摘は的を射ている。キャメロンの第一次内閣では、二九名中二三名の大臣が億万長者で、五九パーセントが私立校の卒業生、ふつうの学校にかよったのはたった三名だった。

ある世論調査では、国民の五二パーセントが「保守党政府は、一般人より暮らし向きのいい人たちの利益をおもに代表している」と思っていることが明らかになったが、驚くにはあたらない。労働者階級ではよく聞かれる意見だ。イーストト・ロンドンで在宅介護をしているレスリーと年金受給者のモーラは、あけすけにこう語った。「保守党は自分たちのためになることばっかり……金持ちの面倒はみるけれど、貧乏人には見向きもしない」

キャメロンの切り捨て政策

キャメロンの政治哲学の中心には、「人生のチャンスは、経済的背景より行動で決まる」という考えがある。だから、たとえば「子供の人生のチャンスにもっとも影響するのは、彼らの養育にどれだけの富が投じられたかではなく、両親の愛情がどれだけ注がれたかということだ」と主張する。「物理的な貧困と人生のチャンスの少なさとの関連」は、受け入れるとしてもしぶしぶであり、個人の人生を決めるおもな原動力はその人の態度にある、と考えているのは明白だ。それは当然ながら、政治にとって都合がいい。両親が子供にもっと愛情を注ぐことで貧困問題が解決するなら、社会保障費を削減してもなんら差し支えないからだ。

　階級間の不公平に対するこのキャメロン的態度を誰よりも支持していたのが、保守党の前党首イアン・ダンカン＝スミスだ。首相に就任したキャメロンは、ダンカン＝スミスを労働・年金担当大臣に、つまり福祉国家イギリスの実質的な守護者に任命した。するとダンカン＝スミスは、所有するシンクタンク〈社会公正センター〉をつうじて、貧困は金銭的欠乏の問題ではなく、生活規律の不足、家庭崩壊、薬やアルコールへの依存によるものだという考えを広めていった。

　保守党右派でありながら大衆にも支持される寵児《ちょうじ》、欧州議会議員のダニエル・ハナンは言う。「つまり、貧困者に金を与えても貧困問題は終わらないということだ。イギリスの福祉主義が六〇年間、大金を投じて実践してきた理論だ」[*4]。デイビッド・キャメロン自身もＣＳＪの報告を歓迎して、大いに疑問の余地のある発言をした。「家族が大切です。われわれが直面する社会問題はほぼすべて、煎じつめれば家庭の安定性にかかわることなのですから」。仕事の不足でも、階級格差でもない、「家庭の安定性」ですべて説明がつくというのだ。この保守党の見方によれば、貧しい人が変えなければならないのは本人の態度ということになる。

こうした考えが、「ブロークン・ブリテン」［訳注：壊れたイギリス］という、なかば終末論的なキャメロンの展望の土台にある。まず特定の貧しい労働者階級コミュニティの社会問題が誇張され、次に代表例として宣伝される。悲惨な事件が新聞の見出しになるたびに、キャメロンはそれを証拠として活用した。

たとえば――。二〇〇九年、サウス・ヨークシャー州エドリントンの元炭鉱町で、国じゅうを震撼させる事件が起きた。九歳と一〇歳の少年がほかのふたりの少年に拷問され、殺されかけたのだ。じつは暴行者たちも長年虐待に耐えていたが、キャメロンから見れば、その暴行こそイギリスが「社会的後退」に陥った証だった。「毎回、これは個別の悪質な事件だと言わなければならないのでしょうか」と彼は声を荒らげた。「われわれの広い社会で起きていることと、家庭崩壊、ドラッグ、アルコール依存、暴力ビデオ、特定の家庭で進んでいる多くの悪事は、無関係だと言いつづけなければならないのでしょうか」

あるいは、一三歳のアルフィ・パッテンの例がある。二〇〇九年の初め、アルフィがまだ一二歳だったときに、ガールフレンドが妊娠させられたと彼を告発した。新聞各紙が、父親と主張されたこの身長一二〇センチの童顔の少年の写真を一面に大きく掲載すると、イアン・ダンカン＝スミスはそれを政治的に利用し、「ブロークン・ブリテン」に関する保守党の言い分を強調せずにはいられなかった。「今日のイギリスには、うまくいっていない家庭が多すぎる。どんなこともまかり通る環境で子供を育てている」と言い、社会の一部では物事の良し悪しの判断がつかなくなっていると警告したのだ。結局、アルフィは父親ではなかったと判明したが、保守党は不思議と沈黙していた。

彼らは、国の補助金を受けた野蛮人の群れが門のすぐ外で暴れている、という中流階級の不安感を積極的にあおりつづけた。二〇一〇年の総選挙の数カ月前、当時の影の内務大臣クリス・グレイリングは、驚いたことに、マンチェスター南部の労働者地区モスサイドと、アメリカのテレビドラマ『ザ・ワイヤー』を比較してみせた。ボルティモアの警察と麻薬密売組織との戦争に焦点を当てたドラマを引用して、モスサイドも「都市戦争」のさなかだと主張したのだ。地元住民は激怒した。当たりまえだ。二〇〇七年、人口六三万人の都市ボルティモアでは、二三四件の殺人があった。同じ年、イギリスでは国全体で凶悪殺人事件が六二四件、二〇一〇年のグレーター・マンチェスター全域での殺人は三一件だった。ボルティモアの人口はイギリスの総人口の一パーセントだが、殺人の発生率はイギリス全体の約三分の一だったのだ。[*5]

「堕落した労働者階級のコミュニティ」というイメージを作り出すために、保守党は必要とあらば誤った情報を用いることも厭《いと》わなかった。二〇一〇年の初めに発行された『労働党のふたつの国家』という宣伝パンフレットで、彼らはイギリスの貧困層のコミュニティで十代の妊娠が著しく増えていることを示す驚くべき数字を公表した。「最貧地域では、最富裕地域と比べて、一八歳未満の女性の妊娠率が三倍高い。最富裕地域の一八歳未満の妊娠率が一九パーセントであるのに対し、最貧地域では五四パーセントにのぼる」。これが冊子のなかでくり返し書かれていた。

愕然とする話である。ある地域の十代の少女の半数が妊娠とは！ ところが、保守党が小数点の位置をまちがえて数字を一〇倍にしていたことが判明した。一〇カ所の最貧地域の実際の数値は五・四パーセントだった。同じ地域では、一八歳未満の妊娠率が一〇パーセント以上低下し、前保守党政権下の上昇傾向から逆転していたのだが、パンフレットはそれにも触れていなかった。[*6] ちなみに、二〇〇七年の一一・四パーセントという二〇歳未満の妊娠率は、家族の価値を重んじる保守派の黄金時代である一九五〇年代と、ほぼ同じレベルである。[*7]
この誤植がうっかりミスであることは明らかだが、担当者がこれほど異様な数値に驚かず、発表前にダブルチエックしようと思わなかったところに、こうしたコミュニティに対する保守党の見方がうかがえる。

たしかに、十代の妊娠は労働者階級のコミュニティではるかに頻度が高いのは事実だ。しかし、保守党の影の内閣［訳注：イギリスでは、野党の党首も影の首相として閣僚を任命、内閣を組織する。この内閣も公職と見なされ、国費が与えられる］の児童問題担当大臣ティム・ラウトンが、十代の母親たちを「小さなリスト」で見下したピーター・リリーに倣《なら》って、収監による懲罰までほのめかしたのは問題だ。「一四歳でシングルマザーになるのはあまりいい考えではないというメッセージが必要だ。一四歳で妊娠するのは違法なのだから。ところが、未成年の性交渉で起訴された子供がどのくらいいる？　実質的にゼロだ。法を破って無責任な未成年性交渉をしたことの懲罰は？　何もない」。彼女たちを起訴すべきかと尋ねられると、ラウトンは明言を避け、「われわれはもっと厳格にならなければならない」と言った。*8

保守党のしていることは、イギリスの政治の中心に「チャヴ」の作り話を置き、国じゅうのコミュニティに、無責任、怠惰、暴力的で性的に堕落したどうしようもない連中がはびこっている、という考えを浸透させることだ。一方に「ミドル・イングランド」、もう一方に「チャヴ」たちというこの構図は、保守党執行部お抱えのシンクタンク〈ポリシー・エクスチェンジ〉が二〇〇八年に発表した報告書の論理的帰結でもある。この報告書で、リバプールやサンダーランド、ブラッドフォードといった北部の都市は、工業の衰退によって「再生不可」、「存在意義をほとんど失い」、住民はみな南部へ移住すべきと判断された。「社会機能の結節点として再生することはないだろう。なぜなら、それはたんに不可能だからだ」

当然ながら、これは猛抗議を受け、デイビッド・キャメロンも否定するしかなかったが、このシンクタンクはいまだに保守党で中心的な地位を占めている。創設者は現職大臣のマイケル・ゴーブと、フランシス・モード（この共同設立者になったことが自分のもっとも誇らしい政治的業績だと言っている）、さらに下院議員でキャメロンの「ノッティング・ヒル集団」の重要人物であるニコラス・ボールズだ。

この驚きの報告書の名残は、二〇一〇年の総選挙後にできた保守党連立内閣の初期に、イアン・ダンカン＝スミスが発表した政策案にも見てとれる。政府が仕事と失業者への支援を削減する一方で、ダンカン＝スミスは、失業の多い地域から公営住宅の賃借人を退去させ、必要なら何百キロも離れたところへ移してもいいと提案した。それに合わせて政府が新しい場所に仕事も移すとは言わず、何百万人もの人々が「仕事のない公営住宅に閉じこめられている」とただ嘆いたのだ。言いたいことは明白で、彼らのコミュニティには希望も未来もなく、住民を救うためにできることは何もないという意味だった。保守党びいきのテレグラフ紙が指摘したとおり、それは、失業者に対する一九八一年のノーマン・テビットによる呼びかけ「自転車に乗れ」と、おそろしいほど似ていた。[*9]

そもそも全国的な権力を握るまえから、保守党は「社会浄化《ソーシャル・クレンジング》」と呼ばれてもしかたがない政策で物議をかもしていた。二〇〇九年、保守党が多数派のハマースミス・アンド・フラム議会で、公営住宅から貧しい住人を追い出すあからさまな計画を立てたときにも、抗議が殺到した。この自治体は、所有する三五〇〇棟の公営住宅を取り壊し、代わりに高所得者向けの住宅を建てて、中流階級の住人を呼びこもうとした。

議会の議長でデイビッド・キャメロンの顧問でもあるスティーブン・グリーンホーによると、公営住宅は「貧困の倉庫」であり、社会保障依存を定着させた。情報公開法にもとづいて公開された文書には、公営住宅は「貧困者のための仮設小屋」と記載され、一週間の家賃を八五ポンド（約一万二〇〇〇円）から三六〇ポンド（約五万二〇〇〇円）に引き上げる計画も盛りこまれていた。[*10] ハマースミス・アンド・フラムはキャメロン好みの地域と言われることが多い。たしかにそこの地方議会では、保守党が、労働者階級に対するきわめて消極的な態度をいくつか示している。

「人々の置かれた状況は自己責任」という主張を初めとして、社会的不公平に関する保守党の考え方の多くは、サッチャー派の流れをしっかりと受け継いでいる。だが、それをさらにさかのぼれば、アメリカ人で右派の似非政治学者、チャールズ・マレーに行き着く。マレーは、一九九四年の著作 *The Bell Curve* でもっともよく知られている。生来の人種的なちがいがIQレベルに大きな影響を与えると示唆した本だ。マレーは今日の保守党と同じく、家庭崩壊がイギリス社会に「下流階級」の台頭を引き起こすと主張し、「経済的な支配層――上位中流階級と言ってもいい――の家族は、多くの人が思っている以上に裕福で、さらに裕福になりやすい。一方、下流階級では生活が悪化しつづけることが多い」と論じた。

「下流階級」での違法行為の増加は、マレーの言う「新しい暴徒」を生み出した。その特徴は、犯罪の多発や「仕事からの脱落」、育児放棄などだ。彼の説によると、解決策のひとつは「独身女性の妊娠に経済的罰則を科すことだ。すさまじい性差別だというのはわかっている。だが、たまたま真実を突いてもいる」[*11]

保守党は二〇一〇年の総選挙の運動中に、独身女性の妊娠に経済制裁を加える代わりに、結婚している男女を対象に一五〇ポンド（約二万円）の税控除をすると宣言した。そして最初の予算編成で、労働党が定めた妊娠中の健康維持のための助成金を廃止し、ひとり親に対して子供が五歳になったら仕事を探すこと（一〇歳からの引き下げ）を義務化し、児童手当を停止するなど、とりわけシングルマザーに苛酷な社会保障費の削減と罰則を導入した。

マレーとキャメロンの保守党政権には、共通する基本的理念がある。労働者階級のコミュニティの社会問題を誇張して、住民個人の性格や生活習慣のせいにする点だ。論理的な次の段階では、そういうコミュニティへの国の経済支援を打ち切り、代わりに個人の生活態度改善に焦点を当てることになる。

不平等のどこが悪い？

保守党による社会階級分断政策をもう少し理解しようと、私はベテラン議員のデイビッド・デイビスと話をしてみた。デイビスは労働者階級出身の保守党議員として珍重されがちだが、本人は自分の経歴をあまり重視しない。「みんな私が恵まれない環境で育ったと考えているようだけれど、そうじゃない。たんに、ふつうなのだ」。たしかに彼はウォーリック大学を卒業したあと、食品企業〈テート・アンド・ライル〉に一七年間勤め、重役までのぼりつめた。

議会で最前列に座る保守党の閣僚たちは、特権階級であるがゆえに、有権者全体の考えが理解できないのではないかと尋ねると、デイビスはすがすがしいくらい正直に答えた。「じつは私だって似たようなものだ。知ってのとおり、公営住宅で暮らしていたのはもう何十年もまえのことで、現実的にものを考えるのは、金曜の夜と土曜の朝に選挙区の人たちと面会して、彼らの抱えている問題について話し合うときだけだからね」

労働者階級の苦境に対するデイビスの同情は、明らかにほかの保守党議員と似たり寄ったりだ。「最近、いくつかテレビ番組を見た。ある番組では、失業手当を受け取る列に並んでいる人に、『仕事が欲しいですか』と訊く。欲しいと相手が答えると、『農場でカボチャを収穫する仕事です』と伝える。すると、みんなやりたくないんだ。似たような番組が一、二週間前にもあって、イギリス人の労働者とポーランド人の労働者の作業効率が比較されたんだが、ポーランド人のほうが二倍速かった。これはひとつの推量であって、真実かどうかはわからないが、番組を見たときの私の率直な感想は、わが国は福祉依存よりたちの悪い職業倫理の問題に直面しているのかもしれないということだった」

デイビスは、彼の言う「やる気のないイギリス人労働者」と「おそらくすぐれた職業倫理を持っている大勢の移民」を比較するのが好きだ。「雇用者の視点で考えると、移民は比較的安い賃金でしっかり働く。ならば現実的に考えて、さほど勤勉ではないくせに高い給料を要求するイギリス人を雇う必要がどこにある？」

私が驚いたのは、彼が不平等を擁護する議論を熱心に展開したことだ。「不平等を是正するために何かしようとは思わない。なぜなら、不平等は人が富を増やすことで拡大するものだからだ。貧しい者がより貧しくなるのではなく、裕福な者がより裕福になることで広がる。そして正直に言えば、彼らが富を生んで経済に貢献し、税収その他を増やしてくれるのなら、私は文句を言わない」

私は、学者のリチャード・ウィルキンソンとケイト・ピケットが共著書『平等社会』でおこなった画期的な調査について話した。この本は、反論の余地のない統計によって、不平等が進んだ社会ほど犯罪や疾病などの社会問題をより多く抱えていることを示している。言い換えれば、平等であればあるほど幸福な社会ということだ。だがデイビッド・デイビスは、これを「くだらない」と言下に退けた。「じつにくだらない……流行に乗った愚かな考えだと思う。そういうことを書いて本を売るのは簡単だが、説得力はない」

政治歴史家のロス・マッキビンの意見によると、保守党は「不平等を守るために存在する。いつだってそうだった。保守的な党というのはどこも同じで、不平等と社会的特権を守るようにできている」。デイビスのコメントは、ロスのこの分析を裏づける。ただし、デイビスは事実上、不平等を「いいこと」として称賛しているぶん、さらに進んでいると言っていい。保守党による労働者階級の敵視は、この観点からとらえなければならない。

公平性という点で言えば、著しく不公平な富の配分を正当化するのはむずかしい。しかし、もし頂点にいる人たちが起業家的な才能ゆえにいまの地位にいて、底辺にいる人たちが欠陥だらけだから相応の報いを受けているのだとしたら？——イギリス人労働者に対するデイビスの態度はまさにこれ、人生における運不運はその人の個人的資質で決まるという考え方から来ている。その議論の要諦は、イギリスの労働者が外国人ほど勤勉に働かないということだ。それがある程度、失業などの問題を説明していると彼らはいう。

労働者階級の人々を批判するのは、保守党主導の政府にとって政治的に都合がいい。労働者階級にとりわけ不利な経費削減を断行したいからだ。二〇一〇年の総選挙後、学校の無料給食や若年層の失業支援を含めて、さっそくいくつかが実際に削られた。

最初の予算では、過去一世紀で最大の公共サービス削減が決まり、一九八〇年代初期の保守党政権時代と同じように、低収入の人々にもっとも苛酷な付加価値税が上げられた。大臣たちは「進歩的な内閣」で奉仕すると言っていたが、経済学者の推定では、最貧層は最富裕層の六倍の打撃を受けるということだった。[*12] 北部の都市が南部の都市と比べて、なぜ何百万ポンド（何億円）も予算を削られるのかと問われたとき、政務次官だった保守党のボブ・ニールは、臆面もなくこう答えた。「もっともそれを必要としている人々が、最終的にツケを支払わなければなりません」[*13]

こうなると、保守党についてはあきらめるしかない。どうこう言っても執行部の多くは生まれつき特権階級で、富と権力の著しく不公平な分配を思想的に受け入れているのだから。

では、労働党の実績はどうだろう。前閣僚へイゼル・ブリアーズのように徹底したニュー・レイバーの政治家でも、労働党の目的が「何をおいても労働者階級の人々が確実に議会で発言権を持つこと」であるのは認める。「労働党はそのために設立されたのです。それまで労働者の声は届きませんでした」。労働党政権は、国民健康保険から労働者の権利まで、戦後の労働環境を改善する主要な改革をすべて導入してきた。

悲劇は、ニュー・レイバーが現在の労働者階級の悪いイメージの多くを作り出してしまったことだ。

ニュー・レイバーの本音

二〇一〇年の総選挙のテレビ中継で、後世に残るであろう瞬間がふたつある。ひとつは党首討論。その目新しさによって自由民主党の支持が高まったが、有権者が投票するころには消えていた。そしてもうひとつ。こちらも同じくらい印象的だったが、はるかに示唆に富んでいた。労働党首相ゴードン・ブラウンが、ロックデールでの遊説中に六五歳の年金受給者ジリアン・ダフィーに会ったときの中継だ。

労働党支持者の典型を探すのであれば、ダフィー夫人はうってつけの人物だった。引退するまで三〇年間、ロックデール議会で障碍《しょうがい》のある児童のために働いた。亡き父親はティーンエイジャーのころ、『赤旗の歌』を歌っていたし、夫人も父親と同じく熱心な支持者で、選挙権を得てからずっと労働党に投票していた。

その夫人が、自分の町にゴードン・ブラウンが来ているのを見かけ、何百万もの労働者に共通する心配事について質問をぶつけたのだ。「私が子供のころに教えこまれた三つの大事なことは、教育、医療サービス、そして恵まれない人の面倒をみることでした」。彼女はそう言うと、ふたりの孫が大きくなったときに大学の学費が払えるでしょうかと心配した。そして最後に、移民が増えてきたことも少し気がかりだと伝えた。その会話は、ブラウンがダフィー夫人に次のように言って、平穏に締めくくられた。「あなたはじつにすばらしい女性だ。これまでずっと、コミュニティに貢献してこられたのですね」

それで終わるはずだった。だが、ブラウンはテレビ用マイクをはずし忘れ、待っていた車に乗りこむなり苛立ちをあらわにした。「とんだ災難だ。あんな女と会わせるなんて……誰が企画した？」。そして、補佐官が彼女はなんと言ったのかと尋ねると、多くの人から見て彼の政治生命を終わらせることばを口にした。「あらゆることだよ――昔から労働党支持者だと言っていたが、ただの偏屈《ビゴティッド》な女だ。ばかばかしい」

このスキャンダル（必然的に、ニクソンのウォーターゲート事件になぞらえて「偏屈ゲート《ビゴット》」と呼ばれた）は、多くの人々が感じていた、ニュー・レイバーの労働者階級に対する軽蔑を集約していた。「労働者階級の人間は厄介物と思われている。酒を飲みすぎ、煙草を吸いすぎ、子供の世話もきちんとせず、無気力で仕事もやりたがらない。そして人種差別主義者。本質的にそう見られている」とガーディアン紙の経済担当編集者ラリー・エリオットは言う。彼はまた、二〇一〇年の総選挙で労働党が敗北した大きな理由のひとつは、労働者階級という選挙基盤との接点を失ったことだとも主張する。「労働党は彼らがあまり好きではなかった。庶民的なサラダに高級ドレッシングは合わないという感じかな。労働者階級への蔑視は、右派の党だけでなく左派の党でも広まっていた。ここ三〇年間のイギリスで大きく変わったことはそれだと思うね」

ビゴットゲートは、労働者階級という選挙母体に対するニュー・レイバーの本音が、たまたま泡のように浮かび上がった事件だが、ほかにも、意図的な政策発表というかたちで表面化したことがある。

イギリスで公営住宅に入居している労働者階級は四〇〇万人。圧倒的な数だ。二〇一〇年の総選挙で労働党に投票したのは有権者全体の三〇パーセント、保守党へは三七パーセントだったが、公営住宅の入居者で見ると、労働党四七パーセント、保守党二四パーセントだった。それなのに、ニュー・レイバーは彼らの忠誠心に報いなかった。二〇〇八年の初め、住宅担当大臣だったキャロライン・フリントは、公営住宅入居者の失業率の高さを冷笑した。「このあたりでは誰も働かない」という文化に言及して、仕事につかない者は家を失う可能性があるとほのめかしたのだ。新規の賃借人は入居前に仕事を探すという「誓約書」に署名するが、いずれはそれを、すでに公営住宅に住んでいる人々にも適用するという意味だった。

住宅慈善団体〈シェルター〉は、フリントがイギリスをビクトリア時代に戻そうとしている、と困惑を表明した。「政府は無職者を路上に放り出すことによって、彼らを救貧院に戻すことを望んでいる」とシェルター代表のアダム・サムソンは言った。「大臣の提案は家庭やコミュニティを破壊し、すでに何千というホームレスをさらに増やすだろう」[*14]。同じくシェルターのマーク・トマスは、「いまの住まいから出ていけと言われた人々はどうなるのか、と問わなければならない」とつけ加えた。「彼らは最終的にどうなるのか。それにともなう納税者の負担は？　しかし、政府はこの種の質問に答えられそうにない」

結局、キャロライン・フリントの提案は、既存の法律に抵触するので実行できなかった。地方自治体に人をホームレスにする権限はない。だがフリントは、公営住宅の入居者はたかり屋だという、いまや広く行き渡った政治的な感情論をさらにあおった。

彼女は、過去三〇年で公営住宅地の住人のタイプが一様になってきていることや、失業率が急激に高くなっていることに驚きを示したが、担当職務を何も知らない人でないかぎり、それが「買う権利」の帰結であることはわかったはずだ。いちばん金銭的余裕のあった住人が家を買ったあと、保守党も、そのあとのニュー・レイバーも、新しい住宅を建てようとしなかった。つまり、減っていく一方の残りの物件は、もっとも必要に迫られた人たちに優先的にまわされたということだ。

公営住宅で生涯暮らした〈ディフェンド・カウンシル・ハウジング〉の元会長、故アラン・ウォルターによると、住人に対するこの敵視にも、政治的な目的があるという。「彼らは、成功したい人は誰でも家を所有したいはずだ、いまより向上できない者だけが公営住宅で暮らすことになるのだ、という考えを広めた」。ウォルターはふたつの目的を見抜いていた。「ひとつは、公営住宅の入居者に自分は半人前だと感じさせること。もうひとつは、公営住宅から出る余裕があるか、これからそうなる人たちに、どうしても出ていきたいと思わせることだ」。これらはすべて、サッチャー派の住宅所有の夢に抵抗した労働者階級の人々を、今度こそ屈服させようとするニュー・レイバーの戦略だった。

フリントの一件はまた、労働者階級に対する「オールド・レイバー」と「ニュー・レイバー」の態度の変化も表している。「オールド・レイバー」という呼び名について、ニュー・レイバーを自認する前閣内大臣ジェームズ・パーネルは次のように語った。「オールド・レイバーということばは、明らかにさまざまな考えを含む複合的な概念で、なんらかの意味があるとすれば、あなたがた有権者がたまたま嫌っている労働党の何かを指しているということだった。かつてわれわれがおこなった活動が記憶に残っているせいだろう」

さて、実際はどうか？　たしかに、「オールド・レイバー右派」として知られるかつての社会民主主義的な党指導層は、パーネルらに代表されるニュー・レイバーとはまったくちがっていた（ある保守党右派の下院議員は、パーネルが二〇一〇年の総選挙に出馬しなかったのは本当に残念だった、と私に打ち明けた。彼らとパーネルの政治的見解には重なる部分があるからだろうと私が指摘すると、「それどころか、ものすごく重なっているよ。彼が労働党の党首になってくれれば、じつにうれしかったんだが」と言った）。

元首相のジェイムズ・キャラハンは、オールド・レイバーの典型で、労働組合を基盤とする労働者階級の政治家だった。彼らオールド・レイバーはまだ労働者階級のアイデンティティを称えていたか、少なくとも尊重していた。キャラハンは当時の労働党で右派だったが、労働者階級のことばで政策を語ることを自分の義務と考えていた。たとえば、大臣だった一九六〇年代後半には、デノミ推進派に真っ向から立ち向かい、「デノミ支持者は、労働者階級のすべての人々の給与水準の低下と実質賃金の削減を求めている」と非難した。

もちろん、オールド・レイバーに非がないわけではない。組織はトップダウンで官僚的、労働者階級のアイデンティティを尊重するといっても、女性や民族的マイノリティの労働市場参入には適応していなかった。「基本的に（一九七〇年代から八〇年代に）ロンドン議会の左派は、きわめて性差別的で人種差別的だったオールド・レイバーの文化に反抗していた」と労働党の元ロンドン市長ケン・リビングストンも振り返る。「労働党には大きな弱点がいくつもあった。ある意味、一九七〇年代から八〇年代にかけてわれわれがやっていたのは、ロンドンの労働運動に女性や民族的マイノリティを取りこまなければならないと気づかせることだった」。しかしオールド・レイバーは、たとえただのリップサービスであっても、労働者階級の「階級」としての地位を向上させるという考えは堅持していた。

対照的にニュー・レイバーの哲学は、労働者階級の状況改善に基礎を置かず、むしろ労働者階級から「抜け出す」ことをめざし、その方針を堂々と前面に打ち出した。たとえば、ゴードン・ブラウンは二〇一〇年の総選挙で、「かつてないほど多くの中流階級」を作り出すというスローガンを掲げた。

ブレア政権で首相官邸政策ユニットの長を務めたマシュー・テイラーによると、ニュー・レイバーは「向上心があって、労働党が向上心を支援していないと感じている労働者階級」と「向上心のない労働者階級」を区別した。「向上心のない労働者階級」は、ニュー・レイバーにとっては用がない。ほかに行き場もなく、いずれにしろ投票もあまりしないから、無視していい。テイラーは次のように続ける。

労働党の戦略は、「いかに向上心のある労働者階級にアピールするか」だったと思う。「向上心のない労働者階級」が何を指すかはともかく、彼らを放っておいたかと言われれば、まあ、そういう面はあるかもしれない。たとえば、どちらにしても労働党が勝つ選挙区などだ。冷たいと思われるかもしれないが、小選挙区制では、結果に大きな差の出ない選挙区の人たちにはあまり力を注がないものだから。それに、彼らはあまり、というか、もっとも投票に行かない人たちだということも理由になる。

だが、ニュー・レイバーの言う「向上心」とは何だったのだろう。「向上心に関する演説を聞けば、それがきわめて限定的な考えであることがわかる」。労働党の有力な一般議員で、トニー・ブレアの顧問だったジョン・クルダスは言う。「ブレアとブラウンの『ミドル・イングランド』をほかと比較すればよくわかる。たとえば、サウス・イーストのどこかにあって、誰もが比較的成功し、成長が約束されていて――そこでの向上心というのは非常に小さな概念だ。つまり、より多くのものを所有したいという願望だね」

一方、クルダスにとって、向上心はまったく別の意味を持っている。彼の引用した本 *Welcome to Everytown* では、著者である哲学者のジュリアン・バジーニが本物の「ミドル・イングランド」、すなわち、国じゅうのすべての特徴を持っているコミュニティを探し求めて、最後に、労働者階級が圧倒的に多い北部の町ロザラムにたどり着く。「そこは兄弟愛、連帯感、近所づき合いの多い場所だった」とクルダスは言う。「この話には、われわれが向上心というものを完全に誤解しているのではないかと思わされるところがある」。言い換えれば、本物の向上心とは、経済的に豊かになることをはるかに超えるものを含むのだ。「アラン・ミルバーン（ニュー・レイバーの元大臣で、ブレアの側近のひとり）は、労働党の計画の本質を尋ねられたときに、『人々が稼いで所有するのを助けること』とよく言っていたけれど、はたして本当にそうなのか？　少なくとも、私にとってはちがった」

ニュー・レイバーから見て向上心のある労働者階級とは、個人主義的、利己的で、ブラウンの言う「かつてないほど多くの中流階級」になるために奮闘する人々だ。愛国主義者の労働党下院議員スティーブン・パウンドは言う。「ひとつの問題は、労働者階級の人々が、いまいる場所にいてはいけない、自分をどうにかして引き上げなければならないという考えを刷りこまれたことだと思う。かつての社会主義者のモットーは、『階級の上に行くのではなく、階級とともに上がれ』だったが、この国の現状は、成功したければいまより上の階級に行けということになっている」

だとすると、「向上心のない労働者階級」は何を意味するのか。「向上心は誰にでもあると思う」とケン・リビングストンは言う。「ブレア派が見下すように向上心がないと言うのは、まだ共同体の感覚を持っていて、よくなるのも悪くなるのも地域社会といっしょという認識の人たちのことだろう」。向上心のない労働者階級は、そのレッテルどおり冷ややかな目で見られる。サッチャー派が作り出した、持ち家を初めとする飽くなき所有欲の流行に乗り損ねたからだ。ニュー・レイバーの用語で言えば、自分を豊かにすることだけが向上心と見なされる。階級の梯子をのぼりつづける決意を示さないかぎり、向上心に欠けているのだ。

ニュー・レイバーの元閣内大臣へイゼル・ブリアーズほど熱心なブレア派はそうそういないが、その彼女でさえ「向上心のない労働者階級」という考えには立腹している。「その分析には断じて同意しません。出自に関係なく、向上心がない若者になど会ったことがありませんから。それに、その考え方は人々をある意味で切り捨てている。だから私は断固反対です。保守党の言う自業自得の貧困者とそうでない貧困者の区分にいくらか似ていて、ビクトリア時代を思わせます……労働党には、働けるのに働こうとしない人たちに割く時間はおそらくありませんが、その基準で彼らの子供や家族すべてを切り捨てることはできません」

彼女の言うとおり、向上心がないというカテゴリーに分類されたのは、大人だけではなかった。ニュー・レイバーの政治家たちは、労働者階級の子供の学業成績がふるわないことや、貧乏が世代から世代へと受け継がれていることの理由にも、たびたび「向上心の乏しさ」をあげた。たとえば、ニュー・レイバーの元教育大臣アラン・ジョンソンは、「とりわけ今世代の労働者階級の少年のあいだで広まっている、向上心のひどい欠如」を難じた。本来、工業の没落による仕事や実習制度の欠如を責めるべきなのに、労働者階級の子供の態度が問題だと言ったのだ。

二〇〇八年一二月、こういう風潮のなかで、「向上心不足」と見なされた古い工業中心地の労働者階級に焦点を当てた政府報告書が発表された。このやり方はまさにサッチャー派と同じで、労働者階級が直面している社会問題の責任は、直接彼らの肩にのしかかるということだった。そこでは、給料の高い仕事がない地域で子供たちがどんな向上心を持てるのか、という疑問にはいっさい触れていない。

向上心がある、ないという考え方は、サッチャリズムが作った労働者階級内の亀裂をニュー・レイバーが利用するための手法だった。だが、彼らの手法はまだあった。それは、ニュー・レイバーの政治家が「がんばる家族」と呼ぶ人々の支持を得ることだった（ブリアーズはこのことばにも反対した。「そこになんとか自分を当てはめなければ、どうなろうとあとはご勝手にと無視されるということですから」）。がんばる家族は、不正に生活保護を要求する何百万もの怠け者とはちがうというわけだ。

たしかに「福祉のたかり屋」を叩けば、低賃金の労働者の支持が集まりやすい。まじめに働いても雀の涙ほどの給料しかもらえないなら、自分の納めた税金で贅沢な暮らしをしている人がいるという考えに腹が立たないわけがない。

しかし、現実に社会保障制度で攻撃されたのは、「怠け者」ではなく、工業の崩壊で最大の被害を受けた労働者階級のコミュニティだった。かつての工業中心地では、失業して生活保護に頼っている人の割合がもっとも高い。根本的な原因は、なくなった仕事に代わる安定した仕事が不足していることだ。イアン・ダンカン＝スミスも認めたとおり、歴代政府は新しい仕事を創出するより、失業者の障害休業手当の申請をうながし、雇用統計の数字を操作してきた。

ニュー・レイバーの手法は、こうした立場の弱い労働者階級に汚名を着せ、彼らを敵視することだった。当時の労働党政府の社会保障制度顧問、デイビッド・フロイドは（やはりと言うべきか、のちに保守党に鞍替えした）、二〇〇八年に、二〇〇万人が生活保護の利用をやめて働くべきだと提言したが、政府の発表した求人数はわずか五〇万件であり、それも不況の大打撃を受けるまえのことだった。「つまり、あの数字はデイビッド・フロイドがでっち上げたということだ」と彼の元上司ジェイムズ・パーネルは認める。

二〇〇九年にゴードン・ブラウンを追い落とそうとして失敗するまで、ジェイムズ・パーネルは、ニュー・レイバーのいわゆる福祉改革計画の総括責任者だった。彼は「実質的にすべての人が、受け取った手当の代わりに何かをしなければならない制度」を作ることを約束し、仕事につこうと努力しない人に「罰則を与える」のは正しいと主張した。「仕事があるなら、やるべきだと思う。制度を食い物にしている人たちに税金を無駄遣いする余裕は、われわれにはない」。[*15] じつは毎年一六〇億ポンド（約二兆三〇〇〇億円）相当の社会保障費が請求されずに終わっていて、これは政府が節約したい金額のおよそ二・五倍なのだが、パーネルはそのことには触れなかった。貧しい人々の大多数が働いているという事実も無視した。仕事をまるで貧困から抜け出す自動ドアのように示したところで、どこも低賃金のイギリスでそれを実現するのはむずかしい。

パーネルの提案のひとつは、社会保障を受けるならそのぶん働けというものだった。当時の失業手当は週にたったの六〇・五〇ポンド（九〇〇〇円弱）だったから、たとえば週四〇時間働いたとすると、時給はわずか一・五〇ポンド（二二〇円弱）になる。不幸にも荒廃しきったコミュニティで暮らす人々は、「制度を食い物にしている」と非難されただけでなく、最低賃金よりずっと少ない給料で働かされようとしていた。

私と話したとき、パーネルはかなり表現を和らげていた。「あの制度の条件はすべて、国民が自活できることを確かめるためにあった」と主張して、労働党の長い伝統にのっとっていると請け合ったのだ。だが、あるコミュニティで昔の産業が消え去り、わずかばかりの低賃金、しかも不安定なサービス業の仕事しかなくなったせいで、多くの人が生活保護を受けているという事実はどうするのか？

パーネルは言った。「スーパーマーケットやコールセンターの仕事をするより、就業不能給付金をもらったほうがいいという議論には与《くみ》しない」。そして、無職の状態が続くのは本人にとっても家族にとってもよくないという証拠を持ち出し、こう続けた。「高い工業技術が求められる職業から、それほどやりたくもない仕事に移るのはたしかに格下げだが、就業不能給付金をもらうよりは、まちがいなくましな格下げだ」

労働者階級の裏切り者

マーク・サーウォッカは、パーネルのファンではないと言っていいだろう。彼は三〇万人あまりが所属する公共民間従業者組合（PCS）の代表だ。パーネルの名前を聞くだけで興奮し、「イギリス史上最悪の社会保障担当大臣」、「あれで労働党の政治家と公言する恥知らず」と評した。サーウォッカはとくに、故郷のマーサー・ティドビルのような地域に対するパーネルの態度に腹を立てていた。最近、町に六一年にわたって雇用を提供してきた〈フーバー〉の洗濯機工場が閉鎖されたという。「炭鉱も、採掘場もない。本物の窮乏だよ。それなのにパーネルは、要するに『国民が真剣に職探しをしないから、無理やり働かせるために制裁が必要』と言っている」

サーウォッカは、在任中にたびたびパーネルと衝突した。「私が人々に、どう汚名を着せているというのか」と大臣が問いただしたとき、サーウォッカは、ニュー・ステイツマン誌のパーネルのインタビュー記事を引用した。パーネルはそのなかで、生活保護受給者は「寝室と居間を往ったり来たりするだけのみじめな生活をしている」[*16]と言っていた。パーネルは「誰かのことばを引用しただけだ」と反論したらしいが、記事にその引用元は出てこない。サーウォッカは言う。「ちょっと考えればわかることだが、犠牲者がすべて悪いと責めたてているわけだ。彼らはあくまで犠牲者であって、問題そのものじゃないのに」

サーウォッカは、政策すべての「不条理」は「国全体にも当てはまる」と言う。「まるでサウス・イーストの労働市場と、サウス・ウェールズ・バレーの労働市場が同じであるかのようだ。ふたつは明らかにちがうのに、同じ制度を導入して、仕事のない地域を非難する」

労働党政権の「福祉改革」計画は、もっとも貧しい労働者階級のコミュニティに対する敵視をさらに強め、本来対処して減らすべき問題を拡大し、背後にある真の原因を説明できなかった。ジェイムズ・パーネルとその福祉政策を褒めたたえた保守党は、二〇一〇年五月に政権を譲り渡す素地も作った。加えて、保守党に政権を発足したあと、その政策をさらに推し進めた。

福祉をめぐる議論全体について、ジョン・クルダスは、「広く認識されているわけではないが、暴徒がいてそれを抑えこまなければならないという前提がある」と考える。彼の言う「目のまえまで来た暴徒」というイメージは、「テレビでさまざまに放映されることで文化的に再生産されている」。「ほら、チャヴについてあらゆることが言われているだろう」

これはきわめて根本的な問題だ。ニュー・レイバーは、「道徳心が足りないから貧しい」という考えを福祉改革などの計画を通して広め、チャヴの悪いイメージを普及させてきた。貧困に対する人々の態度は、いまのほうがサッチャー政権時代より厳しくなっていることは、複数の調査で明らかになっている。労働党でさえ、運の悪い人々は彼ら自身の責任でそうなったと考えているのなら、なぜほかの人たちがちがう考えを持たなければならない？　近年、自堕落なチャヴだらけのコミュニティのイメージが深く浸透したのも無理はない。

クルダスが考え出した「目のまえまで来た暴徒」という亡霊は、政府による反社会的行為の厳格な取り締まりでも、重要な役割を果たしてきた。ここでも、労働者階級の相当数の人が取り締まりを支持している。結局のところ、反社会的行為は、郊外に住む専門職の人々より公営住宅地の労働者に多大な影響を与え、それが生活の質を直撃するからだ。ところが政府は、その根本的な原因に取り組むことなく、ひたすら労働者階級の若者を悪者扱いした。

たとえば、反社会的行為禁止命令（ＡＳＢＯ）は、ニュー・レイバー政権下で導入されたが、現在、保守党政権によって廃止されようとしている。些細なことでも罰則を適用でき、個人の行動をさまざまな手段で制限するこの法律は、外出を禁じたり、罵詈雑言をやめさせたりすることも可能だ。違反者には最大五年の懲役刑が科される。もともとニュー・レイバーは、一八歳未満には例外的な場合にしか適用されないと約束していたが、蓋を開けてみると、毎年、摘発者のほぼ半数は若年層だった。懲役を言い渡されるのは圧倒的に貧困層と労働者階級が多く、しかも二〇〇五年の調査では、一〇件中四件近くのＡＳＢＯが、精神的健康に問題のある若者に適用されていた。トゥレット症候群［訳注：チックをともなう神経発達症］の子供が無意識に悪態をついたことでＡＳＢＯの罪に問われた例もあった。

ＡＳＢＯそのものへの賛否は別として、これが労働者階級の若者の悪評とチャヴへの嘲笑を世に広めたことは否定しがたい。一方で、たとえば上流階級の男子学生からなるブリンドン・クラブも、伝統的にパブやレストランを破壊してきたが、会員がＡＳＢＯを突きつけられることはなかった。ニュー・レイバーのお抱えである少年法の第一人者、ロッド・モーガン教授ですら、この法律はイギリスのすべての階級の若者を「犯罪者扱い」し、昔なら「どんちゃん騒ぎ」ですんだことで彼らを有罪にすると批判した。ＡＳＢＯは「摘発件数が増えるたびに、イギリスはチンピラだらけというイメージを作り出した。たとえば、スラム街のいたるところにクラック密売所があって、地方の町では酔った若者が暴れまわっているというふうな」[*17]と言う作家のアンソニー・ホロビッツに、同意しないわけにはいかない。

全体としてニュー・レイバーの政策は、無能で向上心もなく、たかり屋で社会秩序を乱し、暴力をふるうという、「チャヴ」の一連の悪いイメージを根づかせるのに手を貸した。こうした表現が保守党ではなく労働党から出てくるということが、労働者階級のコミュニティや個人に対する固定観念や偏見が中流階級に広く行き渡っている証拠である。

だがそれも、あからさまな直接攻撃に比べれば取るに足りない。ニュー・レイバーの基本理念の多くは、中流階級の勝ち誇った態度に染まっている。それは、「われわれのように『ミドル・イングランド』に加わるべきだ」という前提にもとづいているのだ。

ブレアの「能力主義」宣言

「新しいイギリスは能力主義《メリトクラシー》です」と、一九九七年に政権の座についたトニー・ブレアは宣言した。ニュー・レイバーが「国教」を定めたとしたら、それはメリトクラシーだったにちがいない。しかし、この考えがもてはやされるようになったのは皮肉である。もともと「メリトクラシー」は、望ましい社会を指すことばではなく、イギリスの将来に警鐘を鳴らすために使われていたのだから。

一九四五年に労働党のマニフェストを書いたマイケル・ヤングが、一九五八年の著書『メリトクラシー』(至誠社)で初めてこのことばを使った。のちの本人の説明によると、「一九五八年から、メリトクラシーへの架空の最終反乱が発生する二〇〇三年までのあいだに、イギリスで起こりうることを警告した風刺のつもりだった(が、言うまでもなく理解されなかった)」。メリトクラシーの結果は、「貧困者や恵まれない人々が貶《おとし》められるということであり、現にそうなっている……能力が尊重されすぎる社会で能力がないと判断されるのは、本当に酷だ」[*18]。

メリトクラシーでは、もっとも「才能」のある者が自然と頂点に立ち、社会階級はその人の価値や実績で決まる。社会は不平等なままだが、その不平等は能力の差を反映しているにすぎない。ブレア政権の政策立案者マシュー・テイラーは、その危険性も承知したうえで、メリトクラシーは政策の理由づけとして最適だと考えた。「メリトクラシーを呼びかけるのは悪くないと思う。現実はそこからかけ離れているから。わかるだろう？　純粋なメリトクラシーを導入するなら、財産の相続は無効にし、私立校も廃止しなければならない……だから、『メリトクラシーは反動的な概念だ。それを超えるものを議論すべきじゃないか』と言われたら、私は『それはそうだが、メリトクラシーからもほど遠いのが現状だからね』と応じることができる」

当然ながらニュー・レイバーは、財産相続や私立校を廃止する気などまったくない。あくまで中流階級に都合よく操作された社会での「メリトクラシー」を議論しているのだ。こうして、それは既存の不平等を正しいものとして商標変更する常套句になる。テレグラフ紙の右派コラムニスト、サイモン・ヘッファーにインタビューしたとき、彼は次のように主張した。「グラマー・スクール〔訳注：日本の中学から高校にあたる中等教育機関。五年教育で選抜試験がある。名門大学への進学率が高い〕は崩壊したが、われわれの社会はまだ多分にメリトクラシーだし、その意味で階級というのは気分の問題だと思う」

結局、メリトクラシーは、「頂点に立っている者はそれだけの価値があるから」とか、「底辺にいる者はたんに才能が足りず、その地位がふさわしいから」といった正当化に使われる。教育の現場でも、数学や物理などの学科科目を優先し、職業訓練科目を軽んじるための理由に使われている。何をもって「能力」と見なすかという基準の精査もせずに、そういうことが決められるのだ。しかし、たとえば億万長者の広告コンサルタントは、病院の清掃員より序列の高い位置にいる価値があるのか？

メリトクラシーといえば、自然とついてくるのが、ニュー・レイバーが二〇一〇年の総選挙の演説で中心にすえた「社会的流動性」だ。その数年前、トニー・ブレアの側近アラン・ミルバーンが、「より多くの人に中流階級になる機会を与える」労働党の改革運動について語っていた。そのなかで、労働者階級全体の状況を改善するのではなく、そのなかから少数の個人を選び、中流階級に押し上げる手段として、社会的流動性が提示された。やはりここでも、労働者階級というのはどうにかして抜け出さなければならないものだという考えが強調されていた。

「社会的流動性」とは、階級は廃止することなく維持して、代わりに階級間を移動しやすくするということだ。労働者階級の大多数の人の状況にはなんら影響しない。貧困からの脱出路は示すかもしれないが、貧困をなくそうという試みではない。社会学者ジョン・ゴールドソープは、社会的流動性が低いという一般認識には異議を唱えるが、いずれにせよ、それは根本的な問題から注意をそらすことだと指摘する。「なぜ、これほど社会的流動性を強調するかというと、どの政党も社会条件の平等より、社会的流動性や機会均等について話したいからだ」

能力主義を推し進めたニュー・レイバーのトニー・ブレア

驚いたことに、この点については、ブレア派のヘイゼル・ブリアーズも批判的だ。「社会的流動性ということばが真の意味で理解できたためしがありません。移動さえできれば、みなどこかから別のどこかへ行きたくなるという前提ですからね。そのまえに、自分を誇らしく思えるようになることのほうが重要だと思う。労働者階級の人であれば、そのことに苛立ったり、いつも重荷を感じたりすることなく、それ自体が価値あることだと感じてもらいたい。自分が誰で、どんな価値があって、どこの生まれであるかを伝えるものだと」

人生を好転させる公認の手段が中流階級になることだとすると、残された人々はどうなるのだろう。誰もが中流階級の専門職や実業家になれるわけでないのは明らかだ。大部分は相変わらず社会を動かすために、事務所や店舗で労働者階級として働かなければならない。彼らの状態を改善することではなく、こうした仕事から逃れることに重点を置くと、必然的に取り残された人々を不適格者と見なすことになる。スーパーのレジ係、清掃員、工場労働者……そういう人たちを、社会的流動性による出世の機会を逃した怠け者として、冷ややかな目で見るようになるのだ。

不平等の問題を避けるためにニュー・レイバーが使うもうひとつの手は、サッチャーに倣って、階級はもはや存在しないとしらを切ることだ。一九九〇年代末、政府は国家統計に使用する公式の社会階級分類を再検討する委員会を発足させた。当時それは「職業別社会階級」として知られ、ジョン・ゴールドソープは自分の調査がもとになっているのだろうと喜んだが、興味深いことに、名称は「全国統計社会経済分類」に変更されていた。委員会のメンバーに会ったときに彼がそのことを質問すると、ニュー・レイバーから「階級」という単語の使用をいっさい禁じられているのだと言われたという。国民の語彙《ごい》から階級を消し去ろうというニュー・レイバーの強情な決意がうかがえる一件だった。

ヘイゼル・ブリアーズによると、階級の否定は一九八〇年代から九〇年代初頭の労働党の経験に由来する。当時、「労働党は敵対的な階級政治と同一視されていた」。理由のひとつは、そのころ強大だった労働組合の権力濫用のせいで労働党の評判に傷がついたことにある、と彼女は考える。おかげでサッチャーに「労働組合を抑えるために何かすべき」という正当性が与えられた。「当時の労働党はそれに対応して、『経済的にも、階級的にも、社会の分断を進める極端で敵意に満ちた党ではない』という信頼を、どうしても回復しなければならなかったのだと思う」。ブリアーズは彼女なりの理解のしかたで、階級からの撤退は、サッチャリズムによって党がくり返し敗北させられた結果であると受け入れていた。

ともあれ、もはや「階級」は、社会のなかの不平等や不利な立場を説明できることばでなくなった。そこで、ニュー・レイバーは新語を作った。それが「社会的排除」だった。「貧困」と「貧困者」の隠語として、「社会的排除」や「社会的に排除された人々」が使われだした。ニュー・レイバーは、政権につくなり社会的排除対策ユニットを発足させ、社会的排除担当大臣まで置いた。このことばは、みすぼらしい住まいや低収入といった、貧困にまつわる不愉快なニュアンスを取り去ってはいたが、本質的には、「下流階級」への軽蔑を少し弱めただけで、社会から切り離された集団という意味はそのまま伝えた。社会秩序を乱す疎外された集団が底辺にいて、残りのわれわれは幸せという、チャヴ現象に用いるニュー・レイバー版の表現だった。

「そういう人々の定義は誰も知らない」とジョン・ゴールドソープは言う。「何人いるか、人口の何割を占めるかということも。『具体的に、彼らは何から社会的に排除されているのですか』と訊けば、答えは『イギリス社会のメインストリームから』だ。でも、それは馬鹿げている。これほど階層化されて不平等な社会にメインストリームなど存在しない……これもニュー・レイバーの発明だよ。彼らは最下層をどうにかし、それ以外は何も問題がないふりをしたかった。そんなのはまちがっている！……見たところ、社会的に排除された集団は、おもに労働者階級のなかでもいちばん恵まれない人々で構成されている」

この「排除」は、社会から排除されているという意味ではなく、むしろ自分自身の行動によって排除されているという意味だった。「サッチャリズムの遺産のひとつは、今日の政治家が社会問題を個人の行動の結果と見なしていることではないか」とマシュー・テイラーに尋ねたところ、彼は、複雑な問題ではあるが、全体的にはそうだろうと答えた。

「階級」という概念が「排除」に移り変わるうちに、排除というのはいわば「自分で自分を排除する」過程だという認識が広まった。自分の行動が、そのまま社会的地位に反映されるというわけだ。階級は与えられるものだが、排除は自分に起きることで、それはみずからの行動によってもたらされる。だから、そう、たしかに貧困という理由で貧困者を非難すべきでないというのは正しいけれど、貧困にはなんらかのかたちで人の行動がかかわっているから……強大な社会の圧力だけが原因とは言えない。

マシュー・テイラーは、トニー・ブレアの古くからの顧問であり、鋭敏で明晰な政治評論家だが、ここには、ニュー・レイバーを形作った哲学に対する内部者の率直な見解が表れている。人の社会的地位は、たんに社会の圧力の結果ではなく、自分の行動によって決まる面もあるというのだ。

ジョン・クルダスは、そもそもあらゆる政治家は、階級の存在を否定したがると確信している。階級がないことにすれば、少数の中流階級にだけ特権が与えられている、という労働者階級の懸念に対処しなくてすむからだ。「彼らはごく一部の有権者を優遇するために、それまでなかったような科学的な方法を編み出す……議場の末席の議員に投票する、社会の中心からはずれた有権者のためにね」。つまり、労働者階級の有権者は、どう転んでも得られる「中核票」と見なされ、ニュー・レイバーの政治家は心置きなく特権階級の有権者に合わせた政策を作ることができたのだ。

トニー・ブレアほど、この考えを体現したニュー・レイバーの政治家はいない。マシュー・テイラーは、ブレアの政治手法について興味深い意見を述べた。「トニー・ブレアのもとで働いていたが、トニーについて忘れがたいシーンがある。私やほかの人間が『これにもう少し左派らしいものを加えては？　もう少し貧困や公正に触れたほうがいいのでは?』と訊いたときのことだ」。ブレアの答えは、よく言っても無愛想だった。

トニーはいつもこう言った。「けっこう。だが、私はそのことには触れなくていいと思う。それは労働党のほかのみんなが考えていることだから。内閣のほかのみんなが考え、ゴードン(ブラウン)が考えていることだ。それでいい。私は彼らにまかせる。そうやって、彼らがすべての時間を注ぎこんでいるのはわかっている。彼らは公共サービスの改革も、富の創出もしたくない。その手のことに興味もない。ただ口先で何度もくり返しているだけだ。私の仕事は、総じて労働党が興味を持たない問題について、大多数の国民に訴えることだ」

ほとんど強迫観念のように労働者階級の有権者を無視するこの姿勢の裏にあるのは、「ミドル・イングランド」と誤解されている少数の裕福な有権者に対する過大評価だ。イギリスで本当に中間にいる人の年収は、わずか二万一〇〇〇ポンド(約三〇〇万円)ほどである。「われわれの思い描くミドル・イングランドがまちがっているという指摘は正しいのかもしれない」とマシュー・テイラーは認める。「だが、残念ながら、それは労働党にかぎったことではない。中流階級全体がそう思いこんでいる」

このゆがみが、たまに途方もないレベルに達することがある。ニュー・レイバーの元閣内大臣で、ブレアの側近のひとりだったスティーブン・バイヤーズは、二〇〇六年、「ミドル・イングランド」を取り戻すために相続税の廃止を提案した。イギリスでそれを支払うのは最富裕層の家族だけなのに、である。

「究極のブレア主義と言うべき考え方があって、それはもう頭がおかしいレベルだった」とマシュー・テイラーは言う。「スティーブンには個人的に好感を持っているが、もう何年も会っていない。彼は、言っては悪いが、ほかの誰よりもこうしたブレア派のおかしな考えを思いついた張本人だよ」。結局、ニュー・レイバーがこの富裕層に媚《こ》びへつらった相続税廃止案を採用することはなかった。それでもこのバイヤーズの思いつきは、人口のごく少数の金メッキされた部分を優遇して、労働者階級の人々をないがしろにする、ブレア主義のひずみを表していた。

　権力を持つ富裕層にやみくもに仕える以外にも、労働者階級を見えなくする方法はあった。階級の概念が捨てられようとしている時代に、多文化主義が広まったことも、その傾向に拍車をかけた。その結果、不平等は、ほとんど人種や民族のアイデンティティというプリズムを通してしか理解されなくなった。

　すぐれた人類学者で社会階級研究の第一人者、ジリアン・エバンスは、「階級間の平等を求める闘争は、つぶされたとか、勝利したとか、人によっていろいろな見方があるけれど、人種的平等を求める闘いは多文化主義をつうじて続いている」と指摘する。「黒人やアジア系の人々がもっと民族的、文化的に尊重してほしいと活動していて、それは比較的うまくいった抵抗活動として称賛されるべきです」

　けれどもエバンス博士は、平等を求める活動がすべて多文化主義のなかで語られるようになったことで、われわれは一方で「多人種の労働者階級の存在」が認識できなくなり、他方で白人労働者階級が「独自の文化を持つ新しい民族集団だと思いこまされる」事態になったと主張する。そして何より危険なことに、中流階級の人々が「白人労働者階級を合法な文化の担い手と認めなくなり、経済、政治、社会のすべての領域で敬意を払わなくなった」。

　われわれは民族的マイノリティのアイデンティティを受け入れ、称えよと言われる。それはますます広がる人種差別に対抗する意味でも正しいが、ひとつの人種として扱われるようになった「白い」労働者階級は、階級のない多文化主義のなかでは居場所がない。つまるところ、労働者階級には、多くの少数集団と同じく、尊敬される偉大な代表者がいないのだ。おまけに、労働者階級の民族的マイノリティの利益も守られていない。主要な専門職のなかに多様性を持たせ、中流階級の民族的マイノリティを作り出すことに重点が置かれているからだ。

とはいえ、ゴードン・ブラウン率いるニュー・レイバーは相次ぐ危機にみまわれ、労働者階級が存在しないふりをするのがむずかしくなった。イースト・ロンドンやノース・ウェスト・イングランドなどでは、労働者階級のなかで人種差別主義のイギリス国民党（ＢＮＰ）が勢力を増していたが、ニュー・レイバーの政治家は、移民に対して高まる労働者階級の反発を額面どおり受け取るだけで、手頃な価格の住宅や高給で安定した仕事の不足という根本的な原因を探ろうとしなかった。つまり、宗教や肌の色に関係なく、すべての労働者階級に共通する「経済的な」病弊にしっかり対処する代わりに、それらを「白人」労働者階級に影響を及ぼす「文化的」問題と定義し直したのだ。こうして、白人労働者階級は、ほかの民族的マイノリティと同じように社会の隅に追いやられた。

たとえば二〇〇九年、ニュー・レイバーは白人労働者階級を特別に支援するために、一二〇〇万ポンド（約一七億四〇〇〇万円）を支出する計画に着手した。たしかに、ニュー・レイバーに無視されたり完全に見限られたりして、早急に支援が必要なコミュニティは数多く存在し、その多くは白人のコミュニティだった。しかし、このやり方では、労働者階級の抱える問題がますます、階級ではなく民族的アイデンティティに結びつけられてしまう。さらに危険なことに、民族の異なる労働者階級のコミュニティ同士が、互いに注目や資源を奪い合っているという考えが広がる可能性がある。

その危険な考えは、二〇〇七年のニュー・レイバーの大臣、マーガレット・ホッジによる思慮を欠いた発言によく表れていた。自身の選挙区でＢＮＰが伸びていることに対し、ホッジは、「合法的な資格を持つ」人々より移民の家族が優先されていると不満を述べた。みずからの政府に無様な公営住宅対策の改善を求める代わりに、白人労働者階級と移民の利益を衝突させたのだ。

「公営住宅に住む白人労働者階級の人たちは、誰も話を聞いてくれない、誰も自分たちのために声をあげてくれないと感じることがあります」。二〇〇九年、ニュー・レイバーのコミュニティおよび地方自治担当大臣だったヘイゼル・ブリアーズはそう言った。まさに彼女の言うとおり、何百万人もの白人労働者が、自分たちの代表者がいない、声が届かないと感じていた。だが、ブリアーズから見ると、彼らの関心事はほぼ完全に移民に関することと決まっていた。「彼らは移民の直接的な影響は実感していないかもしれないけれど、強い恐怖は感じている……コミュニティの変化は、不安感や不安定を生みます」[*19]

ニュー・レイバーがまた労働者階級について話しはじめるのは、BNPがニュー・レイバーに迫ってきてからだった。しかもそれは人種問題としてであり、移民問題にかぎられていた。労働者階級の価値を否定し、すべての国民が中流階級になることを重視したニュー・レイバーの政策の、あくまで「例外」としてだった。

「別世界」に生きる議員たち

現代のイギリスに階級は存在しないという作り話や、人はみな努力次第で頂点に立てるという幻想を打ち砕きたければ、まず国会議事堂であるウェストミンスター宮殿から始めるといいだろう。

ここでは、下院議員たちがロビイストや有権者と会うために出たり入ったりし、ときどきうるさい鐘が鳴ると、討議や投票のために本会議場へと急ぐ。中流階級や元専門職の議員が圧倒的多数で、平均的な平議員の収入と経費の合計は、国民の上位四パーセントに入る。

彼らのあとをせわしなく追ったり、〈ポートカリス・ハウス〉でラテを飲みながら雑談をしているのは、まだ初々しく功名心あふれる議会調査官の一団だ。下院議員のスタッフとして欠かせない存在である彼ら無報酬のインターン（たいていは上司とちがって経費すら支払われない）を初めとして、国会は中流階級限定の職場だ。足を踏み入れることができるのは、資産豊富な両親に頼って生活できる人たちだけである。

下院議員とまわりの似たような連中にサービスを提供しているのは、清掃係や配膳係だ。彼らの多くは夜行バスでロンドンを移動し、夜明けに議事堂に到着する。その給料では、人口の底辺一〇パーセントに入るのがやっと。二〇〇六年の生活賃金闘争に勝利するまで、ウェストミンスターの清掃係は、世界有数の物価高の街で最低賃金を支払われていた。中年女性たちがローストチキンやガトーショコラの食べ残しを載せたワゴンを押しているのを見ると、まるでビクトリア朝の貴族階級の邸宅に入ったような気がしてもおかしくない。

国会をイギリス階級制度の縮図として描くのは簡単だから、知的怠慢と言われてもしかたがないが、ここがいまの社会の大きな格差を表しているのは確かだ。保守党と自由民主党が政権を獲得した二〇一〇年五月の総選挙直前に、ジェイムズ・パーネルにインタビューした際、私は議員がどれほど国民からかけ離れているかという話題を投げかけた。下院議員の三分の二は専門職の経歴を持ち、私立校にかよった比率はほかの人口の四倍だった。元ブルーカラーの下院議員は二〇人に一人しかいないという事実を伝えると、パーネルは純粋に驚いて、「二〇人にたった一人？」と言った。

そのせいで政治家は労働者階級の人々の問題が理解できなくなっているのではないか、と尋ねると、パーネルは否定できなかった。「そう、たしかに。ずいぶん閉鎖社会になっていると思う……」。パーネルによると、中流階級が権力を握ったこの状態は、一般大衆に閉ざされた政治制度の結果である。

二〇一〇年の総選挙の運動期間中、新聞各紙で、労働組合が当選確実の選挙区に候補者を立てるという派手な見出しが躍った。「労働組合が候補。労働党を左傾化させる狙い」とタイムズ紙は書いた。しかし最終的には、新たに当選した下院議員のなかで労働組合出身者はわずか三パーセントだった。その一方、一九三〇年代以来最大の経済危機を引き起こした元凶であるシティ出身の有望候補者の数については、世間から怒りの声はあがらなかった。新しい下院議員の一〇人に一人は金融業界出身で、労働党が一九九七年に地滑り的勝利を収めて政権についたときと比べて、二倍になった。驚くべきことに、新人下院議員の五人に一人は、国会議員の誓いを立てるまえに政治活動を経験している。政治はますます「公共事業」というより「専門職」になっている。

第二次世界大戦の惨害のあとで福祉国家を築き上げた一九四五年の労働党内閣と比べると、そのちがいに愕然とする。クレメント・アトリー政府の重鎮だった外務大臣のアーネスト・ベビン、国民健康保険の創始者アナイリン・ベバン、アトリー内閣ナンバーツーのハーバート・モリソンは、みな労働者階級出身で、それぞれ農業労働者、炭鉱労働者、雑貨店の店員として働いていた。彼らを出世させ、尊敬される指折りの政治家にしたのは、労働組合や地方自治体だった。

かたやニュー・レイバーで数少ない労働者階級出身の議員、ジョン・プレスコットの今日の境遇はどうか。プレスコットの政治活動に賛同しない人でも、彼に向けられた大量の階級的な侮蔑にはたじろぐだろう。鉄道の信号係の息子であるプレスコットは、中等教育選定試験に失敗し、商船勤務の給仕になった。しかし、その出自から副首相にまで見事に出世したことは、めったに称賛されなかった。ウィンストン・チャーチルの孫で、保守党下院議員のニコラス・ソームズは、プレスコットが国会で発言するために立ち上がると、いつも、パブで飲み物の注文をするような野次を飛ばした。べらぼうに高額な私立学校教育の恩恵に浴した保守党議員やジャーナリストたちも、たまに聞き取りにくいプレスコットの英語をからかった。

その後、彼がエリート支配層のための「老人ホーム」である貴族院に入ると、テレグラフ紙の論説委員長は、

「ジョン・プレスコットに貴族の地位は似合うのか」と冷やかした。テレグラフ読者が新聞社のウェブサイトに書きこむコメントは、さながら飛び入り歓迎の階級闘争だった。友だちから聞いて笑ったと言い、プレスコットのことを「労働党の建設作業員のはみケツ」と呼ぶ者もいれば、「パイ&チップス男爵」、「プレスコットは太っちょの田舎者」、「ジョン・〝チップをやるよ〟・プレスコット」、「討論のあいだに誰かが飲み物を配らなきゃいけないからな」とあざける者もいた。彼が馬鹿にされたのは、下等な労働者階級の出身者が副首相の地位や貴族院を汚したと、一部の人間が感じたからだった。

かつて労働者階級は、強力な労働組合や地方自治体といった組織を通して政界に進出した。だが、いまや労働組合は疲弊し、地方自治体も権限の多くを奪われている。元ロンドン市長のケン・リビングストンは次のように言う。

> 労働者階級の人々が選出され、委員会をつうじて政治の運営方法を学び、国会へと進出するという伝統的な地方議会の構造がなくなってしまったのは残念だ……ランベスやカムデンの地方議会には昔、読み書きや数学でかならずしも秀でていなくても、自分の地域の代表であることを愛し、議会や政治を動かしていける人が大勢いた。Aレベル〔訳注：大学進学のための高校卒業資格〕試験の合格証や大学の学位がなくても、それができた。そういう意味では、エリート貴族が彼らを閉め出しているのではなく、中流階級層あたりがあまりにも多くの資格やルール、規制を設けすぎたせいで、労働者階級に対する壁が高くなっている。

今日では、中流階級出身で、オックスブリッジ〔訳注：オックスフォード大学、ケンブリッジ大学〕で教育を受けた元特別顧問のほうが、国会に進出する機会が多い。

イースト・ロンドンのレジャー施設で働くピーターと話したとき、政治の既成勢力に対して労働者階級の多くの人が抱く懸念を次のようにまとめてくれた。「彼らは波長がちがうんだと思う。ほとんどの政治家は大金持ちで、生まれも育ちもふつうの人とちがうから、こっちの悩みがわからないんだ。テレビを見ればわかるだろう？　みなものすごく裕福だ。庶民の問題なんて理解できないよ」

ピーターは、「政治家には、一般人が経験していることがまるでわからない」と確信していた。政治家による労働者階級への敵視を理解するには、まずこれが基本となる。もちろんその原因の大部分は、サッチャーがイギリスの労働者階級を攻撃し、個人は中流階級に加わることでしか救済されないという共通認識を作り上げたことにある。この認識は、議会ではいとも簡単に定着した。ますます特権階級化が進む政治エリートたちは、昔もいまもこの種の考えになじんでいるからだ。

彼らは労働者階級のコミュニティから遠く隔てられているから、中流階級の価値観や向上心を共有できない人々がいること自体が想像できない。労働者階級の問題は個人の行動の結果であり、国の社会構造のせいではないと安易に考えてしまう。とりわけ労働者階級に対する偏見は、恵まれない出自の人々と接する機会がほとんどない圧倒的に中流階級の政治家たちが抱いている。

サッチャーの階級闘争の影のなか、保守党とニュー・レイバーが労働者階級のコミュニティを敵視したことによって、劇的な状況が生まれた。政治の流れは、つねに文化に深刻な影響を及ぼす。労働者階級の価値観や組織に対する攻撃の余波が、社会全体に広がっている。議会と同様、メディアやエンターテインメント業界も、極めつきの特権階級が支配している。

彼らはわれ先にと言わんばかりに、およそ思いつくなかでもっとも粗暴な手法を用いて、労働者階級の人々を貶めた。

4

さらしものにされた階級

ウェールズのロンダにある町トレオーキーはチャヴだらけ。住人はチャヴが何かも知らないけどな！　理由は全員チャヴだから！　上流の人間がひとりもいない労働者階級の町で、失業者があふれかえってる。

ウェブサイト〈チャヴタウンズ〉

労働者階級が充分な敬意を払われた時代はないし、まして称賛されたことなどない。ビクトリア朝から第二次世界大戦まで、労働者階級の人々が書物に登場することはめったになく、出てくるときには笑いものにされた。ビクトリア時代の文学の専門家によると、チャールズ・ディケンズのような中流階級の改革支持者でさえ、労働者階級の人々を「風刺漫画の人物のように二次元」で表現している。[*1] ジョージ・オーウェルはこう書いた。「小説のなか、とくにイギリス小説で労働者階級を探しても、ぽっかりと穴があいているだけだ……ふつうの町にいる労働者、世の中を実際に動かしている人々は、いつも小説家に無視されてきた。本の片隅にどうにか割りこんだとしても、たいてい憐れみの対象とか、息抜きで笑わせる役まわりだった」[*2]

だが、第二次世界大戦後に状況が変わったのは確かだ。労働者が国会に自分たちの声を届けるために結成した労働党は、地滑り的勝利を収め、イギリス二大政党のひとつとして存在しつづけた。労働者階級の問題を解決するために、大規模な社会改革もおこなわれた。労働組合は絶大な影響力を行使し、労働者階級を無視することはできなくなった。

映画、テレビ、本、そしてネットで描かれる「労働者」たち

「戦争がすべてを変えた」と映画監督のスティーブン・フリアーズは言う。アラン・ベネットの劇をテレビド

ラマ化した初期の作品や、一九八五年の名作『マイ・ビューティフル・ランドレット』などで、作品にたびたび階級のテーマを織りこんできた監督だ。「小説でも労働者階級が描かれ、演劇も労働者階級を取り上げるようになって、すべてが非常に興味深かった」。フリアーズのような中流階級出身者にとって、それは胸がすくような自由の体験――彼自身は「解放」と呼んでいる――だった。「聞いたこともなかった集団が突如として現れたんだ……それまでイギリスで焦点が当てられていたのは、上流、中流の生活を送るごく狭い範囲の人たちだった。だから、いきなり世界が興味深くなったよ」

テレビも、労働者階級の人々を中心にすえた番組が次から次へと作られたが、そのなかで彼らの生活を初めて好意的に描き出したのは『コロネーション・ストリート』だった。登場人物には、介護士のエナ・シャープルスや、見習いエンジニアのデイビッド・バーローがいた。番組は人々の心をとらえ、数カ月で二〇〇〇万人を超える視聴者を獲得した。労働者階級の現実の生活に取材した新しい映像ジャンル、「北部のリアリズム」の波に乗ったのだ。映画の『土曜の夜と日曜の朝』、『ア・テイスト・オブ・ハニー』、『ルーム・アット・ザ・トップ』や、テレビドラマ『キャシー・カム・ホーム』などが典型だ。[*3]

『ザ・ライクリー・ラッズ』のような人気番組で労働者階級の人々が主役になり、『ザ・グッドライフ』といったドラマでは中流階級の人々が物笑いの種になった。一九七〇年代には、上司と争っていつも勝利する女性労働組合員を描いた『ザ・ラグ・トレード』というホームコメディまで作られて人気を博し、八〇年代になると、『オンリー・フールズ・アンド・ホーシズ』や『さようなら《アフィーダーゼン》、ペット』など、好感の持てる労働者が出てくるテレビ番組の定番も生まれた。

だからといって、労働者階級の生活がいつも現実そのままに描写されていたわけではない。「たとえば三〇年、四〇年、五〇年前は、労働者階級やそのコミュニティがずいぶん美化されていたと思う」と歴史家デイビッド・キナストンは言う。「大戦直後の映画では、彼らがよく道化者のように描かれているけれど、悪党や不愉快な人物ではない。どちらかというと一面的だ。洗練はされていないが、決して悪人ではなかった」。労働党の元党首ニール・キノックも同意する。「非常に長いあいだ、つまり二〇世紀の大部分において、労働者階級は、芸術家や教育関係者といった少数の有力な知識人によって、理想化されるか、支援されていた」

「支援される」ことと「見下される」ことのあいだには、大きな隔たりがある。後者への移行は、サッチャリズムの出現と、労働者階級の価値観や組織、産業、コミュニティを含めた「労働者階級性」への攻撃によって生まれた。「描写が大きく変わったのは、まちがいなく八〇年代ごろだ。当たりまえと言われるかもしれないが、あれが本当の転換点だった。八〇年代から、メディアで労働者階級を貶めることが認められたのだ……礼儀も思いやりもないやり方でね」とデイビッド・キナストンは言う。

こうした雰囲気が大衆文化に浸透してきた最初期の例は、コメディアンのハリー・エンフィールドが作ったキャラクター、ウェインとウェイネッタ・スロブだろう。一九九〇年に初めて登場した彼らは、チャヴの原型と言えるかもしれない。無気力で、口汚く、生活保護に依存していて、不潔だ。たとえば、ウェイネッタ（あるジャーナリストは一九九七年に彼女を「悪夢の労働者」と表現した）[*4]が妊娠すると、ふたりは生まれてくる子を「アッシュトレイ（灰皿）」と名づけるかどうか議論する。今日でもメディアは、労働者階級の集団を攻撃する際に、しきりにウェイネッタ・スロブを引き合いに出す。最近では、デイリー・メール紙に「ニュー・レイバー政権下で、男性の三倍の数のウェイネッタが傷病手当に殺到」という大見出しが載った。赤ん坊を腕に抱く脂ぎった顔のウェイネッタ・スロブの写真に、よく考えたキャプションがついていた。「ハリー・エンフィールドのキャラクター、ウェイネッタ・スロブがまねたような人々が増えている」[*5]

だが、それまで多種多様だった労働者階級への偏見をひとつにまとめ上げたのは、「チャヴ」現象だった。

二〇〇三年末、「われわれの村や町を占拠しつつある、イギリスのがさつな下流階級」という宣伝文句のウェブサイト〈チャヴスカム〉が開設された。現在は〈チャヴタウンズ〉になったそのブログでは、投稿者が競い合うようにチャヴを攻撃している。

書きこみの内容は、たとえば「くそみたいな公営住宅／元公営住宅」に住む「公営住宅くそ人間」といった単純なものもあれば、スタッフォードシャー州リークの「〈アルディ〉［訳注：ディスカウントストア］のレジや〈ケリーゴールド〉のチーズ工場で一日じゅう働いている」チャヴを標的にした長いものもある――「リーク・ポスト・アンド・タイムズ紙の一面に取り上げられた、この町最大の野心は、一七人の子を持つ一五歳の母親がさりげなく口にした、いつか〈モリソンズ〉［訳注：やや高級なスーパーマーケット］の惣菜カウンターで働けるといいな、ということばだった」。

ウィンチェスター市のスーパーマーケットの従業員も、同じくらいけなされている。ある投稿は、「会計中でさえ、お客そっちのけで、一四歳のときの妊娠だとか、金曜の夜にクリスタルが酔って、ろくでなしのタイロンといっしょに家に帰ったなどという話に夢中になっている。吐き気がするよ」だった。

このジャンルに特化した書籍もある。リー・ボックの *The Little Book of Chavs* は、経営破綻した書店チェーン〈ボーダーズ〉のカウンターに長いこと平積みされていた。最新版では、八回の増刷で一〇万部以上が売れたと宣伝されている。チャヴを見分けるための職業リストまでついていて、女性のチャヴ（チャヴェット）であれば美容師やエステティシャンの見習い、清掃員、バーのホステス、男性なら荒っぽい建設作業員や屋根職人、配管工、露天商、機械工、警備員かもしれないとある。男女とも〈リドル〉、〈ネットー〉、〈アルディ〉といった安売りスーパーマーケット・チェーンのレジ係をしていたり、ファストフードのレストランであくせく働いていたりする。[*6] 同じく悪意に満ちた続刊の *The Chav Guide to Life*（チャヴの人生ガイド）でも、大半のチャヴが、「うるさい下流階級」であると同時に「公営住宅に住む貧しい労働者階級の家庭の出身で、収入は失業手当から得ている」という指摘がある。[*7]

〈チャヴスカム〉の創設者たちも、独自の著書を出して、チャヴ・ヘイトの普及に貢献している。*Chav! : A User's Guide to Britain's New Ruling Class*（チャヴ！：イギリスの新しい支配階級のユーザーズガイド）という本で、ミア・ウォレスとクリント・スパナーは、「荒野でチャヴを見つける」コツを伝授する。つまり、チャヴは野生動物扱いなのだ。「最新流行の偽デザイナーズ・ファッションやブランド物のスポーツウェア、死んでも欲しいアクセサリーの数々、驚くほど豪華な九金の宝飾品《ブリング》。さあ、誰が見つけられるか、家族みんなで楽しもう！」「チャヴェット」は、一七歳までに子供ができなければ、「地元で不妊の奇人」と見なされる。チャヴに人気のテレビ番組は「ITVチャヴである……この番組ではチャヴがからかわれず、挑発されず〝なあんにも《エニフィング》〟されないことがわかっているから」。『ディス・モーニング』は「中流階級の向上心がちらついて少し怖いので」めったに見ない。最悪なのは、国じゅうの学校で、チャヴの子供たちが品行方正な児童を数で圧倒してしまう危険性があることらしい。

> 昔は無料給食をもらうのが恥だと思われていたので、貧しい家庭でも、その種の社会保障を受けるより子供に弁当を持っていかせていた。ところが、学校の生徒の内訳が変わり、子供の多くはチャヴの家庭の出身で、無料給食が必須となった。逆にチャヴでない子は食費を払うと白い目で見られ、上流気取りといじめられることもある。[*8]

二〇〇四年にチャヴ・ヘイトが文化の中心に躍り出ると、大手マスコミにも支持者が現れた。たとえば、テレグラフ紙の記者ジェミマ・ルイスは、ウェブサイト〈チャヴスカム〉について、「俗物根性を擁護する」というコラムを書いた。「俗物根性には二種類ある――伝統的なものと、逆転したものと。どちらにも危険はあるが、あえて言えば私は前者を好む」。彼は皮肉も交えず書いた。「私自身が中流階級で、それをからかわれたくないからでもあるけれど、少なくとも伝統的な俗物根性は、教育、熱意、礼儀といったなんらかの価値のある目標をめざしている」[9]。この主張で重大なのは、下の階級の人々を嫌うことが本人たちのためになると考えている点だ。嫌うことによって奮起し、悲惨な状況から抜け出して礼儀を身につけようとするというのだ。

またデイリー・メール紙は、チャヴ現象に困っている読者のために、誰でもわかる「チャヴのＡＢＣ」を発表した。Ａは「Ａレベル」――「チャヴがぜったいに持っていない資格」。Ｕは「未成年《アンダーエイジ》」――あらゆるチャヴェットが初体験をする時期。チャヴの女性の性的なだらしなさは、チャヴ・ヘイターの主要な妄想のひとつで、よくデイリー・メール紙の「ジョーク」でも取り上げられる。「チャヴェットと勇ましいヨークの将軍〔訳注：マザーグースの一節で、一万人の兵隊を率いていたと歌われる〕のちがいは何だ？　勇ましいヨークの将軍はたった一万人の男としか関係していない」。そしてもちろん、チャヴが低収入の仕事についていることもからかわれる。「働いているチャヴに声をかけるときには？　ビッグ・マックとポテトをくれよ、相棒」[10]

同記者による別の記事は、イギリスがチャヴで埋め尽くされつつあると指摘した。「彼らをクズと呼ぶ人たちがいる。社会学者は下流階級と呼ぶ。だが、なんと呼ばれようと彼らは国を奪いかけている」[11]

「チャヴ」のレッテルを貼られた人々は、服装や食事の作法が高尚な中流階級の基準に合わない、としょっちゅう馬鹿にされるようになった。有名シェフのジェイミー・オリヴァーは、イギリスの学校給食のメニューに健康的な食べ物を出す改善活動で称賛されたが、下流階級の人々がものを食べるときのうるさい音に悪印象を抱いたらしい。チャンネル４の彼のテレビ番組のなかで、家族そろって食事をとらない親たちを指して、「われわれが『白人のクズ』と呼ぶようになった人たち」と言った。そのくせ彼のシリーズ番組『ジェイミー・オリヴァーの給食革命！』は、貧しい公営住宅に住み、乏しいお金をやりくりして子供たちに食事を出そうと奮闘する母親に焦点を当てている。[*12]

BBCチャンネル1で、司会者のジョナサン・ロスは彼に尋ねた。「親になることが許されない人々がいると思いますか？　たとえば、公営住宅に住んでいる人たちとか？」。この「ジョーク」には場内が沸いた。[*13]

アルコール依存症にも同じことが言える。保健省主任医務官のサー・リーアム・ドナルドソンが、一五歳未満の子供はいっさい飲酒をすべきではないというガイドラインを発表したとき、デイリー・テレグラフ紙の記者ジェイムズ・デリングポールは腹を立てた。サー・リーアムは大胆にも、幼い子供に少量のワインを飲ませるのは「中流階級の有害なこだわり」と指摘していたのだが、デリングポールは「的はずれ」だと感じた。「イギリスで子供の飲酒がもっとも深刻な問題になっているのはどこか、みなわかっている。掃きだめのような公営住宅や、崩壊した家庭だ。そういうところでは、しつけをされたこともない悪ガキが、一三歳になるまえからアルコポップ［訳注：アルコール含有の清涼飲料］やアルコール度数の高い缶ビールを、常習的に飲みはじめる」

ガイドラインで中流階級に矛先が向いたのは、彼らが「恰好のターゲット」だったからで、真犯人は「新聞を読むことはできても、読みもしない」連中だから放置されていた、というのがデリングポールの見方だった。国立社会研究センターの調査で、いちばんアルコールの摂取が多いのは裕福な家庭の児童であり、無職の親を持つティーンエイジャーは酒を飲んだ経験すらないことが多いという結果が出ていても、おかまいなしだった。「おそらく、階級が非常に低い若者の家には酒を買う余裕すらなく、飲んでみる機会も少ないからだ」と研究員たちは指摘している。[*14]

それでもデリングポールは、中流階級が品よく節度を保って酒をたしなみ、下流階級は見苦しく酔っ払ってだらだらとすごしているという固定観念を、そのまま文字にした。生活を厳しく律しなければならないのは彼らであって、洗練された中流階級ではないというわけだ。

中流階級のジャーナリストもまた、チャヴたちの無礼な言動に侮辱されていると感じ、苛立ちが高じて、高額ギャラのコラムで高飛車に攻撃しはじめた。相手は身を守る手段を持たない人々である。デイリー・テレグラフ紙のジャネット・デイリーは、下層の大衆をことのほか嫌っていて、彼らのせいで劇場に行くことすらできないと言った。「演技を中断させる、酔って乱暴なチャヴの集団がかならずいて、注意をしたら暴力をふるわれそう」だと。ナショナル・ギャラリーでは、「ホームレスと、ふざけることが好きな目立ちたがり屋の人間バリケード」をかいくぐらなければならない、とも言った。

彼女がとりわけ心配したのは、チンピラの存在だ。休暇旅行でも、「失礼な人たちが興味を示さない海外の観光地に逃げ出さなければならない」。そしていちばん悩ましいのは、彼らが「貧乏でも無職でもなく、多くの場合、かつて立派な労働者階級がついていたような仕事をしている」ことだった。要するに、失礼な労働者階級の人々が、彼女のように繊細な上層の人間の休暇を台なしにしていると言いたかったらしい。

デイリーは、中流階級が下流階級を啓蒙することを望んでいたが、それには障害があった。「ブルジョワ的な罪悪感から、彼らを正すべき人たちが行動を起こせないでいる。社会的に恵まれた人たちは、恵まれない人々を見下していると思われることを怖れるあまり、たんに萎縮して、干渉することを拒んでいる」[*15]。言い換えれば、礼儀作法は中流階級のものであり、いまこそ生意気なチャヴどもを懲らしめるとき、ということだ。

罪深いのは、生まれも育ちも中流階級の人たちだけではない。労働者階級出身で、苦労の末に富と名声を得た人も、自分がいた労働者階級に対して、「私にできたのだから、才能と決断力があれば誰にでもできる」と呼びかけている。たとえば〈ビッグイシュー〉の創設者ジョン・バードは、「私は中流階級だ。労働者階級からはさっさと抜け出した」と語った。「労働者階級は乱暴で口汚い。自分の妻を殴るし、私は彼らの文化が大嫌いだ」。[*16] 残してきた者たちを軽蔑する元労働者階級の富裕者は、とうていジョン・バードだけではない。彼らは自分の並はずれた才能や技術だけで「抜け出した」と思いこみ、出世できないのは本人が悪いからだと考える。

「リベラルな」チャヴ・ヘイターたち

「チャヴ・ヘイト」を、うるさい右派コラムニストにかぎられた特異な病と切り捨てることができたら、どれほどいいだろう。だが、「リベラルな偏見」と結びついたチャヴ・ヘイトもある。そうなった人々は、ある集団が偏見を持っていると想定することで、自分たちの偏見を正当化する。たとえば、労働者階級の問題に「人種」を持ちこみ、彼らを「白人」と見なすことで、チャヴを嫌いながら進歩的と感じていられるようになった。「白人労働者階級」は人種差別主義者であり、多文化社会に溶けこめない、と決めつけることによって、彼らを嫌う正当な理由ができるのだ。「そうやって自分たちの上流気どりを、社会的に認められるものにしてきた」と記者のヨハン・ハリは言う。「無知な白人労働者階級から、さも移民を守るかのようにふるまうことでね」

リベラルなチャヴ・ヘイターは、白人労働者階級を「社会階級」ではなく「民族」としてとらえ、社会問題を経済的要因ではなく文化的要因のせいにする。問題があるのは彼らの生き方であって、社会の不平等な構造ではない。白人労働者階級が抑圧されているとしたら、それは本人が無能だから、というわけだ。民族的マイノリティに対する大規模な差別が、失業や貧困、さらには暴力などの問題の原因になっていることを認める一方で、白人労働者階級の人々についてはは同じことが当てはまらないと考えるのだ。

「真の労働者階級は本来白人で、教育が不充分、富に対する野心を持っていて、偏見を抱き、思いこみが激しい」と著名な労働組合委員長のビリー・ヘイズは言う。彼自身はリバプールの公営住宅出身だ。このように戯画化された人物は、二〇〇七年に放送されたＢＢＣのテレビ番組『ホワイト』にも多数登場した。そもそもこれは、白人労働者階級だけを取り上げて好意的に取材する連続ドキュメンタリーだったはずだが、実際には、「人種意識に取り憑かれ、ＢＮＰに投票するクズ」という白人労働者階級のイメージを強めただけだった。

彼らの問題は、経済的なものとしては描かれなかった。肌の色に関係なく労働者階級全体に影響を与える住宅や雇用の問題は調査されず、白人労働者階級は、たんに大量の移民の脅威にさらされたマイノリティとして描かれた。「今回の『ホワイト』は、なぜ一部の人々がますます社会的に疎外されていると感じるのかを検証し、彼らのコミュニティの一部で極右政治の人気が高まっている背景を探ります」とＢＢＣは紹介した。[17] しかし、シリーズの予告編がすべてを物語っていた。白人男性の顔が、黒い肌の手が持った黒いマーカーで真っ黒に塗りつぶされて背景のなかに消えてしまい、質問が現れる――「白人労働者階級は見えなくなりつつあるのか?」。こうして彼らの抱える問題は、すべて人種問題に矮小化されてしまった。

この偏りに怒りの声をあげた人のなかに、ＢＢＣのリポーターのサラ・ムカジーがいたと言われる。住人のほとんどを白人が占める、エセックスの公営住宅で育ったアジア系の女性だ。彼女はそのシリーズを見て、「嫌な印象」が残ったと言う。「ニュース編集室の偉そうな会話を聞いていると、イギリスの白人労働者階級はアナーキストの一歩手前で、酔いつぶれるまで飲み、生活保護費を受け取ったり、アジア人や黒人を殴ったりするときだけ素面でいるように思える」[18]

反人種差別主義者の立場から、チャヴ・バッシングがどのように正当化されているかは、ジャーナリストのヤスミン・アリバイ＝ブラウンが書いたコラムを見ればわかる。「いまも昔も、だらしないイギリス人のたかり屋がソファでビールを飲みながらテレビを見ていられるのは、移民が税金を納めているおかげだ」と彼女は主張した。「われわれ（移民）が嫌われるのは、そうした無精者が見向きもしないチャンスをつかんでいるからだ」[*19]。また、「白人労働者階級に憐れみを」と題する別のコラムでは、彼らを人種差別主義者と呼ばない人々を酷評している。

労働者階級の白人男性は、五〇年代から六〇年代にかけて人種差別的な暴動を起こし、パブやクラブや社員食堂から「有色人種」を閉め出した。イギリスファシスト連合の指導者オズワルド・モズレーや、保守党のイノック・パウエルを支持したのは誰だった？　権利を奪われた人々がわれわれを利用して、生来の憎悪を権力者にぶつけたのだ[*20]。

アリバイ＝ブラウンは、みずからを左派のライターだと思っているが、現実には嬉々として反人種差別の思想をねじ曲げ、白人労働者階級叩きに使っている。これが、リベラルな偏見によるチャヴ・バッシングの極端な例だ。

エバン・デイビスが司会したBBCのシリーズ番組も、同じ感情にもとづいていた。『The Day the Immigrants Left（移民が去った日）』には、「（移民労働者が）この国に来たのは、われわれの仕事を根こそぎ奪うためではない」ことを証明するという立派な目的があったのだが、移民労働者に好まれる仕事の契約書に一一人のイギリス人の長期失業者がサインしたあと（とはいえ、たいていひどい身なりで現れるか、そもそも職場に姿を見せなかった）、この番組は、イギリスの長期失業中の労働者がいかにいい加減でやる気がないかというケーススタディを示す方向に進んだ。そして最終的には、勝手に選んだ事例を一時間にわたって放送し、イギリス人が無職なのは本人が絶望的にぐうたらなせいだ、と証明したようなものだった。
コラムニストのジャネット・デイリーも、民族的マイノリティの保護を理由に、ねじれた論理でチャヴ・バッシングを正当化した。彼女の言う「イギリス人労働者階級の社会病質者《ソシオパス》」との接触事故（互いの車が接触し、相手の男は少し怒鳴ったあと走り去った）を振り返り、「労働者階級の暴力」について長々と攻撃記事を書いたのだが、そのなかで、イギリス人労働者階級は「自己嫌悪や自己破壊的な傾向のある国民」で、「市民文化」に欠けると批判した。対照的に、民族的マイノリティの持ちこんだ「宗教、文化的な品位と家族意識」は称賛し、彼らにとっての唯一の障害は「地元の労働者階級の心ない敵意」だと主張した。「労働者階級の人々は、まさに文化的品位があるという理由で彼らを嫌う……イギリスが久しく多民族社会として成功しているというのに、この消え去りつつある（しかし、ますます疎んじられるようになった）産業革命の残りかすに毒されるのではないかと不安だ」[*21]
たしかに労働者階級への嫌悪感を正当化する方法としては斬新だが、これを見るかぎり、ジャネット・デイリーはたんなる俗物ではなく、階級闘争の闘士だ。
チャヴ・ヘイトを支えるもうひとつの幻想が、古き良き労働者階級は死に絶え、倫理基準を持たないろくでなしが残ったという考えだ。現連立政権の外務大臣ウィリアム・ヘイグのスピーチライターだったアマンダ・プラテルは、デイリー・メール紙のコラムで、このろくでなしの人々がいまの状況に陥ったのは「落ちぶれた価値観」のせいだと非難した。「なぜ、労働者階級の大多数の学業成績が悪く、低所得で早死にするのか。その本当の原因を探ってみると、数えきれないほどいる無能な親たちの責任だとわかる」。プラテルは、労働者階級の子供たちの母親を「スラム・ママ」とまで呼んだ。そういう母親たちの現状は、みずから招いた結果であるという議論だった。「かつての労働者階級は、非常に誇り高かった。男性は貧しくともスーツとネクタイを着用し、女性は玄関の階段をきれいに磨いていた。母親がパジャマ姿で台所に立つことはなく、公共の場でそんな姿を見られたら死んでしまっただろう」[*22]

レイチェル・ジョンソン（雑誌『レディ』の編集者でボリス・ジョンソンの妹）は、「わが国のメディアは、中流階級の、中流階級による、中流階級のためのメディアでしょう?」と言ったが、まさにそのとおりだ。チャヴ・ヘイトをあおってきたジャーナリストは、かぎられた特権階級の出身である。

労働者階級の読者が圧倒的多数を占める新聞でさえ、この流行に乗った。サン紙の日帰り旅行で、記者全員がチャヴの恰好をしたという話を、私はケビン・マグワイアから聞いた。彼らの毒のあるコラムに笑うのはけっこうだが、その裏には、恵まれない人々に対する特権階級の侮辱があると心していただきたい。昨今のチャヴ・ヘイトの雰囲気のなかで、新聞社にいる階級闘争の闘士たちは、ついに堂々と、破廉恥なほど大っぴらに、労働者階級の悪口を言えるようになったのだ。あいつらは愚かで怠惰、人種差別主義者で性的にだらしなく、不潔で、服の趣味が悪く、要するに、イギリスの労働者階級から価値のあるものは何も出てこない、と。

特権階級の若者によるチャヴ・ヘイト

チャヴ・ヘイトは、特権階級の若者のあいだでも流行っている。オックスフォードなどの大学では、中流階級の学生が、労働者階級の戯画をまねた扮装で「チャヴ・ボップ」ダンスパーティを開く。その扮装者のなかには、イギリスで最高の特権階級に属するウィリアム王子の姿もあった。サンドハースト王立陸軍士官学校で開かれた、チャヴがテーマの仮装パーティで、ウィリアム王子はだぶだぶの服に「金ピカのアクセサリー」、そして必須の「斜にかぶった野球帽」という恰好だった。しかし、ほかの士官候補生から「王族の話し方をやめてチャヴらしい訛りでしゃべれよ」と言われても、彼にはできなかった。「ウィリアムは血筋のわりにそれほど上流階級ふうのしゃべり方ではないが、労働者階級の訛りをまねるのはむずかしそうだった」と、士官候補生のひとりがサン紙に語った。*23 ようこそ、王族が労働者階級のまねをしてふざける二一世紀のイギリスへ！

チャヴ現象は、特権階級の若者にとって何を意味するのか。くわしく知るために、イートン校卒業生でオックスフォード大学保守協会会長のオリバー・ハーベイに話を聞いた。「労働者階級のいわゆるチャヴ文化に対する中流階級の態度からは、イギリスの生活でまだ階級が重要な意味を持っていることがうかがえる」と彼は言う。「チャヴ」は、夢見る尖塔の町オックスフォードで、ハーベイが何度となく耳にすることばだ。「ここの人たちは教養人だと思うかもしれないが、それでも彼らが可笑しがるものはある」。ほかの学生たちとちがってハーベイは、階級的な意味合いのある「チャヴ」ということばが嫌いだ。「上位者ぶっていて、差別的だ。恵まれた人が、そうでない人に使うことばだろう……それが残念ながら流行語になって、人々の日々の意識に取りこまれた」

オックスフォードのような場所には、チャヴ・ヘイトが広まりやすい。学生の半数近くが私立校出身で、労働者階級から大学に進んだ者はごくごくわずかだからだ。ここにチャヴ現象の裏の真実が垣間見えている。つまり、彼らは下流階級の人々と接したことがほとんどない特権階級なのだ。よく知らない人のことを馬鹿にするのは簡単だ。こうした学生の多くは、すぐれた教育を受けられる特権的な環境のおかげで、オックスフォードに入ることができた。自分たちは才能があるからオックスフォードに入ったのであり、社会の底辺にいる人たちは愚かでやる気がないか、それよりひどい人間だからそんな環境にいるのだと決めつけることができたら、どれほど気分がいいだろう。

とはいえ、そのような露骨な冷笑は最近の現象である。ついこのあいだまで、多くの学生は特権に引け目を感じていた。「ほんの二〇年前、中流階級の学生であることは社会的に不名誉なことで、いま四〇代の卒業生の多くは、大学にいるあいだじゅう労働者階級の発音をまねていたようだ」と、ガーディアン紙の記者デッカ・エイトキンヘッドは言う。「けれども、いまや学生に人気のパーティのテーマは、チャヴの仮装だ――バーバリーは好きだが金はなく、身のほど知らずの考えを抱いた労働者タイプが、キャンパス内の冗談の半分を提供している」[*24]

インターネットを検索してみると、チャヴに対する社会の嫌悪感が憂慮すべきレベルに達しているのがわかる。ユーチューブでは、チャヴどもを月に送ってしまえという動画が、およそ五〇万回見られている。「ケンタッキーフライドチキンも、マクドナルドも、目抜き通りもないところへチャヴがみんな行ってしまっても、誰も気にしない」と歌手が陽気に歌っている。

フェイスブックのあるページのタイトルは、「年間四〇〇〇人のチャヴが〈テスコ〉の安酒で死んでいる。なんでも役に立つものだ（笑）」で、最終的に閉鎖されるまで、七五万人ほどのメンバーがいた。

グーグルで「チャヴを殺す」と入力すると、「チャヴを殺す五つの方法」、「反チャヴ――いますぐくそチャヴを殺せ」といった検索結果が何十万件も表示される。チャヴを撃ち殺す〈チャヴハンター〉というゲームまである。紹介文には、「〈チャヴハンター〉は、八〇年代のラッパーみたいな身なりのカスどもを殺すゲーム。スナイパーになりきって頭を撃ち抜け」とある。

だが、現在のチャヴ現象には、たんにイギリスの社会階級制度のなかで嫌悪感が高まっていること以上の意味合いがある。

二〇〇九年の初め、ノッティンガムの教師ラルフ・サーマンが、彼の言う「超チャヴ階級」に激しい非難を浴びせはじめた。「あいつらは何ひとつ生産的なことはせず、納税者に大きな負担をかけている」。サーマンは攻撃すべき相手を正確に把握していた。「シングルマザーが急増した第一世代の子孫は、一九八〇年代には子供だったが、いまでは大人になって自身の子をもうけている。この問題が犯罪率の増加や労働力不足につながっている」[*25]。このように若年層をまとめて切り捨てることは、悲惨な結果につながりかねない。ジャーナリストのハンナ・フランケルは、労働者階級に対する教育制度のあり方を考察した記事に、「キャサリン・テイトなどのコメディアンにパロディにされる『チャヴ』が誕生したことで、労働者階級の人々は、自分たちが見下され、笑いものにされていると感じるかもしれない」と書いている[*26]。

キャサリン・テイトがおもしろ可笑しく演じる、不躾で腹立たしい口癖（「喧嘩売ってんの?」）のあるだらしないティーンエイジャーは、チャヴ・バッシングがいかに国民的なエンターテインメントになっているかを示す、ほんの一例だ。ドキュメンタリーやバラエティ番組、トークショー、さらには映画でも、もっぱらイギリスの労働者階級をあざ笑うものが出てきた。このいわゆる「チャヴテインメント」は、労働者階級の人々が偏屈で怠惰で攻撃的、自活もできず、まして子供の世話などできないという主流のイメージを強化した。「彼らは『ワイフ・スワップ』といった番組で笑わせ役として使われる一方で、ASBOだらけの無法国家がすぐそこに迫っている原因として、怖れられることにもなった」と、労働党下院議員のジョン・クルダスは言う。イギリス特権階級の偏見に満ちた人々は、じつにひとつの階級をまるごと、さらしものにしたのだ。

メディアがジェイド・グッディにしたこと

いまは亡きジェイド・グッディにとって、台本のないリアリティ番組は右も左もわからない体験だったにちがいない。彼女はバーモンジー出身の二一歳の歯科助手だった。『ビッグ・ブラザー』〔訳注：外部から隔離され、すべての部屋にカメラとマイクが取りつけられた家で、十数人の男女が三カ月間暮らす様子を放送する番組〕で共同生活を始めるまでの生活は、胃がよじれるほどのすさまじさだった。

ジェイドが一歳のとき、母親が麻薬常習者の夫を家から追い出した。ジェイドのベビーベッドの下に、銃を隠していたからだ。初めて映画の『トレインスポッティング』を見たときには、ユアン・マクレガー演じる登場人物がヘロインを打つところで吐いてしまった。「ヘロインを打っているときの彼の表情は、パパそっくりだった」と彼女は思い出して言った。母親のために、初めてジョイント［訳注：マリファナ煙草］を巻いたときのことも憶えていた。まだ四歳のころだ。やがてオートバイ事故で母親が障碍を負い、彼女が世話をしなければならなくなった。「ママは腕の自由が利かないことにすごく腹を立てて、よく私をぶつようになった」

ジェイドの父親には黒人の血が入っていたので――「だから唇がこんなに分厚いの」――彼女は学校でも近所でも、人種差別主義者にいじめられた。「ママは差別だと言って、近所の女の人たちとしょっちゅう喧嘩してた」。同じような理由から、母親はジェイドを退学させた。ジェイドは歯科助手になるまで、さまざまな店で働いたが、家賃の滞納が三〇〇〇ポンド（約四三万円）になって公営住宅から立ち退きを迫られ、税金未納で収監されそうになっていた。

だが二〇〇二年、チャンネル4のリアリティ番組『ビッグ・ブラザー』に自分のプロモーションビデオを送ったことで、彼女の生活は一変した。[*27]

近年のイギリスのメディア史に、ジェイド・グッディを追いかけまわしたことほど恥ずかしい事例はほとんどない。参加者中最年少だった彼女は、番組の閉ざされた空間から生じるプレッシャーにうまく対応できなかった。ストレスで暴飲暴食し、参加者のひとりといちゃつき、脅《おど》されて全国放送の番組で裸になった（プロデューサーは編集ハイライトでそれを大きく取り上げると約束した）。メディアは彼女を見下した。ジェイドは「豚」のレッテルを貼られ、アスパラガスを知らなかったり（なんて怖ろしい！）、「イースト・アンギュラー」［訳注：正しくは、イングランド東部の地方名のイースト・アングリア］は外国かと訊いたりしたことで、容赦なく馬鹿にされた。「豚を辞めさせろ！」と要求したサン紙は、彼女を「オインカー」〔訳注・オインクは豚の鳴き声。転じて、欲張りな人の意〕とも呼んだ。「恥さらしの自己中女」とか「エレファント・ウーマン」となじる者もいた。それがやがてヒステリックな魔女狩りになり（実際に、「魔女を追放しろ《ディッチ・ザ・ウィッチ》！」という見出しもあった）、「豚を燃やせ！」というプラカードを持った人々が、テレビ局のまえに集まった。

このヘイトの嵐をくぐり抜けられる人がいたとしたら驚きだが、ジェイドはなしとげた。その人懐こさ、かぎりない正直さ、「立派な」社会の礼儀作法にまったく関心を示さないこと、さらには苦難に満ちた生い立ちによって、徐々に何百万人もの人から慕われるようになったのだ。

しかし、有名人が出演するバージョンの『ビッグ・ブラザー』で、ジェイドがリアリティ番組の世界に戻ってくると、意地の悪い反ジェイドの第二波が生じた。

ジェイド・グッディとともに番組に加わったのは、インドの富裕層出身のボリウッド〔訳注：インド映画〕女優シルパ・シェティだった。ジェイドはあからさまに彼女を嫌い、ふたりのあいだに派手な諍《いさか》いが起きた。それは多分に誤解にもとづく口論だった。シルパはジェイドに「話し方を学ぶ」必要があると言い、ジェイドはインド人女優に「スラム街に帰れ」と言って物議をかもした。ジェイドとしては、ちっとも現実を見ていない「上流気どりで高慢なプリンセス」を責めたつもりだったが、人種差別主義者の意図的な発言ととられてしまった。

「結局、私たちはちがう階級の出身だから争ってたの」とジェイドはのちに語る。「あんたいったい何様？ネバーランドのプリンセスじゃあるまいし」と、彼女はシルパがチキン料理をトイレに流そうとしたときに言った。同じ番組に出演したモデルのダニエル・ロイドら有名人は、シェティを「犬」呼ばわりしたり、「とっとと家に帰れ」と言ったりしても、さほどメディアから非難されなかったのに、グッディがシェティを「シルパ・パパダム」［訳注：パパダムはインドの薄い焼き菓子］と呼ぶと（たしかに人種差別を思わせる愚かな発言ではあるが）、メディアがいっせいに痛烈な批判キャンペーンを開始した。[*28]

デイリー・エクスプレス紙は、彼女を「最上級のゴミ」とけなした。「豚のジェイド・グッディ」を責めたて、「インドの大女優ミス・シェティは、掃きだめの公営住宅でよく耳にするような侮辱に耐えるしかなかった……読み書きもろくにできないジェイド・グッディや不快な同類によって、われわれは世界に恥をさらしている」と嘆き、貧困層の太った醜い娘が美しい富裕層の女性を攻撃していることに激怒した。「ジェイドやその同類は、自分たちとはかけ離れた社会階級の女性がいることに脅威を感じたのだ」[*29]

©alamy/PPS 通信社
マスコミに叩かれつづけたジェイド・グッディ

サイモン・ヘッファーも、グッディが「現在法律で罰せられることのないただひとつの偏見、すなわち、社会で上位にいる人間を嫌うことに熱中している」と攻撃し、チャンネル4はなぜ、「その気になれば、最寄りの公営住宅の周辺を三〇分も歩けば簡単に見つけられる、ひどく不愉快な事物」を放送するために、わざわざ『ビッグ・ブラザー』を使わなければならないのかと疑問を呈した。[*30] リベラルなガーディアン紙のスチュアート・ジェフリーズでさえ、ふたりの諍いを「醜く太った白人のイギリス人と、冷静で威厳のあるインド人女性による」と表現し、ジェイドの聞き取りにくい英語について、テレビで得た財産を「補習教育」に使うべきだと難じた。[*31] だがそれを言えば、スチュアート・ジェフリーズがオックスフォード大学で教育を受けていたとき、ジェイドのヘロイン中毒の父親は、彼女のベビーベッドの下に銃を隠していたのだ。

BBCでは、ジャーナリストのアンドリュー・ニールがジェイドを評して、「ビッキー・ポラード［訳注：コメディ番組『リトル・ブリテン』に登場する問題行動の絶えない女子高生］の仲間」であり、テレビでうるさく騒ぐ「太ったあばずれ」のひとりだと言った。コラムニストのリチャード・リトルジョンは、彼女を「ふしだら階級の大司祭」と表現し、「イギリスの下流階級の生き証人」と呼ぶ人々もいた。視聴者が電話で参加するBBCの番組では、「あれもただのチャヴ、公営住宅には山のようにいる」と電話の主が言い、司会者が笑って、「水をかけて追い払いましょう」と応じた。*32

また、イースタン・アイ誌の元編集者ハマント・バーマは、「大っぴらな人種差別」が見られるようになったのは、「チャンネル4が、ジェイド・グッディみたいなろくに字も読めないチャヴに、長々と放送時間を割く決定をしたせいだ」と論じた。*33 ノッティンガム・イブニング・ポスト紙のあるライターは、シェティを苦しめた人物たちを「よだれを垂らして廃品をあさる、公営住宅チャヴの雑種の群れと変わらない」と表現した。*34

これらの集中砲火にさらされたのは、ジェイド・グッディだけではなかった。彼女と似たような出自のすべての人が攻撃されたのだ。イギリス社会の底辺にいる人たちが、動物同然の下等な存在とされた。戦間期のイギリスの貧困者について、文芸評論家のジョン・ケアリーは、「彼らは臭いし、汚い」と言ったが、いまの状況もまったく変わらない。ジャーナリストのフィオナ・スタージェスがのちに言ったように、「グッディはふたたびタブロイド紙に中傷され、白人労働者階級のひどい典型として祭り上げられた*35」。

ところが、二〇〇八年に彼女が末期がんと診断されると、心からの同情が世間に広がった。まるでメディアが罪滅ぼしをしようとしているかのように。ただ、それさえも一部のメディアだけだった。ジェイドの最初の診断結果が出たとき、スペクテイター誌のコラムニスト、ロッド・リドルは、「ジェイドががんになった。さて次は？　『私は腫瘍、ここから出して』か？」と題するコラムを書き、ジェイドを「がさつでのろまなバーモンジーのチャヴ」と呼んで、がんは彼女の広報担当のマックス・クリフォードのでっち上げだと主張した。

あるいは、想像できないことではないけれど、グッディの契約書には、落ち目になった時点で、命を落とす可能性のある病気になったことにするという条項が含まれていたのかもしれない。心臓発作のほうがテレビではドラマチックに映るかもしれないが、がんには確かな品質保証がある。[*36]

ジェイド・グッディが亡くなる数日前にも、社会階級の底辺の人々の代表たる彼女を、何人かのジャーナリストが非難しつづけていた。「品のないおしゃべりの彼女は、画家ウィリアム・ホガースが描いたような下層民の象徴として番組に初登場した」と、デイリー・メール紙のコラムニスト、ジャン・モワールは書いた。「まず見苦しい結婚式があり、彼女の子供の洗礼式があり、ぶざまに全速力で死へとひた走って、最後はチャヴの国葬だ[*37]」

最後の数週間をテレビカメラに撮影させるというジェイドの決定を非難したのは、モワールだけではなかった。著名ジャーナリストのジョン・ダイアモンドががんに罹《かか》り、みずからの死の記録をタイムズ紙のコラムに綴ったときには称賛されたが、彼も結局は、中流階級向けの記事を書く中流階級出身者だった。

あふれる「チャヴテインメント」

イギリスのメディアがいくらでも鈍感で残酷になれるということのほかに、ジェイド・グッディの事例が教えてくれるものは何か？　いちばんはっきりしているのは、ジェイドと同じ生い立ちの人々には、事実上何を言ってもいいということである。彼らは恰好の獲物なのだ。

階級差別のきっかけになったリアリティ番組は、『ビッグ・ブラザー』だけではない。『ワイフ・スワップ』は、出身階級のちがうふたりの妻が数週間、家族を交換するというチャンネル4の長寿番組だ。ポリー・トインビーが指摘したとおり、「階級《クラス》スワップ」と言うほうがふさわしい。片方の家族はつねに無気力で、わが子の世話もできず、偏見を抱き、煙草を吸い、ビールを浴びるほど飲むといった「機能不全の」労働者階級だ。

かつてこの番組が好きだったある視聴者は、「太った乱暴な労働者階級の人同士が、煙草を吸ったりビールを飲んだりしてすぐに罵り合い、冷笑が好きな視聴者を呼びこもうとする」と、インターネットのレビューに不満を書きこんだ。ジャーナリストのトビー・ヤングは、その番組に出演したあとで離婚した二九歳の三児の母、ベッキー・フェアハーストに同情した。「彼女はたしかに教養のない白人労働者階級の女性だが、番組制作者はあらゆる手段を尽くして、彼女を公営住宅のゴミに見せようとしていた」。ヤングは、この番組が「われわれの俗物根性に訴えるために作られている」という結論を出さざるをえなかった。「『チャヴ』として知られる都会の人種の最たる例をご覧ください、というわけだ」[*38]

ジェレミー・カイルのトークショーも似たような趣向だ。毎週昼間のエンターテインメントの素材として、社会秩序を守れない人たちが次から次へと登場する。その大多数は労働者階級の出身で、それぞれ複雑な問題を抱えた弱者が、大声をあげる観客のまえに放り出される。あるイギリスの判事は、「クマいじめ〔訳注：一八世紀ごろまで盛んだった、クマと猛犬を闘わせる見世物〕の人間版」と表現した。不倫の疑いや「本当の父親は誰だ？」といった激しい感情を引き起こす問題がシナリオに取り入れられ、視聴者に疑似体験のスリルを提供する。「下層労働者階級の人々へのあざけりを基本とする粗暴なエンターテインメント」と、ジョゼフ・ローンツリー財団［訳注：イギリスで社会政策の研究開発をおこなう慈善団体］に酷評されたのも無理はない。同財団は、番組が労働者階級を「無価値」と見なすことで、反貧困活動への支援が悪影響を受けると主張した。[*39]

当然ながら、チャヴをからかうコメディもある。コメディアンのマット・ルーカスとデイビッド・ウィリアムズが作った『リトル・ブリテン』に出てくるビッキー・ポラードの人気は絶大だった。彼女は労働者階級のグロテスクな十代のシングルマザーで、誰彼かまわずベッドをともにし、きちんとしたことばでしゃべることができず、非常に態度が悪い。ある場面では、自分の赤ん坊をボーイズバンドのＣＤ一枚と交換する。ほかの場面では、赤ん坊を家に連れて帰りなさいと言われて、「あらやだ、いいのよ。あんたにあげる。うちには、ほかにいっぱいいいるから」と答える。

われわれは、じつは労働者階級のシングルマザーに扮した私立校出身の少年ふたりを見て笑っているのだ、とヨハン・ハリは指摘する。マット・ルーカスの母校ハーバーダッシャーズ・エイスクス・スクールの年間授業料は約一万ポンド（約一四五万円）だ。「でももちろん、（コメディアンの）ジム・デビッドソンが黒人の扮装をして、黒人はみんなとろいと言ったときには、誰もが当然のごとく、なんて愚かでとんでもない発言だと反発した」とハリは言う。

たしかに、これらはすべて害のない、たんなるおふざけだという説明もできるかもしれない。だが、二〇〇六年のエディンバラ国際映画祭で、調査会社〈ユーガブ〉がおこなった世論調査によると、テレビ業界で働くたいていの人は、ビッキー・ポラードがイギリスの白人労働者階級を正確に表していると考えていた。[*40] マット・ルーカス自身も、「ぼくとデイビッドが白人の中流階級出身で、同じ世界の出身ではない労働者階級のシングルマザーをドラマに登場させていることに憤慨する」批評家たちに文句を言っている。彼の反論は、「観察が正確でおもしろければ、誰が観察しているか、どういう経歴の持ち主かは関係ないだろう?[*41]」。つまり、彼のような特権階級の人間が労働者階級の人々をからかってもかまわないということだ。なぜなら、労働者階級のシングルマザーは実際あのとおりだから。

ビッキー・ポラードが右派の階級闘争の闘士たちの想像力を刺激したとしても、不思議はない。リチャード・リトルジョンによると、「マット・ルーカスとデイビッド・ウィリアムズが生み出した、バーバリー姿のチャヴたちは、いまの世の中にあふれているおぞましい現実を完璧にとらえている」[*42]。滑稽なことに、自分のことを「白人で中年、パブリックスクールとオックスブリッジ出身の中流階級の男性という、社会でもっとも差別されている集団」のひとりだと言うジェイムズ・デリングポールは、「世の中にいるビッキー・ポラードや、ウェインや、ウェイネッタが当然の報いを受けた」ことに満足した。「だって、彼らがあれほど不快でなければ、からかう必要なんてないだろう?」。彼も、『リトル・ブリテン』が笑えるのは、真実を伝えているからだと語った。

ビッキー・ポラードが世の関心を引いたのは、現代イギリスの大きな災いのもとを、怖ろしいほど正確に具体化したからだ。つまり、不機嫌で、欲望のままに生き、ティーンエイジで酒を飲む攻撃的な女性の集団や、生活のために妊娠することを選んだジャンパースカートの母親たち、またたく間に下着を脱ぎ捨てる、顔色が悪くて太った尻軽女たち、英語も歴史もろくに知らず、情けないほど教育不可能にもかかわらず、自分たちの権利のことになると弁護士はだしの流暢《りゅうちょう》さででたらめを並べる者たちだ。

とにかく、「こうした人々は現に存在し、社会風刺にぴったりの、たとえばホガースが『ジン横丁』で描いたような、だらけた労働者階級の酔っ払いになっている」[*43]。ジェイムズ・デリングポールのような特権階級の人々にとって、労働者階級の娘たちは本当に醜く、のろまで、自堕落だから、さんざんけなしてもなんの問題もないのだった。

イギリスの労働者階級がビッキー・ポラードだらけだと思っているのは、なにも右派の評論家だけではない。BBCも同罪だ。「労働者階級とは?」というタイトルのオンラインニュースには、ビッキー・ポラードと友人たちの写真が示され、下のキャプションには、「ビッキー・ポラードは労働者階級の代表なのか?」とあった。その記事に答えはなく、読者に選択肢を残していた。[44] ロンドン・スクール・オブ・エコノミクスの研究員、デボラ・ファインディングは言う。「太ったヘビースモーカーのシングルマザー、ビッキー・ポラードを笑うことで、われわれは、ある集団への不安感と嫌悪感を表しているのです。労働者階級のシングルマザー全員に備わっていそうな性格――無気力、愚か、淫乱――を、ビッキー・ポラードという典型に投影している」[45]

テレビ番組の問題点は、意図的に労働者階級の評判を傷つけることだけではない。チャンネル4で長年続いたドラマ『シェイムレス』は、マンチェスター州の架空のチャッツワース公営住宅に暮らす、常識はずれのギャラガー一家の物語だ。父親は飲んだくれの怠け者で、ふたりの女性とのあいだに八人の子供がいる。彼らの生活は、セックス、生活保護、犯罪、ドラッグを中心に展開する。しかし、『シェイムレス』の生みの親はポール・アボットだ。「オイク」を指差して笑うことを楽しいと思うような、甘やかされた出自と偏見の持ち主ではない。彼はバーンリーで労働者階級の子供として育った自身の経験をもとにして、脚本を書いているという。番組では、子供のうちひとりが最終的に大学に進み、もうひとりは学校の優等生になる。

この連続ドラマの問題点は、登場人物がそれぞれどうしてそのような状況になったのか、また、マンチェスターの工業の衰退が、労働者階級のコミュニティにどういう影響を与えたかが少しも描かれていないことだ。階級はライフスタイルのひとつとなり、貧困は人々を縛りつけるものでも、人生のチャンスをつぶすものでもないと冗談で笑い飛ばされる。ほかの階級と接したことのない中流階級の視聴者は、『シェイムレス』を見ても、番組内のさまざまな問題の背景に大きな流れがあることをほとんど理解できないだろう。

事実、ジャーナリストのレイチェル・ジョンソンに、「下流階級」と聞いて誰を思い浮かべるかと尋ねたとき、即座に『シェイムレス』の人たちという答えが返ってきた。「あれはおもしろいわよね！　私たちの生活より楽しそうじゃない？」。なぜおもしろいのか？　「いつも盛大なパーティばっかりしてるからよ！」と彼女はマンチェスター訛りをまねて言った。

じつは、ポール・アボットのもともとの構想は、実際に撮影された番組とはちがっていた。『シェイムレス』を制作した〈カンパニー・ピクチャーズ〉の共同設立者ジョージ・フェイバーによると、アボットの最初の考えは、「おおむね自伝的で、テレビ向けの一話完結の作品にするつもりだった。だが、半分ほど書いたとき、作品の雰囲気が暗く、救いもなかったので、アボットは、これはちがうよなと思った」。そして書き直した。自分の経験を大胆に盛りこむのではなく、みんなを笑わせることを主眼にしたのだ。

「彼は当時の自分の生活を振り返り、コメディの視点から見ることができた。こうして『シェイムレス』が生まれたんだ」とフェイバーは語る。[*46] 完成した番組の危険なところは、まさに、登場人物たちの生活を、視聴者が理解するというより笑い飛ばすように作られていることだ。

なかには、混乱した中流階級の視聴者もいる。ケイト・レフォードという女性は、チャンネル4の『シェイムレス』のウェブサイトで、「この国の労働者は『シェイムレス』を見ていますか？」と尋ねた。「私はたぶん中流階級だけれど、本当の労働者階級の人たちはこれを見てどう思うのでしょう」[*47]と。学生のウェブフォーラムでも、ある投稿者が、この番組は「今日のイギリスの労働者階級を正確に表している？」と質問している。回答のひとつは単刀直入だった。「イエス。労働者《w》階級《c》の多くはクズで、酒を飲みすぎ、煙草を吸い、ものを盗み、向上心に欠ける」[48]。だが、演劇とテレビドラマが専門のロビン・ネルソン教授が労働者階級の視聴者にインタビューした際、彼らは「自分の階級を笑えと言われているようで、『シェイムレス』を見るのが不愉快だと答えた」[49]。当然だろう。

チャヴは怖いという「常識」

いまの娯楽産業は、ただチャヴのことを笑わせるだけでなく、怖れさせようとする。この点で、映画『バイオレンス・レイク』ほど極端な例はないだろう。プロットはじつに単純だ。ロンドンに住む裕福な美男美女のカップルが、ロマンティックな週末の休暇を求めて田舎に出かける。そこでふたりは、のどかなエデン湖のある住宅地にフェンスが張りめぐらされようとしているのを見る。誰をなかに入れないつもりだろうと、もっともな疑問を口にするが、やがて苛酷な体験を通して、中流階級が下流階級を怖れるべき理由を知ることになる。このカップルは、獰猛な犬を飼っている野蛮な地元の少年たちと対立し、容赦なく追いつめられ、痛めつけられるのだ。

それればかりではない。気のふれた一味のリーダーの指示にしたがって、少年たちはついに男性をナイフで切り刻んで自分たちの携帯電話で撮影し、遺体を焼く。だが、観客がおそらくいちばん嫌な気持ちになるのは、その親たち——ウェイトレス、塗装工、装飾業者など——が当たりまえのように少年たちを罵ったり殴ったりすることだ。衝撃のラストでは、カップルの女性のほうが復讐で「チャヴ」を何人か殺したのち、その親たちから拷問を受けて死ぬ。

監督のジェイムズ・ワトキンスにインタビューを申しこむと、「非常に光栄だ」という答えが返ってきたが、「ただ、『バイオレンス・レイク』について製作者の解釈を押しつけたくはない。それより、この映画にいろいろちがった反応があるほうがいい」という見解だった。

しかし、サン紙に載った映画評以外の解釈をするのはむずかしいだろう。その評論家は、ワトキンスが「労働者階級の人はみな悪党だとにおわせていて不快だ」と非難した。さらに、テレグラフ紙は、「この醜悪で思慮分別のない映画は、イギリスの一般の人々の不安と嫌悪を表現している」と結論づけた。中流階級はもはや獣じみた下流階級とは共存できない、と主張する映画だったわけだ。

このことを言い表すのに、単純労働の経験もある数少ない労働党下院議員、スティーブン・パウンドほどのことばは思いつかない。彼は次のように述べた。

教会や法曹、政界、メディアで働く中流階級のなかには、金ピカのアクセサリーをじゃらじゃらつけた柄の悪いプロレタリアートの大男が、いつか玄関ドアを蹴破って入ってきて、家事手伝いの女の子を食ってしまうのではないか、と心底怯えている人がいるのだろう。本気でそう思うよ。

デイリー・メール紙が『バイオレンス・レイク』をドキュメンタリードラマか何かのように取り上げ、「あまりにもリアルだ」と震え上がり、政治家は全員見るべきだと呼びかけたのも無理はない。タイム・アウト誌のある読者は、この映画が「生々しすぎて、下流階級に対する社会の怒りをかき立て、広げるだけだろう」とコメントした。「私自身、そして友人の多くも、無知な子供の暴力性を感じていた……この国に死刑があればよかったのにと、なんのためらいもなく思う……あったら支持する」。[*50] イギリスのように階級ごとに分断された社会で、労働者階級は異常者の集団だという映画を見せれば、中流階級の人々がそれを信じたとしても驚くにはあたらない。

スティーブン・フリアーズに、映画の労働者階級の描写は不正確だと思うかと尋ねたとき、彼は「思わないね。不正確なのはテレビドラマだろう?」と答えたが、そのテレビドラマは、さらに現実からかけ離れたものになっている。大半の人々の生活をリアルに描く——もちろんそこにドラマの要素を入れてだが——というより、煽情的で風刺的になった。一九九〇年初期にはすでに、人気ドラマ『イーストエンダーズ』の元脚本家のデイビッド・ヤロップが、「中流階級が作り、中流階級の立場から労働者階級を見ている。要するに、高慢で、理想主義的で、不誠実だ。ぞっとする連中が作るぞっとするドラマだ」と酷評していた。[*51]

そのころからドラマはどう変わったのだろうか。『イーストエンダーズ』でも『コロネーション・ストリート』でもかまわないが、それらと、商店やコールセンターや事務所で働く何百万もの人々の生活のあいだには、どのような関係があるのだろうか。たしかにどちらのドラマにも、小さな店で働く人たちが、現実世界ではありえないほど数多く出てくる。『イーストエンダーズ』のパット・ブッチャーのようなパブのオーナーや、『コロネーション・ストリート』のエミリー・ビショップのような店の経営者などだ。[*52] ふたつのドラマは、たとえば『イーストエンダーズ』のダーティ・デンの復活〔訳注:登場人物のひとりで、犯罪組織に殺されたと思われていたが、一四年後に再登場した〕のような、まったくもって馬鹿げたプロットで競い合っている。

映画監督のケン・ローチの見解では、これらのドラマは労働者階級のコミュニティを舞台にしているものの——

登場人物が一風変わっていて、少々下品で、粗野で、可笑しいというふうに、上からの目線で描かれている。『コロネーション・ストリート』の本来の意図ではないと思うけれど、そこには労働者階級の滑稽な態度や仲たがいや恋愛を、なんというか、彼らの「特性」ととらえる中流階級の物差しのようなものが感じられる。ちょうど、『真夏の夜の夢』で、無作法な職人たちを見下している登場人物がつねにいるようにね。

労働者階級はテレビで適切に表現されているとは言いがたい。しかし、富裕層が選ぶチャンネルはほかにも山のようにある。『ブリテンズ・ドリーム・ホームズ』や『アイ・オウン・ブリテンズ・ベスト・ホーム』で、メリッサ・ポーターとロドリ・オーウェンが地方の大邸宅をじっくり眺め歩くのを見てもいいし、『カントリー・ハウス・レスキュー』でリフォームされる豪邸や、『ア・プレイス・イン・ザ・サン』で、イギリスの金持ちがアマンダ・ラムに案内されてギリシアやクレタ島で買い物をしまくるツアーを見てもいい。『リロケーション、リロケーション』や『プロパティ・ラダー』といった住宅番組は掃いて捨てるほどある。そこでは「洗練」が何よりも大切だ。イートン校出身のシェフ、ヒュー・ファーンリー＝ウィッティングストールがオーガニックのごちそうを手早く作ったり、バレンティン・ワーナーやトマシーナ・マイヤーズがパブリックスクール的な魅力をふりまいたり、貴族のカースティ・オールソップが凡人には手の届かない夢のような邸宅を紹介したりするのを見て楽しむのだ。

われわれが見るテレビは、ライフスタイルや、欲望を満たすものや、裕福になり力を手にする唯一の機会を売りこむ宣伝文句であふれている。どれもみな、人生は出世がすべてであり、大きな家や車を買い、南国のプライベートな楽園で暮らすことだと説いて、視聴者に「向上心」を見直せとうながす。そういう番組を見ると、ふつうの人でも自分はまだ不甲斐ないと感じるだろうが、その種の夢に向かって必死に努力しない人は、「向上心がない」、もっとあからさまに言えば、落伍者と見なされるのだ。

労働者階級の人々の希望や不安、彼らの生活環境、コミュニティ、生計の立て方は、テレビでは見向きもされない。労働者階級が登場するのは、たいてい裕福なプロデューサーやコメディアンが彼らを戯画に仕立てるときであり、それを今度は中流階級のジャーナリストが政治目的に利用する。

チャヴ・ヘイトは音楽にまで取り入れられた。ビートルズを皮切りに、かつては労働者階級のバンドがロックシーンを支配し、とくにインディーズでは、ザ・ストーン・ローゼズ、ザ・スミス、ハッピー・マンデーズ、ザ・ヴァーヴなどが活躍した。しかし、一九九〇年代中盤のオアシスの絶頂期以来、目立った労働者階級のバンドを挙げるのはむずかしい。いまでは、コールドプレイやキーンといった中流階級のバンドが業界をリードしている。

「音楽業界では、中流階級の価値観への顕著な移行が見られた」とロックバンド、レベラーズのメインボーカル、マーク・チャドウィックは言う。「労働者階級のバンドは、すごく少なくなった」。その代わりに、労働者階級をからかってまねる中流階級のバンドが大量に現れた。デーモン・アルバーンやリリー・アレンの「モックニー」［訳注：ロンドン訛りのコックニーをまねた話し方］スタイルなどがそれだ。

カイザー・チーフスは、クラブで酔っ払って口ずさむのにぴったりなインディーズの讃歌をいくつも生み出して有名になったが、その歌詞を注意深く聞くと、純然たる階級嫌悪だとわかる。たとえば、「アイ・プレディクト・ア・ライオット（暴動の予感）」の場合、「タクシーに乗ろうとすると／ジャージ姿の男に攻撃された／おれが先に見つけたんだと／血を見ないと気がすまない／女たちは裸で探しまわる／コンドームを買う小銭を借りるため／チップスの油がないと凍え死ぬ／あいつらはかなり馬鹿」。最後の数節は、みっともなくて身持ちの悪い典型的なチャヴ娘のイメージだ。

労働者階級の人々があざけりや非難や嫌悪の対象になる、二一世紀初めのイギリスのエンターテインメントの世界へようこそ！

イギリスのサッカーとチャヴ

サッチャリズムのもとで広がった労働者階級に対する軽蔑は、「ヒルズボロの悲劇」で頂点に達した。今日のサッカーにも、過去三〇年で人々の態度が激変したことを示す手がかりがいくつか残されている。イギリス労働者階級が昔から熱意を注いできたスポーツの変遷を見れば、チャヴ・ヘイトの文化的な影響がよく理解できるだろう。かつての「すばらしいスポーツ」は、いまや同じものとは思えないほど姿を変えた。

イギリスのおもだったクラブは、はるか昔の発足時――たとえば、マンチェスター・ユナイテッドは鉄道員たちが創設したクラブだ――から転換を図ってきたものの、労働者階級のコミュニティに深く根差し、選手はたいてい地元のクラブから抜擢された少年たちだった。いまのプレミアリーグが甘やかされた富豪の集まりになっているのに対し、二〇世紀の大半において、「サッカー選手の多くは、土曜に試合を見にくる観衆より生活水準が低かった」と元選手スチュアート・イムラックの息子が書いている。一九五〇年代の初期には、シーズン中の選手の給料は最高でも週にわずか一四ポンド（約二〇〇〇円）と、平均的な肉体労働者の給料と変わらず、運よくそれだけ稼げる選手は五人に一人だった。彼らはクラブが所有する労働者用の賃貸住宅で暮らし、いつ退去させられても文句は言えなかった。一九五五年の労働組合会議で、あるサッカー選手が、「プロサッカー選手の雇用状況は奴隷制に近い」と不満をもらしたのも無理はない。*53

だがその後、サッカーは一方の極端からもう一方の極端に振れた。一九八〇年代は自由市場経済の冷たい風が吹きこむこともほぼなかったが、九〇年代になるとそれは意趣返しのように吹き荒れた。一九九二年、ファーストディビジョンの二二のクラブが独立して、プレミアリーグを立ち上げた。これによって、リーグのほかのクラブと収入を分け合う契約条件から解放された。新しい営業方針のひとつは、スタジアムから労働者階級を締め出すことだった。*Blueprint for the Future of Football*（サッカーの未来のための青写真）という文書のなかで、イングランドサッカー協会は、サッカーが「裕福な中流階級の観客」の興味を引かなければならないと論じた。[*54] ヒルズボロの悲劇のあと、古い立見席が取り壊され、安い立見のチケットはなくなった。一九九〇年から二〇〇八年にかけて、サッカーの観戦チケットの平均価格は六倍になったが、それはほかの物価の上昇率の七倍だった。[*55] もはや多くの労働者にとって手の出せない値段になったことを、業界の一部の大物は知っていただけでなく、称賛した。元イングランド代表監督のテリー・ベナブルスは、次のように語った。

上流気どりと思われたくないし、自分が労働者階級の出身であることも忘れたくないが、入場料の値上げによって、イギリスのサッカーに悪い印象を与える人々は排除できるだろう。とくにサッカー場、鉄道列車、海峡を渡るフェリー、そしてイングランドやヨーロッパのさまざまな町を恐怖に陥れた、大半が労働者階級の若者たちだ。[*56]

労働者階級への敵視が、チケットの値上げと、それによって彼らを締め出すことの正当化に利用されたのだ。同時に、サッカーは莫大な利益を稼ぐビッグビジネスになった。一九九〇年代初め、ルパート・マードックのメディア〈BスカイB〉は、新しいFAカーリング・プレミアシップの独占放映権に三億五〇〇〇万ポンド（約四四〇〇億円）を支払う契約を結んだ。さらに、一九九七年には四年延長の契約に署名、契約金は六億七〇〇〇万ポンド（約九七〇〇億円）だった。[*57] 無数の労働者階級の人々が、経済的にスタジアムから締め出されただけでなく、スカイの受信機に大金を払わなければ試合を見ることすらできなくなったのだ。

しかも、莫大な金が動くスポーツになったことで、サッカーチームは地域のコミュニティから切り離された。

主要チームで活躍する選手はみな、巨額の移籍金ではるか彼方から呼び寄せられる。クラブはアメリカの乗っ取り屋やロシアの新興財閥の玩具になった。選手たちも週に一六万ポンド（約二三〇〇万円）稼ぐようになり、労働者階級のルーツとは完全に訣別した。労働党下院議員のスティーブン・パウンドは、労働者階級の偶像が失われたことを嘆く。「フランク・ランパードやデイビッド・ベッカムといった労働者階級のヒーローが、まず何をすると思う？　労働者階級のいる地域からチェシャー州やサリー州に引っ越すんだ。ロールモデルたちも、自分の階級を信頼していないということだ」

これは究極の侮辱である。長く労働者階級のアイデンティティの中心にあったスポーツが、億万長者のよそ者が支配する中流階級の消耗品になってしまった。労働者階級のファン全員を、愚かな暴力に熱中する攻撃的なフーリガンと見なすことで、彼らを排除する口実ができたのだ。

サッカーは労働者階級の文化のなかでも儲かると認識され、そのせいで彼らから取り上げられ、新しい商品にされた。今日のイギリス労働者階級の生活において、価値があるか称賛されるべきものは何ひとつ存在しない。「『労働者階級』ということばは、もはや『尊敬すべき《リスペクタブル》』という単語と結びつけられなくなった。ほぼ完全に、侮辱の意味が巧妙にこめられたことばになってしまったからだ」と、ジャーナリストのデボラ・オールは書いた。「このことばには保守的で退行的な、最悪の意味合いがある」[*58]

不平等社会を正当化する人々

ここまで見てきたチャヴ・バッシングは、どれも単独では理解できないものばかりだ。それらはみな労働者階級に関連するすべてのことに対する攻撃の要であり、サッチャリズムが始めてニュー・レイバーが定着させたものなのだ。「文化は政治を反映すると思う」とケン・ローチは言う。「サッチャー政権の時代に大きな移行があった……あれは金まみれの時代、ナンバーワンに気を配る時代だった。あらゆる種類の宝飾品、赤いサスペンダーをつけたシティの銀行家たち——資本崇拝の時代だった」。イギリス労働者階級の制圧は、避けられない文化的結果だった。「そのあと労働組合が弱体化し、労働者階級の文化は衰退して、称賛されなくなった——だが、もとはと言えば、政治的な動きから始まったんだ」とローチは言う。

かつて、労働者階級の文化における偉大なヒーローは、ジョアン・リトルウッドだった（左派の舞台演出家）。彼女がストラトフォード・イーストで上演した劇は、これまで制作されたなかでも指折りのひとつだろう。独創的で、アナーキーで、ユーモアと人間味があり、可笑しくて、騒々しい。それでいて、政治のなかで労働者階級に大きな自信を与える。サッチャー政権のあとでは、ああいうものは想像することもできない。

いまでは、あらゆることが中流階級の基準で判断されなければならない。われわれはみな、中流階級をめざすべきだからだ。したがって、労働者階級は「向上心のない」怠け者、だらしない人間、人種差別主義者、大酒飲み、悪党などからなる、無益な残りかすとして表現された。

これは悲劇であり、不条理でもある。いまの社会はまえより平等でなくなり、近年、貧困者はさらに貧しくなって、底辺にいる人々への憎悪は確実に増した。チャヴ・ヘイトは、不平等な社会を正当化するひとつの手段だ。

裕福な人々が、なんの苦労もなく成功と富を手に入れたとしたら？

貧しい人々が、やむをえない障害が重なったためにそうなったのだとしたら？

こうした視点を受け入れてしまうと、裕福な少数の人々の自信がぐらついてしまう。政府も自分たちの特権を減らすような対策を立てざるを得なくなり、都合が悪い。そうではなく、不運な人々は、生来愚鈍で人種差別主義者で無礼だと思いこむことができれば、底辺にいても当然だ、となる。チャヴ・ヘイトは、社会の序列の維持を正当化する。その基礎にあるのは、「序列が人の価値を正確に反映している」というフィクションだ。

チャヴ・ヘイトは、二一世紀に合わせてイメージチェンジした昔ながらの上流気どり《スノッバリー》とも言える。新しい潮流であるチャヴ・ヘイトにも、たしかに上流気どりが含まれている。たとえば、労働者階級のティーンエイジャーで流行っている、スポーツウェアに金ピカのアクセサリーというファッションを馬鹿にする態度を見てみればいい。出自によって服装が決まることはよくある。オックスフォード大学の弁論部〈オックスフォード・ユニオン〉のバーに行くと、蝶ネクタイにツイードのジャケットといった、いかにもパブリックスクール出の集団を見かける。もしかすると、手にパイプを持った変わり者もいるかもしれない。スポーツウェアを着たほうを馬鹿だと思う人もいれば、ツイードのほうをそう思う人もいる。しかし、それがどうした？　どうだっていいことではないか。

だが、チャヴ・ヘイトは上流気どりをはるかに超える意味を持つ。そう、これは「階級闘争」なのだ。誰もが中流階級になり、中流階級の価値観や生活習慣を身につけるべきだ、そうしない者は馬鹿にされ、嫌われるという信念の表れである。イギリスの労働者階級にとって価値のあるものはとにかく認めず、新聞やテレビ、フェイスブック、ふだんの会話でも組織的にこきおろす。労働者階級の敵視とは、そういうことだ。

チャヴ・ヘイトから生まれたさまざまな嘲笑は、ほかの結果ももたらした。イギリスにもはや階級は存在しないというばかばかしい政治的見解とあいまって、チャヴ現象は、いま労働者階級であることがどういうことなのかをわかりにくくしている。イギリス社会は裕福な中流階級と、衰退していく労働者階級の残りかすに分かれているという偽りのイメージで、今日のイギリスの本当の階級がぼやけてしまっているのだ。このイメージを喜んで作り上げたのは、圧倒的に中流階級が多い政界やメディアの支配層だ。サッチャー政権の改革で労働者階級が劇的に変わったことは言うまでもない。

そこで次章では、「二一世紀のイギリスで労働者階級とは何なのか」を問うてみたい。

5

「いまやわれわれはみな中流階級」

イギリスで階級は重要ではないと言うのは、フランスでワインは重要ではないとか、サウジアラビアで男か女かが重要ではないと言うようなものだ。

ニック・コーエン

労働者階級はもう存在しない？　トニー・ブレアはまちがいなくそう思っている。かつて彼の上級顧問だったマシュー・テイラーは、まだ労働党党首だったころのブレアが、あるシンクタンクのイベントで誇らしげに「われわれはみな中流階級だ」と宣言したことを憶えている。

一部の新聞は、いまも同意しているようだ。デイリー・テレグラフ紙は「われわれはみな中流階級だよ、ダーリン」と見出しでくり返した。タイムズ紙も「社会の障壁が崩れ、いまやわれわれはみな中流階級になった」と書いた。デイリー・メール紙はさらにくわしい。「現在、イギリスにはおもに三つの階級があると言えるかもしれない。怖ろしいほど疎外されている下流階級、サッチャー革命によって解き放たれた自信あふれる新たな中流階級……そして、ちっぽけでますます力を失っている上流階級だ」[*1]

チャヴという戯画が現れたことによって、現代の労働者階級の実態はわかりにくくなった。「ミドル・イングランド」という一見心地よいイメージが売りこまれる一方で、昔の労働者階級はまるで見込みのないチャヴという残りかすになり果てた。

昔なら、「労働者階級とはどういう人々か」という問いに答えるのは簡単だった。歴史家デイビッド・キナストンは、戦後のイギリスに関する著書 *Austerity Britain*（緊縮財政のイギリス）の執筆中、一九五〇年代を象徴する三大職業を決めるのに何も悩むことはなかった。「とくに順序はつけずに、炭鉱労働者、港湾労働者、自動車工場の労働者だった」。しかし、歴代政府による破壊的な経済政策もあって、炭鉱は閉鎖され、港湾は廃棄され、自動車工場の多くは空っぽになった。こうしたイギリス労働者階級の柱石が崩れ去って、政治家や評論家は、「われわれは本当にみな中流階級だ」と主張しやすくなったのだ。

長期にわたってじわじわと進んだ工業労働者階級の衰退は、サッチャー政権のもとで始まったが、政権とともに終わることはなかった。ガーディアン紙の経済担当編集者ラリー・エリオットが、イギリス工業の三大淘汰期を挙げている——一九八〇年代初め、一九九〇年代初め、そして現在の不景気だ。「いずれもバブルの崩壊とマクロ経済の失敗によって起きた。一九八〇年代の最初の淘汰のあとには、イギリスの工業は効率がよくなり健全化すると言われていた。その後、一九九〇年代初めにまた淘汰が起きると、イギリスの工業は世界に立ち向かう準備ができたと言われた——そしてまた淘汰が起きた」

一九九七年にニュー・レイバーが圧勝して政権を握ったとき、製造業は国の経済の五分の一以上を占めていた。ところが、二〇〇七年にトニー・ブレアが政権から退いたときには、それがわずか一二パーセントにまで落ちこんでいた。一九七九年には工場で働く人の数が七〇〇〇万人近かったのに対し、今日では二五〇〇万人あまりだ。

責任の多くは、シティのペテン師に惑わされた政府の政策にある。「労働党は、金融業界やシティにあったにわか景気の幻想を信じこんだ」とエリオットは言う。前保守党政権と同じく、ニュー・レイバーが割高な為替レートを維持したため、イギリス製品は海外でまったく競争力がなくなった。「旧来の産業基盤に貢献するとは口先だけで、そのじつ何も支援しなかったから、製造部門にとってははるかに悪い状況になった」

一〇人のうち四人近くがいまだに肉体労働に従事してはいるものの、工業労働者が年々減少していることは否定できない。そのうえ「情報経済」がこれだけ語られ、国内で鉱山よりポピュラー音楽業界で働く人のほうが多くなると、工業の衰退はさらに誇張して語られやすくなる。

すでに追いつめられていた産業部門は、二〇〇八年の大不況でさらに打撃を受けた。経済危機は欲深い銀行員たちが引き起こしたかもしれないが、代償を支払ったのは製造業だった。危機の最初の年、製造業では、金融業やビジネスサービス業の二倍を超える職が失われた。国の経済全体にシティが占める割合は二〇〇五年以来増えており、現在はそもそも崩壊の原因を作った部門にいっそう依存している状態にある。元シティのエコノミスト、グレアム・ターナーが言うように、「金融引き締め政策の驚くべき結果」だった。

階級の「混乱」現象

だが、奇妙に見えるかもしれないが、製造業が着実に干上がってきているというのに、イギリス国民は、自分は労働者階級だと頑《かたく》なに言いつづけている。マシュー・テイラーは、ブレアが「われわれはみな中流階級」演説をしたときの反応を思い出す。「興味深いことに、自分を労働者階級だというイギリス人は、一九五〇年よりいまのほうが増えているという指摘があった」

世論調査によると、人口の半数以上は相変わらず自分は労働者階級だと言っている。一九四九年に実施されたある調査では、四三パーセントだった。[*2] 当時は炭鉱労働者がまだ一〇〇万人いて、多くの人が肉体労働に従事し、配給制度が本格導入されていたにもかかわらずだ。むしろ脱工業化のこの時代に、なぜ多くの人が、正直に自分を労働者階級と見なすのだろうか。

アイデンティティの危機が進行している、そう考えていいだろう。億万長者の実業家モハメド・アルファイドはかつて、自分は労働者階級だと言った。私は、六桁以上の給料を稼ぐ株式仲介人がとぼけてこう言うのも聞いたことがある。「ぼくは働いている、だろう？　だから労働者階級だよ」

世論調査の内容を見ると、社会経済の最上層部に、自分を労働者階級と見なす人たちがいることがわかる。同じように最下層にも、自分を中流階級と考える人たちがいる。これは興味深い。明らかに労働者階級に見える私の幼なじみに、その分類に賛成するかと訊いたときも、彼はむっとして、「収入面ではそうかもしれないけど、教育とかの面では中流階級だ」と答えた。彼は労働者階級の特徴は「貧しい」こと、中流階級の特徴は「教養がある」ことと感じていたようだ。

労働者階級にまつわるすべてへの中傷は、人々の態度に確実に影響を与えた。二〇一〇年の総選挙の運動期間中、ガーディアン紙の記者サイモン・ハッテンストーンが、一九八一年に退職したバス運転手に対して、所属する階級を尋ねた。現役時代には週五〇ポンド（約七〇〇〇円）の収入を得ていた元運転手は、少し考えてから、「中流階級」と答えた。理由は？　「ひどく金に困っているわけでもないから。貧乏だったら、労働者階級だと言うだろうね。それに生活のために懸命に働いてるし」。労働者階級であることを破産状態と結びつけているのだ。ハッテンストーンが指摘するように、「労働者階級ということばを軽蔑語ととらえるようになったのは、政治家だけではないということだ[*3]」。

このように、階級の概念がすっかり混乱しているなかで、労働者階級であるということは、つまり何を意味するのだろうか。この問いをニュー・レイバーの元閣内大臣ジェイムズ・パーネルにぶつけてみると、答えの大部分は「文化的アイデンティティ」、「共通する過去と居場所の感覚」になるだろうという返事だった。パーネルは、北部のステイリーブリッジとハイドという労働者階級が多く住む選挙区の代表だったが、彼の説明によると、みんなが自分たちを労働者階級だと考えるのは、「『コロネーション・ストリート』のような住宅地」で暮らしていて、「そのコミュニティで育ち、ともに何かをし、同じ場所にいたことからさまざまな共通の理解が生まれているから」だ。

私自身も、パーネルの元選挙区からほんの数キロのストックポートで育った。たしかに、そこが居場所という感覚や、共通のコミュニティ、共通の価値観は、多くの人にとって労働者階級のアイデンティティの主要部分を占めていた。そこでは誰もが互いにかかわり合って育った。家族や友人が寄り集まってパブでサッカーを見たり、ほかにもいろいろなことをいっしょにした。みな自分や家族が一生をすごすコミュニティに根づいていた。若い世代は育った家からほんの数区画先に住むことが多く、金曜の夜には子供のころから知っている友人たちと町にくり出した。

しかし、この「根づいている」という感覚が、産業の没落の影響もあって、だんだん失われてきた。労働者階級のコミュニティは、ひとつの工場や、鉄鋼業や、炭鉱を中心に成り立っていた。ほとんどの男が同じ場所で働き、往々にしてその父親も、祖父もそこで似たような仕事をしていた。それなのに産業が消え、彼らが支えていたコミュニティはバラバラになった。パーネルが言ったように、労働者階級はもはや「同じ時間に家を出て、だいたい同じ工場で働き、だいたい同じような人間とつき合う男たちの集まり」ではなくなったのだ。

収入で階級をはかりたくなる誘惑はつねにある。年収一万四〇〇〇ポンド（約二〇〇万円）の人を「労働者階級」、年収六万ポンド（約八七〇万円）の人を「中流階級」と分類することもできるだろう。だが、中小企業の経営者は、年収数千ポンド（何十万円）でもビジネスで得た利益で生活できるかもしれないし、高給を得る熟練労働者なら、店舗経営者の二倍くらい稼ぐかもしれない。

前述したように、保守党とニュー・レイバーがほとんど宗教的な熱情で「持ち家政策」を進めたことも、労働者階級の存続をさらに厳しくした。サッチャリズムがこれを階級意識打破の方策と考えていたのはまちがいない。サッチャーの右腕だったキース・ジョゼフは、政策の目的を「ビクトリア時代に大いに進んだブルジョワ化を、ふたたび推し進めること」と表現した。[*4]

家の所有は、労働者階級の住宅所有者も含めて、明らかに個人主義を促進した。「誰もが自分のためだけに」という感覚が広がったと言っていい。だが、実際には何百万もの人々が、法外な市場価格より安く手頃な賃料を支払う代わりに家を買ったために、自分の財力以上の借金を強いられたのだ。

公営住宅にしか住んだことがない〈ディフェンド・カウンシル・ハウジング〉前会長、故アラン・ウォルターは、労働者階級の住宅所有者について次のように語った。「いま彼らは、住宅ローンを払えなくなるのではないかと震え上がっている。毎晩、家を差し押さえられる悪夢にうなされる人の数が大問題になっている」。労働者階級には、高額な住宅ローンを支払うことで生活水準がかえって下がった人たちもいる。現に、困窮者の半数以上は家を所有している。*5 下から一〇パーセントの層には、その上ふたつの層のどちらよりも多くの住宅所有者がいるのだ。

知ってのとおり、金融引き締め政策下でそれほど多くの人に財力以上の借金を負わせれば、経済の起爆剤になる。いずれにせよ、住宅価格の高騰で手が出せなくなる人が増えたことで、持ち家比率は二〇〇二年から二〇〇三年の七一パーセントをピークとして、六年後には六八パーセントに下がるという逆転現象が起きた。

スーパーのレジ係の労働条件

労働者階級を定義づけるものが、コミュニティでも、収入でも、生活環境でもないとすれば、では何があるのだろう。ニール・キノックは労働党の劇的な右傾化の基礎を作ったかもしれないが、カール・マルクスの定義を受け入れることになんの抵抗もない。「昔からそうだが、私は幅広い定義を採用したいね。労働力を売る以外に生計を立てる手段がない人々、それが労働者階級だ」

明快な定義である。労働者階級を、他人のために働く人すべてを包含《ほうがん》することばとしたのだ。たしかに、バーミンガムのスーパーマーケット店員メアリー・リンチに、自分はどの階級だと思うかと尋ねたときも、まちがいなく労働者階級で、「いつも生活のために働いていると感じる」と答えた。労働力を売るしかない人は、「労働者階級」が意味するもの、つまり、どうにか生きていくために他人の下で働く人々を理解するための出発点ではある。

とはいえ、それはあくまで出発点だ。ケンブリッジ大学の指導教官が、スーパーマーケットのレジ係と同じ分類ということがありうるだろうか。ここで追加すべき重要な条件は、労働力を売るだけでなく、その労働に関して自立性や支配性があるかどうかだ。大学教授も小売業の店員も、生活のために働かなければならないが、日々の活動において教授が多大な権限を持っているのに対し、店の手伝いに権限はない。教授にもしたがうべき職務規程は数多くあるが、仕事のうえで創造性や能力を発揮する余地は充分にある。一方、店員は決められた職務の幅が非常に狭く、変わりばえもせず、具体的な指示どおりに動かなければならない。

統計を見ると、労働者階級は人口の過半数を占めていることがわかる。いまも八〇〇万人以上が肉体労働に従事していて、さらに八〇〇万人が店員や秘書、営業アシスタント、その他の個人サービスや顧客サービス業についている。これだけでも労働力の過半数だが、教師、看護師などの医療関係者、電車の運転士といった「専門職」に分類される人々を入れればもっと増える。

収入は決め手にならないものの、職業と、得られる収入には相関がある。イギリスの世帯の平均年収はわずか二万一〇〇〇ポンド（約三〇〇万円）だ。これが中央値だから、人口の半数はそれ以下の収入ということだ。これこそ本物の「ミドル・ブリテン」、メディアに登場する評論家や政治家が作り出したまやかしの「ミドル・イングランド」とは異なる。後者は実際には、裕福な有権者を指している。

ほとんどの人は他人のために働き、自分の労働に対する支配力を欠いている。とはいっても、その多くは昔のように工場や炭鉱であくせく働いているわけではない。過去三〇年で、新しいサービス業の労働者階級が劇的に増加した。どの仕事も清潔で肉体的につらくはない。だが、たいてい地位は低く、不安定で給料も少ない。公共民間従業者組合（ＰＣＳ）委員長のマーク・サーウォッカは言う。「いまわれわれのいる世界と、うちの組合員を見るかぎり、労働者階級の仕事は変わってきている。私の子供のころのような炭鉱労働者はいないし、大規模な鉄鋼業もないのは明らかだ。けれど、新しい産業においても労働者階級は、昔以上とは言わないまでも、同じくらい搾取されていると思う」

ニューカッスルのスーパーマーケットで働く五五歳のメアリー・カニンガムは、旧来の工業労働者階級の子供だ。父親は、炭鉱が閉鎖されるまでそこで働いていた。彼女は、死期が近い母親の介護のために、Ｏレベル〔訳注：高校進学のための中学卒業資格〕課程の途中で退学した。もとより学校はあまり好きではなかった。最初に仕事を得たのは、のちに倒産する〈ウールワース〉で、「キーを叩くタイプの古いレジ」の係だった。一九七一年に十進法が導入され、従来のポンド、シリング、ペンスが入れ替わったときにも、そこで働いていたのを憶えている。

メアリーは、現代イギリスの労働者階級の抱える難題を象徴している。彼女のようなスーパーマーケットの働き手が、新しい労働者階級のおもな構成者であり、〈チャヴタウンズ〉のようなウェブサイトで「チャヴ」とあざけられているのだ。小売業は国内で二番目に就労者が多く、イギリスの店舗で働く労働者の数は三〇〇万人弱。これは労働者一〇人に一人以上の割合で、一九八〇年と比較して三倍に増えている。

昔は店で働くのはおもに中流階級の女性で、家柄のいい人の専門職と見られていたが、状況は一変した。かつての工業中心地では、工場で働いていた人々、あるいはチャンスがあれば働いたであろう人々を、スーパーマーケットがすべて取りこんだ。「いまは、スーパーマーケットが最大の雇用者でしょうね。工場とか工業全般に取って代わったの」とメアリーは言う。鉄鋼業で働いていた男たちと同様に、「工場で働いていた男の人たちも、いまは小売業に来てレジ係をするようになった。ほかに仕事らしい仕事がないから……うちの店にも、いまよりいい仕事につける能力の持ち主がいるけど、就職できるだけでありがたいと言ってる」

メアリーのように、店で働く労働者の過半数、というより三分の二近くは女性だ。「明らかに主婦が多いわ。学校に子供を迎えにいくのに合わせて働いている若いお母さんもいて、多くはシングルマザー」。市場が拡大するにつれて、小売業も変わった。「ここ数年は、悪化して厳しくなったように感じる。私が働きはじめたころは、店員がお客さんと話す時間がちょっとはあって、お客さんを知ることができた。そうして多少仲よくなるから、常連さんもできた。でもいまは、仕事は次々と来るし、ノルマもあるし……一時間でたくさんのお客さんをさばかないといけない」。小売業も自動化が進み、昔の工場の大量生産と似てきている。

メアリーのようなスーパーマーケットの労働者は、横暴なマネジャーの下で苦労することも多い。メアリーと数名の同僚も、やむなくある女性マネジャーについて苦情を申したてた。「いっしょに働いていると、お客さんがいるまえでカウンターをばしんと叩いて、どうしてまだできないの！　とか言うの。だから大人の女性客のなかには、彼女に近づこうとしない人もいて……それに、みんなが彼女の部署から離れたり、辞めていったりするものだから、再訓練の費用がよけいにかかる」

いじめはマネジャーだけの特技ではない。店舗労働者の労働組合ＵＳＤＡＷによると、毎日五〇万人にのぼる店員が、顧客からの罵りに耐えている。ある調査で、小売業の労働者の五分の一近くが、同額かそれより少し少ない給料であれば転職する気がある、と答えたのも当然だろう。[*6]　ＵＳＤＡＷの調査では、店舗労働者の平均離職率は六二パーセントだという。

そして、給与の問題がある。メアリーのスーパーマーケットのレジ係の時給は、たったの六・一二ポンド（約八九〇円）だ。昼食代は支給されない。これでもかなり標準的な額で、小売業の労働者の半数は一時間に七ポンド（約一〇〇〇円）も稼いでいない。ただでさえ安い給与と悪条件に加えて、いつどんな攻撃があるかもわからない。二〇〇七年に始まった金融危機から二年以内に、四人に一人の販売員の給与が削減された。三分の一近くは勤務時間を減らされ、五分の一以上が福利厚生制度を利用できなくなった。*7

コールセンターのオペレーター、その過酷な労働

店舗労働者だからたいへんなのだと思うなら、コールセンターのオペレーターを見てみよう。現在一〇〇万人近くがコールセンターで働いており、その数は年々増えている。比較のために昔の例をあげると、一九四〇年代の最盛期の炭鉱労働者の数が一〇〇万人だった。炭鉱労働者が戦後イギリスの象徴的な職業のひとつだったとすると、今日のコールセンターのオペレーターは、まぎれもなく労働者階級の象徴だろう。

「コールセンターは、非常に管理の厳しい職場環境だ」とＰＣＳでコールセンター従業員の組合加入を主導している労働組合員、ジョン・マキナリーは言う。「ヘッドフォンをつけた人が着席するデスクが何列も並び、室内には大勢の人がいるが、みな隔離されている。おしゃべりや、体験を話し合うことは禁じられている……部屋のなかに入った瞬間から、その人の動きはコンピューターに管理される」。職場での自立性の欠如ここに極まれり、である。

マキナリーが関与したコールセンターでは、たとえばブリストルかグラスゴーのオペレーターが、たった一五分だけ早退するにも、シェフィールドの本社にかけ合って許可をもらわなければならなかった。「一九世紀末の工場などで見られた状況に似てきている」

大げさ？　であれば、トイレに行きたいオペレーターは挙手しなければならないコールセンターの存在をど

う見るか。そこでは、コンピューターが離席の時間と期間を記録するので、まったく融通は利かない。従業員はつねに記録、監視され、高いストレスレベルで働いている。

コールセンターで働く多数のオペレーターが、「職場のすべてに人間味がない」とマキナリーに訴えた。「人がまるでロボットのように扱われる。何もかも機械に制御されている」と。それらのオペレーターの職務内容は、同じ台本を何度もくり返し読むことだ。〈ロイヤル・カレッジ・オブ・スピーチ・アンド・ランゲージ・セラピスト〉によると、声が出なくなって、言語療法士の診察を勧められるコールセンター従業員が増えているらしい。理由は、長時間労働で水を飲むこともままならないせいだ。

コールセンターの疾病率が全国平均の二倍近くあるのも、この過酷な環境が一因だ。もうひとつの原因は、職場での深刻な疎外感である。マキナリーが北部イングランドでかかわったコールセンターでは、疾病率が三〇パーセントに近づいていた。「労働意欲が落ちているしるしだ」と彼は言うが、それは年間離職率が全従業員数の約四分の一ということからも明らかだった。さらに、コールセンターは、ほかの新しい労働者階級と同様、給与も低い。研修中の場合には年間一万二五〇〇ポンド（約一八〇万円）、優秀なオペレーターでも、平均で一万六〇〇〇ポンド（約二三〇万円）しかない。

二八歳のカール・リーシュマンは、ダラム州のコールセンターで八年間働いている。そのうち七年間は銀行のコールセンターだったが、現在は電話会社だ。仕事は過酷な二四時間シフト制で、三日出勤したあと、三日休日になる。「生まれたときには中流階級だったと思う」と彼は幼少期を振り返る。「でも、いまは労働者階級に落ちたと言わざるをえない。受け取る収入を見ればはっきりしてる。ぞっとするけどね……」

まえの職場では、厳しい目標を達成しなければならなかった。労働時間のうち四パーセントは、トイレや飲み物休憩のために最初から除外されていた。「月末ごとに評価を受ける。それで、働いていない時間が四パーセントを超えると評価が下がって、最終的にはボーナスと昇給に影響が出る」。カールは、それほど頻繁にトイレに行く必要はなかった。「でもほかの人たち、とくに妊娠中の女性は、達成するのが本当にたいへんそうだった」

研修についても、現在の職場は「悲惨なくらい不充分だ」とカールは言う。とくに、悪態をつく顧客の対応には訓練が必要だ。彼によると、それが毎日のようにあるらしい。だが、たとえ顧客が怒鳴ったり、攻撃的なことを言ったりしても、オペレーターのほうからは電話を切らないのが会社の方針だ。「お客さんに投げられたことばのせいで泣いている人を、同じフロアでしょっちゅう見かけるよ」とカールは言う。健康に影響が出かねない仕事なのだ。「信じられないくらい喉が渇くんだ。知り合いのなかにも、仕事ができないほど喉を痛めてしまった人がいる。よくいっしょに働いてた女性は、声が完全に枯れて、本当に辞めてしまった」

彼が働くうえで身に染みて感じるのは、自由裁量の余地がないことだ。「一列に並ぶんだけど、あれは正直言って嫌いだ。やっていることに自由度がなくて、養鶏場そっくりだと思うときもある。これはこうして、あれはああして対処する。そうする決まりだから。ボックスの外のことは考えなくていい……自力で考える必要はほとんどないんだ」。カールが、「いちばん満足感を覚えるのは、電話を切っているわずかな時間だ」と語るのも驚きではない。「でもそれと、お客さんにしっかりサービスを提供することのバランスをとるのは、不可能に近いときがある」。いまいる会社は、休憩室にテレビのほか、無料の紅茶やコーヒーを置いているが、カールが仕事でふだん感じている疎外感を相殺できるものではとうていない。

カールの年収は、わずか一万四四〇〇ポンド（約二一〇万円）だ。保守党政府が付加価値税の引き上げを発表したときには、限界を感じて両親のもとに戻らざるをえなかった。彼は給与があまりに少ないと思っている。「あれだけ苦労するんだから、ぜったい少なすぎるね！　お客さんの罵倒や長時間労働に耐えなきゃならない、つらい仕事なのに、給料はとてもじゃないけど労働に見合わない額だ」

人間性をむしばむ非正規雇用

メアリーもカールも、大勢のパートタイマーや臨時スタッフといっしょに働いている。歴代の政権が「柔軟な」労働力の創出にてこ入れした結果、そういう労働者の数は過去三〇年で急増した。雇用する側は、たしかにそれで、より安い労働力を簡単かつ気ままに調達、あるいは解雇できるようになったが、安定した正社員の仕事はそのぶん確実に減ってきた。イギリスにはいま、一五〇万人のゼロ時間契約の労働者がいる。「ゼロ時間契約」だから、一時間前の通告で雇用や解雇ができ、同じ仕事をしても給与は安く、有給休暇や解雇手当ももらえない。

サービス産業では派遣業が急成長しているが、二〇〇九年初めにオックスフォード近郊の自動車工場で起きた出来事は、非正規労働者の増加で社会がこれからどこへ向かうのかを示した。そのとき、八五〇人の非正規労働者（その多くは工場で長年働いていた）が、わずか一時間前の通知でBMWから解雇されたのだ。BMWにとって派遣労働者の解雇は、解雇手当の必要がないから、当然もっとも安上がりな選択肢だ。派遣労働者には、この災難から身を守るすべはなかった。彼らは、高圧的なマネジャーにリンゴやオレンジを投げつけて訴えた。「こんなにひどい目に遭うなんて。使い捨てられたような気分です」とそのうちのひとりは語った。[*8]

不安定な仕事と理不尽な雇用条件に苦しめられているのは、派遣やゼロ時間契約の労働者だけではない。ともに働く同僚も、はるかに安い給料で雇える人々との競争を余儀なくされている。結果として、全員の給料が引き下げられる。これを、給与と雇用条件の「底辺への競争」という。

まるでビクトリア時代に逆行しているように思えるかもしれないが、企業が経済危機を自分たちに都合よく用いれば、何百万人もの労働者たちの将来は、本当にそうなるかもしれない。実際、大手雇用主の代表組織〈英国産業連盟（ＣＢＩ）〉は、*The Shape of Business: The Next Ten Years*（ビジネスの形——来たる一〇年）という文書で、労働市場の崩壊はビジネス新時代の触媒だと主張し、労働力のさらなる「柔軟性」を要求した。企業は正社員の数を中枢のみにもっと縮小し、変動する「柔軟な労働力《フレキシフォース》」を増やすという構想だ。これによって、さらに多くの非正規労働者が基本的な権利や労働条件を剝奪され、事前通知などないも同然に解雇される可能性が生じる。[*9] 二〇一〇年のある調査によると、現に企業の九〇パーセント近くが、少なくともゼロ時間契約の労働者の使用を是認している。[*10]

新しい労働者階級のもうひとつの顕著な特徴としては、パートタイマーの増加がある。イギリスでは、労働力の四分の一以上がパートタイマーで、欧州のなかでもかなり比率が高い。金融危機のときに解雇された正社員が、生計を立てるためにしかたなくパートタイムの仕事についたので、その比率は急上昇し、失業率は下がった。たとえば、二〇〇九年一二月に発表された統計によると、金融危機にもかかわらず、就労者の数は増えはじめている。だが、五万件の新しい仕事の大部分はパートタイムだった。インディペンデント紙はこれを、「非正規労働へのゆるやかな移行が認められる」と報じた。ランカスター大学のシンクタンク〈ワーク・ファウンデーション〉の副所長、イアン・ブリンクリーによると、「正規雇用は、製造業と建設業の雇用の減少にともなって、いまだ減少の一途をたどっている」[*11]。

雇用と解雇が簡単なサービス業の台頭について、著名な保守党下院議員デイビッド・デイビスと議論したことがある。そのとき彼は懐疑的で、なだめるように言った。「きみの話を信じる現実的な理由がないな。たとえば、セインズベリーで働くことが、フォードで働くより不安定とは言えないだろう。むしろ、多くの点で逆だ。（サービス業は）成長企業だからね。したがって、雇用と解雇が簡単という考えは、正直なところ、オールド・レイバーの思いこみに近い説明だと思う。毎日五〇〇キロのものを持ち上げなければならない仕事だけがいい仕事という考えは、まったく馬鹿げている」

だが、事実は彼のことばと矛盾する――イギリスでは日ごとに、雇用も解雇も簡単な労働力が増えつづけているのだ。

新しい仕事の多くは、まえの仕事より不安定なだけでなく、多くの場合、賃金も安くなる。二〇〇八年の統計によると、サービス業全体の労働者の半分は、年収が二万ポンド（約二九〇万円）に達しない。一方、製造業の年収の中央値は二万四三四三ポンド（約三五三万円）で、二五パーセント近く高かった。

高収入の製造業の仕事が、待遇の悪いサービス業にどんなふうに置き換えられているのかを示す例がある。ロングブリッジの自動車メーカー〈MGローバー〉が二〇〇五年に倒産した際、六三〇〇人が路頭に迷った。新しい仕事についたローバーの元労働者の年収の中央値は一万八七二八ポンド（約二七〇万円）で、ローバーで得ていた二万四〇〇〇ポンド（約三四八万円）より二〇パーセントも少なかった。運よく製造業に残れたのは全体の三〇パーセントほどで、その収入はだいたい同程度だったが、サービス業に移った六〇パーセントの収入はかなり少なくなった。[*12]

産業の没落の被害を受けたほかの地域、たとえば炭鉱のあった町などでも、同じことが起きている。「新しい仕事のほうが、坑道におりて働くより明らかに清潔だ」とノッティンガムシャー州の元炭鉱労働者、エイドリアン・ギルフォイルは言う。「でも、賃金は安いよ。昔は石炭を掘ることでボーナスだのなんだのをもらって、本当にいい金になった。いまは週に二〇〇ポンド（約三万円）稼げればいいほうだ。最近の生活費を考えると、いい給料じゃない」

シンクタンク〈新経済財団（ＮＥＦ）〉のエイリス・ローラーは、熟練労働の消滅が「中流階級の欠落」を生んでいると言った。「比較的収入の多い製造業の仕事が、サービス業の低収入の仕事に置き換えられて、労働市場の二極化が進んでいます」。これを「砂時計」経済と呼ぶ論者もいる。片方の端には高収入の仕事があり、もう片方では低収入で低技能の仕事がどんどん増えているというのだ。その反面、中間レベルの職業は縮小している。

美容師は、にわかに人気が出た低収入のサービス業の一例だ。同時に、イギリスでもっとも給料の低い仕事のひとつで、女性美容師の年収の中央値は一万二〇〇〇ポンド（約一七〇万円）に満たない。[*13] それでも今日、イギリスには美容師が一七万人以上いる。[*14] ほかに急速に拡大している低収入の仕事には、データ入力、警備員、受付係、介護士、清掃員などがある。時代がちがえば、比較的収入の高い中間レベルの仕事ができたはずの労働者であっても、彼らにはこうした低収入の仕事しか提示されない。

「製造業がなくなっただけではない。ロンドンにあった一二五万件の製造業の仕事は、いまやたったの二〇万件になり、これはおもに高級印刷業だ」と、元ロンドン市長のケン・リビングストンは言う。「公益事業には、本当に高収入の仕事がたっぷりあった。けれど民営化によって、これもすべてなくなってしまった。こうして、労働者階級の人たちの仕事の選択肢は極端に少なくなった」

労働組合のいま

かつての工業労働者階級の特徴として、彼らのために闘う強力な労働組合があった。一九七〇年代後半には、全労働者の半分が労働組合員だった。今日でも、労働組合は国内最大の社会市民団体だが、組合員数は一九七九年の一三〇〇万人から急激に減少して、いまでは七〇〇万人を少し超える程度になっている。とくに公共部門の労働者の過半数が組合に加入しているのに対し、民間部門はたった一五パーセントしか加入しておらず、減少はさらに著しい。新しいサービス部門の仕事は、多かれ少なかれ組合のない業種である。

サッチャーがくり返し労働組合を攻撃したことも、その弱体化に大きな役割を果たしている。労働党の元閣内大臣トニー・ベンは、法律が「一〇〇年前より労働組合の権利を制限している」と指摘する。その立法化に関して言えば、イギリスは国際労働機関（ＩＬＯ）加盟国の義務に違反している。職場で組合を作るのがむずかしくなっただけでなく、組合が組合員の代表として闘うことも妨げられているのだ。

例をあげよう。二〇一〇年、ブリティッシュ・エアウェイズは、客室乗務員との長期にわたる議論の末、労働組合ユナイトを訴えた。これに対して、七八パーセントの投票率で一〇人中八人の従業員がストライキ突入に賛成したにもかかわらず、裁判所はストライキの実施を差し止めた。理由は、九二八二票のうち一一票が無効だったことを、ユニオンが文書で通知していなかったからだった。

製造業の労働組合は「組合化が始まった時代」だったから強かったのだ、と労使関係の専門家グレガー・ゴール教授が指摘している。それは正しい。「組合がいまより大きく、労働者の権利が強い時代だった。社会政策と法律ははるかに進歩的で、雇用者の力はそれほど強くなかった」。しかし、サッチャリズムが解き放った過当競争の個人主義は、労働組合の核にあった協調精神も徐々にむしばんだ。

また、労働組合の側も、サービス業の職場に根をおろすのはむずかしかった。「課題は山積みです」と、ユナイトで全国の飲食料・接客業を担当する職員、ジェニー・フォーンビーは言う。

ホテルやレストラン、パブで労働組合を組織するのは、何千人、何万人もいるからむずかしい。どうすれば、すべての職場を取りこむ集中的な活動ができます？　離職率はとても高く、とくにホテルでは、英語が第一言語ではない移民労働者も多いから、組織的な運動を維持するのはいっそう困難になります。同じように移民労働者が多数を占める職場でも、たとえば牛肉や鶏肉の加工場などで工場労働者を組織するのはずっと楽です。近年、そうした職場の組織化では、実際に大成功を収めてきました。それに対して、イギリスのホテルで働く、ほとんど目立たない無数の労働力を組織するのは容易ではありません。

フォーンビーによると、ユナイトが主導しておこなった、雇用者がチップを労働者の賃金に含めるのを阻止する運動は、非常にうまくいったという。ふつう労働組合は、「労働者が感じる脅威」という問題に直面する。つまり労働者は、どんな組合活動だろうと、参加して声をあげれば雇用主に何をされるかわからないと怖れる。実際、このチップ運動でも、一部の人たちは無条件の解雇を含めた懲罰をちらつかされた。「われわれの組合員は、彼らのすばらしいサービスに対して顧客が支払った報酬を奪われていた。一方、企業のほうは、重労働で低賃金のレストラン従業員から小銭をくすねて何百万ポンド（何億円）も稼いでいた。だから、法律が変わって収益に多大な影響が出るのを怖れていました」とフォーンビーは言う。「チップ運動は組合員が勝利を収めましたが、あれは、どちらかというと労働者の組織化というより、政府に働きかけて法律を改正することができたという、ロビー活動の勝利だったというのが実状です」

メアリー・カニンガムのスーパーマーケットでは、労働組合に存在感があるのが自慢だ。彼女が組合代表になったとき、組合員はわずか五一人だったが、いまは四〇〇人に達している。メアリーの組織的な活動の賜物だ。ただ、彼女自身が言うとおり、ここは例外である。一九九六年以降、小売業の労働組合員の割合が一二パーセントに届いたことはない。それでも、サービス業全体の基準で言えば非常に高い割合なのだ。

転職のせいだ、とメアリーは言う。「現状維持のために新規加入してもらうようなものよ。数カ月のうちに三〇人が組合員になったとしても、そのころにはほかの人が辞めているから。人はつねにいなくなる……成功しているときには、勧誘もやりやすいの。『メアリーが動いたから、あの人は仕事を取り戻せた』と言えるときには、みんな前向きに考えて、じゃあ加入しましょうということになるから」

メアリーも、組合を弾圧する経営者の話には事欠かない。「長年続いている大企業で、組合に入りたい従業員が一〇〇人いて、そのうちのふたりの女性と会社の外で打ち合わせをしたの。ふたりは組合の加入申込書を一〇〇枚持って帰って、そのほとんどが記入された。ところが、それを知った会社は、社内で申込書に記入した者や、申込書を持っている者を見つけたら、懲戒処分にすると言った」

三〇年にわたる弾圧の結果、労働組合はもはや職場の文化の一部ではなくなったのだ。とくに、サービス業では顕著だ。「最近では、労働組合がどういうものか知らない人も多いの」とメアリーは言う。「本当に悲しいことよ」

ジョン・マキナリーは、労働組合PCSで、コールセンターの従業員を組織化するという果敢な活動の先頭に立ってきた。コールセンターでは、昔ながらの工場と同じように、大勢の労働者がひとところに集まっている。その点では有利だ。だが逆に障害もある。とくにむずかしいのは、勤務上の厳格な管理体制だ。「一室か、せいぜい二、三の部屋に四〇〇人がいて、毎日顔を合わせるのに、しゃべることはない」。ちょうどビクトリア時代の工場労働者が織機に釘づけになっていたように、オペレーターたちもデスクから離れられない。ただし、大きなちがいがひとつある。ビクトリア時代の労働者はそれでも織機越しに大声で話せたが、コールセンターでは一日じゅうヘッドフォンを装着しているので、コミュニケーションがまったくとれないのだ。「労働者のあいだに人間らしい交流があった工場とちがって、ここでは労働者が生産設備のように扱われている」

運輸労働者の組合である〈鉄道海員運輸労働者全国組合〉のように、組合員を守ろうとしてきたところもわずかだがある。しかし現実には、労働組合は減少しつづけており、サービス業にいたってはほとんど存在しない。とくに深刻なのは、もっとも労働組合が必要な人々を代表する組織が、もっとも少ないことだ。二〇〇八年の労働力調査によると、時給七ポンド（約一〇〇〇円）未満の労働者のうち、労働組合に入っている人は一五パーセントに満たない。時給一五ポンド（約二二〇〇円）から二〇ポンド（約二九〇〇円）の労働者の場合には、四〇パーセントを超えているのにだ。

弱体化の原因は、労働組合人気の衰えではない。組合支援団体〈ユニオンズ21〉がおこなった調査によると、組合未加入の労働者のおよそ半数は、労働組合に将来性があると考えている。将来性がないと回答したのは、三一パーセントだった。女性が組合費を気にしてあまり加入しないのに対し、男性が敬遠するいちばんの理由は、組合が何も成果をあげていないと感じていることだった。労働組合会議の組織委員カール・ローパーによると、労働組合は民間部門で充分な勧誘活動をしてこなかった。「組合側には、民間の労働者にアプローチする方法が見えていないようだ[*15]」

平均以下の収入の労働者を労働組合が取りこみ損ねていることは、結果的に、低給与や劣悪な雇用条件を彼らに押しつけている。それだけではない。労働者階級の人々の集団アイデンティティを弱らせ、彼らの声を奪い、何百万もの人々を実質的に見えなくしている。その層の関心事や要望を伝える手段がなくなったことで、政治家もジャーナリストも、簡単に彼らを無視できるようになった。さらには、生活を改善したければ個々人が努力するしかない、よって低収入の仕事をしている人は本人にその責任がある、という考えを定着させることにもつながった。

労働組合の弱体化はまた、好景気でも労働者の給料が上がらない大きな要因にもなっている。分け前を勝ち取る組織的な力が欠けているために、何百万という労働者がヨーロッパでも最長クラスの勤務時間であげた収益は、ほとんど上司たちのものになっている。また、下からの圧力がないということは、労働者の権利がひとつずつ着実に奪われていくことでもある。

すでに不況になるまえでさえ、イギリス労働者階級の給与は足踏み状態だった。たとえば二〇〇五年、企業の利益は史上最高を記録したにもかかわらず、労働者の一週間の収入は〇・五パーセントほど減った。下半分の層の収入は二〇〇四年から横ばいが続き、下三分の一についてはむしろ下がった。[*16] さらに、二〇〇八年の世界金融危機のあとは、賃金凍結が標準となり、強欲な金持ちの銀行員が招いた危機のつけを、労働者が支払わされることになった。

低収入世帯の九四〇万人にとって、厳しい時代に当てにできるものは何もなかった。収入が下がったのは労働党政権下だったから、なおさら衝撃が大きかった。厳しく非難された、一九六〇年代の労働党の時代と比較してみてほしい。そのときでさえ、下から一〇パーセントの最貧層の実質所得は、残りの層が一六パーセントの上昇だったのに対し、二九パーセントも上がったのだ。[*17]

ニュー・レイバー支持者で元閣内大臣のヘイゼル・ブリアーズも、労働者階級の暮らしが厳しくなっていることは認めている。政府は、苦境の労働者を助けすぎると国の「競争力が失われ」、国民が失業してしまうことを怖れるあまり、「無理を通そうとした」とブリアーズは言う。「政治ではいつもそうだけれど、バランスをとるということなの。それがうまくいくこともあるし、状況が悪化することもある」

とはいえ、彼女はニュー・レイバー政権の最後の数年については、次のように認めた。

労働者階級の多くの人にとって、日々の生活はむずかしくなる一方だった。勤務時間が短くなったり、賃金が下がったりして、これまで楽しんでいたこと——たとえば、週に一度家族で外食する、映画を見にいく、休暇で旅行する——がなかなかできなくなった。生活の質という面では、世帯によってはただ仕事をして寝るだけで、なんの楽しみもなくなったと思う。

生産性が着実に向上してきたにもかかわらず、労働者の給料が上がらない現実は、あまりにも不公平だ。昔は生産性の向上が、昇給と結びついていた。しかし、二一世紀のイギリスでは、賃金の年間上昇率は生産性の二分の一だ。サッチャリズムの破壊行為のあと、経済全体に給与が占める割合は劇的に減った。一九七三年には、国の富の三分の二近くが給与に充てられていたが、今日では半分を少し超える程度である。

もちろん、労働者の給与が上がらない理由は、サッチャリズムのせいだけではない。そこにはグローバリゼーションも影響している。中国、インド、そして旧ソビエト圏が世界市場経済に参入すると、西欧の企業は急に、何億人もの新しい労働者にアクセスできるようになった。それは労働力を増やしただけでなく、賃金の低下も招いた。世界貿易機関（WTO）が国際的な規制緩和を進めたこともあって、企業が発展途上国の低賃金に頼れるようになったからだ。これで労働者の交渉力はがた落ちになった。西欧の労働者が低賃金や悪条件を受け入れないというのなら、企業は第三世界に場所を移せばいいだけだ。

さらに、上がらない給与と低賃金のサービス業が、それ自体、経済危機をもたらす一因になった。消費力を維持するために、労働者が借金を始めたからだ。一九八〇年には、収入に対する負債の割合は四五パーセントだったが、一九九七年にはその比率が倍になり、二〇〇七年の金融引き締め直前には、驚くべきことに一五七・四パーセントに達した。[*18] 国民の購買力が低下すると、消費財はクレジットで買われるようになった。二〇〇〇年から二〇〇七年にかけて、イギリスの消費者は、クレジットカードや銀行ローンで、収入を五五〇億ポンド（約八兆円）も上まわる金額を使った。[*19] この家計に占める負債の大幅な増加は、イギリスにクレジット・ブームによる好景気が訪れた一因となったものの、そのバブルは必然的にはじけた。

「収入が実質的に増えず、むしろ減っていることに気づいたとしたら、不足分を補って世間におくれをとらないひとつの方法は、さらに借金をすることだ」と、慈善団体〈クレジット・アクション〉理事で負債の専門家でもあるクリス・タップは言う。それこそまさに、何百万という人々がやったことだった。実質賃金の伸び悩みで生じた不足分を補うために、収入以上の借金をする。無謀な消費主義の影響も受けて、消費者はクレジットで優雅な休暇旅行や、テレビ、iPhoneなどに散財した。なぜか？　タップが言うように、「これが必要だ、これがなければ乗り遅れる、これを手に入れれば価値ある人間になれる、と社会が呼びかける」からだ。

「そして、手軽なクレジットがそれを可能にしてくれる」

労働者と誇り

サービス業の仕事の多くは、低収入であるばかりか、以前にあった製造業の仕事より著しく社会的地位が低い。炭鉱や工場で働いていた人たちは、自分の仕事に本物の誇りを抱いていた。炭鉱労働者は国のエネルギー需要を満たし、工場労働者は社会に必要なものの製造に喜んで技術と労力を投じていた。地域社会も、彼らの仕事を高く評価していた。もちろん、スーパーマーケットやコールセンターの労働者のなかにも、仕事に熱心に取り組んで、すばらしい顧客サービスを提供している誠実な人は大勢いる。だが、その仕事に昔と同じ誇りや威信がともなわないのは事実だ。

「一九七〇年代の製造業にもいろいろ問題はあったけれど、労働者は熟練の技術を持っていた」と政治歴史家ロス・マッキビンは言う。「彼らは高い収入を得ていたし、ほとんどが労働組合に所属して、非常に誇り高く働いていた。いまは、その誇りがなくなっているのだと思う。いわゆる工業労働者階級の職務上の誇りは、昔ほどではなくなり、誇りを持とうという努力もしなくなった」

ある調査では、中程度の収入がある労働者の一〇人に四人が、自分の仕事は父親世代より地位が低くなったと感じていた。一方、地位が高くなったと感じていたのは二九パーセントにすぎなかった。無理もない。統計学者が「下位中流階級」に分類する、たとえば事務員や管理者、監督者といった人々は、一世代前の熟練労働者階級だったころと比べて、たいてい収入の水準が下がっている。[*20]

要するに、多くの非製造業の地位が低いのは、はなはだ不公平だということだ。原因のひとつは、社会的には有用だが低収入の仕事を、われわれが嫌うようになったことにある。これは個人の社会的地位が優秀さで決まるという、メリトクラシーの新しい信仰の副産物だが、問題は、「優秀さ」の定義だ。

二〇〇九年にシンクタンク〈新経済財団〉が、職業ごとの社会的地位を比較した調査報告をしている。一般的に病院の清掃員は最低賃金なのだが、NEFは、彼らが衛生基準を維持していることや、広範な層の健康に貢献していることを考慮して、賃金一ポンドあたり一〇ポンド以上の社会的価値を創出していると見なした。

ゴミのリサイクル業者も同様だ。彼らは無駄を減らしてリサイクルを促進するほか、品物の再利用、二酸化炭素排出量削減といったさまざまな機能を果たしているから、NEFの基準では、賃金一ポンドあたり一二ポンドの社会的価値を生んでいる。一方、同じ基準をシティの銀行員に当てはめ、シティの経済活動による損害も考慮すると、彼らの賃金一ポンドあたり七ポンドの社会的価値が失われていた。広告会社の重役に至っては、彼らの口座に振りこまれる一ポンドあたり一一ポンドの損害だ。[*21] 現代イギリスでは、社会への貢献が莫大でも低収入で地位の低い仕事しか得られない、という事態が生じている。

この職業的な地位の低下は、製造業の消滅によって、労働者の生活の質や自己評価が下がったことのひとつの表れだろう。そしてもうひとつ、新しいサービス業の仕事が、昔の製造業のようにコミュニティの感覚を育まなかったこともある。「コミュニティを基盤としたこの種の強力な労働者階級の文化は、たしかに著しく衰退した」と社会学者ジョン・ゴールドソープは語る。自身が育った炭鉱町を訪ねたとき、彼はなにか感じるものがあったようだ。「昔は鉱業特有の文化があった。誰もが炭鉱について知っていて、パブやクラブでは鉱業が話題になり、そのような職業文化とコミュニティが共有されていた」。これに対してサービス業は、製造業が育てた一体感やコミュニティを再現できなかった。

「社会はますます細分化された」と考えているのは、労働党の元閣内大臣クレア・ショートだ。「私が育った通りでは、子供たちがみないっしょに遊んで、大人たちのいる家に出入りしていました。ほぼ全員が顔見知りで、それぞれの職業も知っていて、助け合っていました……女性はあまり就職しなかったので、家にはいつも人がいてね。いまとは文化がまったくちがっていた。私から見れば、変化の過程で多くのものが消えてしまいました。悪くなったこともある。コミュニティの感覚や帰属意識は、大幅に失われてしまった」

仕事と生活のバランスも崩れた。たとえば、イギリスでは一〇人中四人が土曜も仕事に費やしているが、これはどのEU加盟国より多い。また、一三パーセントは眠い目で夜勤の仕事についているが、これもほとんどのヨーロッパ諸国より高い割合だ。就業時間が不規則なことに加え、ヨーロッパのどの国より長い時間、職場に缶詰めにもなっている。就業時間の減少傾向は、一九八〇年代にぴたりと止まって以降、逆方向に転じた。二〇〇七年には、フルタイム社員の週平均労働時間は、前年の四〇・七時間から四一・四時間になった。EUでそれ以上働いているのは、ルーマニアとブルガリアの労働者だけだ。*22

恥ずべきことに、イギリスは交渉の末、週の労働時間を最大四八時間としたEU労働時間指令の適用除外を認められた。これで理屈のうえでは、労働者が同意すればそれ以上働くことができる。ただ、労働組合会議が実施した調査によると、労働者の三人に一人は、そもそも自分にそういう選択肢があることを知らず、定期的に就業時間が四八時間を超える労働者の三分の二は、問答無用で働かされていた。イギリスの約五人に一人が、定期的にEU指令の上限四八時間を超えて働くという驚くべき状況になっているのだ。[23]

さらにひどい搾取の証拠もある。二〇〇九年には、五〇〇万人以上の労働者が、一週間あたり平均七時間を超えるサービス残業をしていることがわかった。その傾向はさらに強まっている。それほど多数の労働者が無給で働けば、雇用者にとっては莫大な価値になる。労働組合会議によると、企業はそれにより二七四億ポンド（約四兆円）（労働者ひとりあたり五四〇二ポンド（約七八万円））もの利益を得ていた。[24] 次回、会社が病気休暇のコストについて文句を言ったときに思い出す価値のある数字だ。ちなみに英国産業連盟の報告では、病気休暇による損失はその半分にも満たない。

では、代わりにリラックスする時間をもらっているかというと、それすらない。イギリス人労働者の休暇は、年平均二四・六日。EU平均より少なく、スウェーデンの三三日と比べるとずいぶん見劣りする。[25] ストレスが風土病になるのも当然だ。メンタルヘルス慈善団体〈マインド〉が調査した労働者の五分の一は、ストレスが「どうしようもない」レベルに達して病休を願い出た経験があった。

公務員も本当は苦しい

ここまで、とくにサービス部門の労働者が近年ますます苦境に陥っていることを見てきたが、五人に一人が該当する、公共部門で働く人々についてはどうなのだろう。

右派のジャーナリストも政治家も、公務員は給料をもらいすぎなのに仕事はろくにせず、税金でのうのうと暮らしている、という考えを盛んに広めてきた。政府が銀行業界を救済して、シティからの税収の激減に悩まされると、公共部門の「猛烈な」コスト削減を実施するという政治的コンセンサスが作られた。イギリスに六〇〇万いる公務員の生活の現実は、一顧だにされなかった。

「何十年もさかのぼれば、ホワイトカラーの労働者が適当に楽な仕事をして、労働条件も給料もいいというイメージがあったのかもしれない」と労働組合委員長のマーク・サーウォッカは言う。「この単純なイメージを、全政党がわざと前面に押し出したのだと思う。第一に、公務員への攻撃を正当化するために。そして第二に、そのイメージを広めて社会に分断を作り出すために。『ほら、彼らは何もしない官僚だ。クビにしよう。何も社会の役に立っていないイカサマ連中なんだから』というふうにね」。サーウォッカによれば、この「公務員の敵視は……彼らが発表した大規模リストラへの反対を完全に抑えこむための意図的な政治戦略だった」。

二〇〇四年に、当時の財務大臣ゴードン・ブラウンが、テレビの生番組で一〇万人の公務員を解雇したのは苦々しい思い出だ。労働組合は事前に相談すらされていなかった。サーウォッカいわく、「二〇〇五年の選挙戦で（保守党元党首）マイケル・ハワードが、山高帽に黒スーツの上級公務員を厚紙で五〇〇体作って並べたが［訳注：公務員の雇用凍結を訴えるキャンペーン］、あれと同じ話だ」。二〇一〇年の総選挙後に政権についた保守党は、ただちにこのイメージの普及に取り組み、一七二名の公務員が首相より高い給料をもらっているという話を、あたかもその人たちが公共部門全体の話であるかのようにしつこくくり返した。

サービス業と同じく、公共部門は、多くの労働者階級コミュニティで産業が消滅したあとの穴を部分的に埋めた。ニュー・レイバー政権時に、八五万近くの公共部門の仕事が新たに生み出され、二〇一〇年五月に保守党連立政権が削減を発表するまで、約六〇〇万人の公務員がいた。そしてこれもサービス業と同じく、女性が大多数を占めていた。経済学教授のプレム・シッカによると、一九九〇年代後半から、公共サービスの新規採用者は一〇人中八人が女性だった。イングランド北東部のような古い工業中心地では、女性のおよそ半数が公共部門で働いている。

じつは、公務員がなんらかの意味で「甘やかされている」という考えは、でたらめだ。公共部門でも、四分の一近くの労働者は、時給が七ポンド（約一〇〇〇円）に届かない。「われわれの組合にも、年収一万五〇〇〇ポンド（約二一〇万円）以下の公務員が一〇万人在籍している」とマーク・サーウォッカは言う。「公共部門には、この国の平均を下まわる賃金の組合員も八万人いる。彼らには虎の子の年金があるとよく言われるが、全公務員の年金受給額は、平均六二〇〇ポンド（約九〇万円）だ。頂点にいる高級官僚を除けば、年平均四〇〇〇ポンド（約五八万円）になる」

さらに、公務員も全体で年間一億二〇〇〇万時間のサービス残業をしていることを考慮すべきだ。ブリストル大学の市場・公共団体センターの研究者によると、それは六万人の追加雇用に相当する。四人に一人の公務員が、年間およそ九〇億ポンド（約一兆三〇〇〇億円）分のサービス残業をしている計算だ。民間では六人に一人の割合だから、甘やかされているどころか酷使されている。公務員は、国内でも搾取がもっとも激しい低賃金の層に入っているのだ。

にもかかわらず、リストラの矛先は彼らに向かった。民間の強欲がもたらした金融危機が、皮肉にも公共支出の危機にすり替えられた。もちろん、政治家がナイフを研ぐとき、苦しむのは国家公務員だけではない。人口を収入で五つに分けた最下層の人々の収入は、半分以上が国の援助による。最下層よりひとつ上の層でも収入の三分の一以上、中間層でも一七パーセントは政府からの援助である。大勢の労働者が、タックス・クレジットや住宅手当［訳注：収入が一定以下の場合、何らかの家賃補助がある］、児童手当などで国から収入をつぎ足してもらって、ようやく生計を立てているが、それらの多くがまさに削減されようとしている。[*26]

富裕層はやりたい放題

いまも残っているサッチャリズムの大きな遺産は、労働者階級が長きにわたって階級闘争の敗北者になっていることだ。「たしかに階級闘争はある」と、アメリカの億万長者の投資家、ウォーレン・バフェットが数年前に言った。「だが、闘争を仕掛けたのは私の階級、つまり富裕層で、われわれは勝利しつつある」

ここ数年、われわれは、イギリス企業がみずからの社員を犠牲にして巨万の富を築くのを見てきた。世紀の変わり目に、企業経営者たちは労働者の平均賃金の四七倍の給料を得ていたが、二〇〇八年には、それが九四倍になった。[*27] 企業によっては、この差が途方もなく広がっている。たとえばバート・ベクト。痛み止めのニューロフェンから住宅用洗剤のシリットバングまで、あらゆるものを製造している〈レキットベンキーザー〉社の最高経営責任者（CEO）だ。幸運なベクト氏は、社の従業員一三七四人の合計に匹敵する収入を得ている。あるいは、〈テスコ〉社のCEOテリー・リーヒー。彼は、レジ係や在庫補充係の九〇〇倍の報酬を懐に収めている。[*28]

一九三〇年代以来最大の金融危機によって、主要なビジネスパーソンは反省を余儀なくされたと思うかもしれないが、それも長くは続かなかった。二〇〇八年一〇月、企業の役員報酬は、たった一年で五五パーセントも上昇し、FTSE100〔訳注：ロンドン証券取引所に上場する時価総額上位一〇〇銘柄〕のCEOの平均収入は、平均的な労働者の二〇〇倍だったことがわかった。それでもなお、彼らは賃金凍結や人員の大量解雇を進め、二〇一〇年にサンデー・タイムズ紙が発表した年間長者番付「リッチリスト」では、イギリスで最富裕の一〇〇〇人の資産総額が三〇パーセントも増加したことが判明した。これは、「リッチリスト」史上最高の上昇率だった。

コールセンター従業員のカール・リーシュマンは、金融危機の最中にまえの会社で解雇されたことを思い出す。「危機が始まったときには、銀行でけっこういいポジションにいたんだけど、あの危機のせいで、余剰人員にされた。でも正式に退職した次の日に、その銀行が八三億ポンド（約一兆二〇〇〇億円）の利益を発表してね。胸がちょっと痛んだよ。『ちなみに、きみは無職になったが、われわれは今年八三億ポンドの利益をあげたよ』ってね。つまり、そういうことだ。数人の馬鹿のせいでみんなが苦しんだのに、そいつらはいまだに、何百万ポンド（何億円）も給料をもらっている」

頂点の一パーセントが国のパイ全体の二三パーセントを平らげるというのは、あまりにも極端な富の配分だ。その一方、人口の下半分は、たったの六パーセントでやりくりしなければならない。しかもまぎらわしいことに、下半分の「富」の大部分は住宅ローンやクレジットの負債なのだ。頂点の一パーセントは、支払い義務のない純粋な富を蓄えている。

この「トリクルアップ」の経済モデルが生まれたのは、頂点にいる人々が特別な才能を持っていたり、社会の役に立ったりしたからではない。その多くは、労働組合の破壊と、簡単に雇って解雇できる労働力、富裕層に有利なように作られた税制によってもたらされた。保守系の新聞、デイリー・テレグラフ紙の副編集長で右派のジェレミー・ワーナーでさえ、これはおかしいと感じている。「資本主義が生み出せる膨大な利益を、少数のエリートがすべてつかんで、自分たちだけのものにしているようだ」[*29]

「現在の税制はまぎれもなく逆累進だ」と、公認会計士リチャード・マーフィーは言う。つまるところわれわれは、頂上の一〇パーセントが底辺の一〇パーセントより税の負担率が少ない国で暮らしている。マーフィーは、その理由をいくつか指摘する。貧しい人ほど収入が付加価値税などの間接税にまわること、国民保険の負担率が年収約四万ポンド（約五八〇万円）で上限に達すること、年収七万（約一〇〇〇万円）から一〇万ポンド（約一五〇〇万円）の人は課税最低限に加えて五〇〇〇ポンド（約七二万円）の税金控除を申告できることなどだ。

「国民が大金持ちになるのはいっこうにかまわない――彼らが税金を支払うかぎり」とニュー・レイバーの指導者ピーター・マンデルソンは言った。実際には、裕福なビジネスマンや企業は税金逃れに必死だ。マーフィーの試算では、脱税による財務省の損失は年間七〇〇億ポンド（約一〇兆円）にのぼり、生活保護の不正受給額の七〇倍以上だ。経済エリートは弁護士と税理士の軍団を雇い入れ、一ペニー（約一円）も支払うまいと抜け穴を利用し、金額をごまかす技術を磨いた。

「とくに中流階級や富裕層は、あからさまに多額の所得を振り分けている」とマーフィーは言う。「親族のあいだで所得を移動させて租税を転嫁することが、大規模な税金逃れの常套手段になった。自営業者も、有限責任会社を通すことでこれをうまくやっている」。保守党政府の歳出見直しの際に助言を求められた億万長者の実業家、フィリップ・グリーンほどわかりやすい例はない。サー・フィリップは、モナコに籍を置く妻に〈トップショップ〉などの主要企業を法律上所有させ、イギリスでの納税義務を回避している。

統計の先に目を向けると、明らかに相容れないちがいを持つ、「ふたつの集団」があることがわかる。

ひとつは、家賃や住宅ローンを払うために、たいてい低いままで止まった給料に頼って切りつめた生活をしている人々。彼らは長時間働こうが、生産性を向上させようが、報われていない。子供は地元の学校にかよわせ、病気になると地元の一般開業医や病院で診察を受ける。税金も払う。工業国としてのイギリスが消滅したことで、多くは比較的低収入で不安定なサービス業で働き、彼らの需要や関心事は、中流階級の世界にいる政治家とメディアから無視されている。

そしてもうひとつは、経済のメルトダウンのさなかにも口座残高が天井知らずになっている裕福なエリートだ。世界じゅうにマンションや別荘やペントハウスを所有し、飛行機で各国を飛びまわる生活をしている。たしかに長時間懸命に働いているかもしれないが、もう一方の厳しい仕事をしている人々が一カ月で得る報酬を、ほんの一日で稼ぐことができる。彼らの多くは税金をほとんど、またはまったく払っておらず、子供は学費の高い私立校にかよわせ、高価な民間医療サービスを利用する。庶民とのつながりはないが、それによって権力や影響力が減るわけではない。大企業の触手は、主要な政党のなかに深くもぐりこんでいる。巨大な政治権力と同様に、この裕福なエリートも、大手の新聞や放送局を動かしている。

「無視された人々」

労働者階級が「チャヴ」というクズだけを残して衰退したという考え方は、政治にとって都合のいい作り話だ。しかし、労働者階級が過去三〇年間で一変したことは否定できない。かつてのそれは、職場周辺のコミュニティで繁栄することが多かった。構成員はほとんど男性で、父親や祖父の代から生涯一貫してひとつの仕事を続け、そうした仕事の多くはみなから尊敬され、給料もよかった。労働者はたいてい組合に所属し、職場で実際に影響力を持っていた。

現在の労働者階級は、ひとつだけ、かつての労働者階級と似ている。それは、他者のために働く人々であり、自身の仕事を左右できないという点だ。仕事は総じて昔より清潔で、あまり体力を要さないが、重いものを持ち上げないぶん、タイピングが速いことが重視される。

彼らは事務所や店、コールセンターで、おおむね昔より低賃金で不安定な仕事をしている。金融危機のまえですら賃金は上がらず、むしろ多くの場合下がった。多数の労働者が職を転々とし、その回数は増す一方なので、コミュニティへの帰属意識、一体感、仕事に対する誇りはなくなった。雇用条件はたいてい悪く、とりわけ臨時雇いになると、実質的に権利はまったくない。労働者全体が組合に属しておらず、交渉力は過去に例がないほど弱くなっている。

一九五〇年代には、ポケットに組合員証を入れ、青い制服を着た男性の工場労働者が、まさに労働者階級の象徴だった。これに対して、現代を象徴する労働者階級、低賃金のパートタイムで働く女性の在庫補充係は、テレビ画面や政治家の演説からも、新聞の投書欄からも、ほとんど姿を消してしまった。

保守党党首デイビッド・キャメロンは、二〇一〇年の総選挙期間中に「無視された多くの人」について語った。このレッテル以上に、イギリスの労働者階級を的確に表しているものがあるだろうか。

現代のイギリスに階級は存在しないとふるまうことには、油断のならない側面がある。いまわが国では、「メリトクラシー」や「才能と実行力があれば誰でも成功できる」という考えに、どこかの政治家や評論家が敬意を捧げない日はまずない。悲しむべき皮肉だが、社会制度が中流階級にいっそう有利なように作られたことで、階級のない社会という幻想がすっかり定着してしまったのだ。

しかし現実には、イギリスはこれまで以上に階級化されている。

6

作られた社会

エリートのイギリスは終わりました。
新しいイギリスはメリトクラシー社会です。

トニー・ブレア（1997年）

「私はまぎれもなく中流階級だけど、上流階級の男性と結婚したの」。レイチェル・ジョンソンは、兄のボリスと同じ王侯貴族の発音で私にそう言った。イギリスの最高級週刊誌『レディ』の、古風で趣《おもむき》あるコベント・ガーデンのオフィスは、階級について話すのにうってつけだ。

ジョンソンは、二〇〇九年から同誌の編集をしているが、本人も特権階級の生まれでありながら、貴族の読者とは生きる世界がちがうと感じている。「構造プレートの上にいるみたいに感じる。ふたつの階級制度のプレートがぶつかり合う、その分かれ目にいるような……まるで、上に向かおうとする中流階級と、下へ動く上流階級のあいだにある、イギリス社会のサンアンドレアス断層ね。私は労働者階級や下位中流階級より、いままさに見ているものこそ興味深くて、話題にしたい」

厳然と横たわる教育の不平等

少々驚いたことに、イートン校出身のロンドン市長の妹である彼女は、私には異国人のように感じられた。「私の出自はすごく変わっているから、まったくイギリス社会の代表例ではないの。曾祖父母はみんな……曾祖父母って何人いるんだっけ？　八人？」。そしてそれぞれの国籍を挙げていく。フランス、スイス、トルコ……「だから、私は階級制度の血筋のなかにいるとは、これっぽっちも思ったことがない」

レイチェル・ジョンソンは、意外にも階級制度を激しく批判する。いまの状況を見ると、「中流階級の人たちは、コネや仲間のおかげで易々と仕事を得て、あらゆる褒美を総取りする。でも、労働者階級や下位中流階級の子供は、出世街道に一歩足を踏み入れることすらむずかしい」と言う。

問題の根底にあるのは、「イギリス社会が縁故主義で動いていること」だ。それは、いまも大きな要素だろうかと私は尋ねた。

とてつもなく大きな要素よ！　中流階級の親たちは、仲間といっしょに子供のために仕事を選んで、職業経験をさせる……中流階級が本当に長けているは、生き残ることよ。彼らは決して負けない。ＮＨＳとか、国の教育システムとか……中流階級の人たちがいろいろな制度をどう動かしているのか見ればいい。勝つべき存在であることがわかるでしょう。そのためにあらゆる投資をしているのだから。

ジョンソンが懸念しているのは、財政支出の削減によって——それが「すさまじい規模になる」のは彼女も知っている——ただでさえ不公平な現状が、いっそう悪化するのではないかということだ。

ある意味で避けられないことだけれど、これで中流階級、とくに上位中流階級がいま持っている権力や影響力が定着するでしょうね。親たちは、自宅に子供を住まわせ、子供が何年無給で働いても支援できる財力がある。それに、大学の学費も親が支払ってくれて学生ローンを使わないから、多額の負債を抱えて大人になったり、就業前研修を受けたりする人たちより、選べる仕事の幅が広い。つまり、条件が均一化されてないの……均一化の対義語は知らないけど。ますます不公平になって、わかりやすい条件ではなくなった。

　レイチェル・ジョンソンは、中流階級の人々が有利なスタートを切る無数の方法のなかから、いくつかを挙げた。たとえば、彼女が「付加価値《アド・オン》」と呼ぶものがある。「職場体験とかね。『夏休みのあいだに、テニスのドーピング検査官の訓練を受けました』というふうに……これは、中流階級の大卒者が雇い主に、まわりとちがうところを見せるためのものよ」。たとえ多くの人が同じくらいハイレベルなことを達成しても、中流階級のほうが有利だという。「つまり、中流階級は成績でA+を一二個取るうえに、バイオリンはグレード8で、柔道も有段者ということ……だからこそ、いつでも勝ち組になる。彼らは、雇用者が求めるプラスアルファを身につけることができるの」
　では、そうした階級差別をどう克服すればいいのかと尋ねると、彼女のような経歴の女性にしては珍しい答えが返ってきた。

　わかってるでしょう、教育よ！　たぶん私立校を廃止して、フランスのリセ制度［訳注：後期中等教育で、日本の高校に相当］を導入しなければいけないと思う。その人が一六区の出身でも、アルジェリア移民の多い郊外の出身でも関係なく、同じ学校にかよう。簡単でしょ！　誰もやろうとしないけど。自由な社会なのに誰もできない。でも、やらないとね。それがみんなのためになる。デイビッド・キャメロンの保守党のためにもやらなきゃ！

　何か思惑があっての発言だろう、と彼女を責めるのは筋ちがいだ。マーガレット・サッチャーに「勇気をもらえる」と言う人だから、もとより中流階級の左派の論客ではない。ジョンソンは、たんに生まれついた階級

©alamy/PPS 通信社

特権階級出身ながら異色のレイチェル・ジョンソン

を素直に分析しているだけだ。しかしその分析は、社会の不平等を労働者階級の「向上心の欠如」で説明できると考える政治家や評論家とは異なる。われわれの社会は、何につけても中流階級に都合よく作られている、という現実を見ているのだ。

ジョンソンが強調するように、私立校への進学は、富裕層が子孫に確実に高い地位を買い与える、きわめてわかりやすい方法だ。そこは、イギリスの支配階級の訓練場だ。イギリスで私立校にかよえるのは一〇〇人中七人だけだが、その卒業生はあらゆる分野で、控えめに言っても不相応に多数の主要専門職についている。上級公務員の半数近くは私立校出身で、財務担当の重役の七割、著名ジャーナリストの半数以上、弁護士の一〇人中約七人も私立校出身。[*1] 難関大学への進学者も同じで、慈善団体〈サットン・トラスト〉の調査によると、イギリス全土の三七〇〇校のうち名門一〇〇校が、ここ数年のオックスブリッジ入学者の三分の一を占めている。全体として、オックスブリッジの学生の半数以上が、入学前に授業料の必要な学校にかよっていた。

だが階級は、金で効率よく子供の成績を上げるよりもっとわかりにくい方法で、人生のチャンスを左右することがある。基本的な読み書き計算能力を習得して公立高校を卒業する生徒は、貧しい白人男子では一五パーセント、同じく女子では二〇パーセントにすぎない。[*2] これは中流階級の生徒にかなりおくれをとっている。教育と階級に、なぜこれほど強い関係があるのだろうか。

元学校監査団長のクリス・ウッドヘッドの話を信じるなら、中流階級の子供のほうが「優秀な遺伝子」を持っているから、ということになる。そのゆがんだ社会進化論によって彼は、「子供を神が創造したより利口にできると信じている大臣たちを批判した。「人生は公平ではない。公平にすることは永遠にできないのだ」と。[*3]

もちろんこの理論は馬鹿げているし、差別的だ。責めるべきは、労働者階級の子供の遺伝子構成ではなく、彼らに押しつけられた不利な条件である。有名な教育活動家のフィオナ・ミラーは、「主として、差がかなり早い段階で開き、そのまま縮まることがないせいです」と言う。運よく快適な家庭環境に生まれるかどうかが、その後の人生に大きく影響するのだ。

二〇〇五年の調査では、親の年収が六万七五〇〇ポンド（約九八〇万円）以上ある五歳児の読解力は、世帯年収一万五〇〇〇ポンド（約二二〇万円）から三万ポンド（約四三五万円）の同級生より四カ月進んでいることが判明した。世帯年収二五〇〇ポンド（約三六万円）から一万五〇〇〇ポンドの層と比較すると、五カ月以上の差があった。[*4] 格差は一度確立されると、学生のあいだずっとつきまとう。無料給食を提供されている男子生徒の二〇パーセントは、GCSE［訳注：義務教育修了時に受けるテスト。大学進学には一〇科目程度合格する必要がある］で五科目以上合格しない。ほかの男子で同じ状況にいる割合は八パーセントだ。

なぜ、乳幼児の段階からそれほどの格差が続くのだろう。それは、おもに「文化的資本」のせいだ（フィオナ・ミラーはこれを「ひどい表現」と非難するが）。たとえば、両親も中流階級でよい教育を受け、だいたい大学を卒業しているおかげで、ふだんから豊富な語彙に接し、本に囲まれて育ち、大学に進むことが、専門職につくまえの最初の一歩としてほぼ「当たりまえ」な環境、といったことを意味する。

労働党閣内大臣だったクレア・ショートが言うように、「昔はとくに高等教育を受けていなくても、そここの収入が得られ、品位ある生活ができる道がたくさんあった」。または、全英教員組合の報告書を引用すると、「三〇年前には、一四、五歳の労働者階級の若者が学校を卒業して、好条件の労働者階級の職業につくことができたが、いまはできなくなっている」。旧製造業の消滅によって、ふつうの収入の仕事につくにしても、かつてなく学歴が重視されるようになった。もちろん中流階級には豊かな文化的資本があるので、それを達成するのははるかに容易だ。

同級生リーアムのたどった道

階級がどれほど子供の教育に影響を及ぼすかをさらにくわしく知るために、ヘレナ・ボタンから話を聞いた。ボタンは一九九〇年代初め、私がストックポートのケール・グリーン小学校にかよっていたときの担任の先生だ。私が卒業してから数年後に出た教育水準監査院の報告書によると、同校は、「ストックポートで経済的困窮が深刻な地域にあり……無料給食の資格のある児童の割合は、全国平均をはるかに上まわる」。そして、全国試験の結果は下から五パーセントに入っていた。[*5]

「子供たちの親は、たいてい店や地元の工業の仕事についていたけれど、賃金は低かった」とヘレナは思い出す。「多くの子には向上心がなかった……でも、ダニエル（私の元クラスメート）みたいに、労働者階級出身で何か別のものになりたいという熱意のある子もいたから、すばらしいわよね。ああいう人たちはめったにいなかったと思う」。学習に問題のある労働者階級の子供の場合、両親も助けようとはするが、だいたいが苦労していたらしい。「父親自身も勉強は苦手で、子供の勉強を見てやれないことが多かった。教育を受けた中流階級なら、宿題を手伝って励ましてやれる親がいるのだけれど」

じつを言うとヘレナは、資金不足の「荒れた学校」で困難な状況に直面しながらも、子供の意欲を引き出すきわめて優秀な教師だった。しかし、シックスフォーム・カレッジ［訳注：大学前の二年間の高等教育］に進み、その後大学で学んだのは、私だけだった。私だけが中流階級の家庭に生まれたからだ。母はサルフォード大学の講師で、父はシェフィールド議会の経済再生担当の職員だった。私は教養のある環境で育ち、大学にかよって収入の多い専門職についた人々のあとを追うことができた。生活の厳しい家庭にありがちな不安定な日々やストレスに悩まされることはなかったし、まずまずの家にも住んでいた。どれも労働者階級の大多数の人にとって、手の届かないものだった。

与えられたチャンスという点で私と対照的なのが、一九八〇年代から九〇年代にかけて、グレーター・マンチェスターの端にあるアームストンで育ったリーアム・クランリーだ。彼の父親は、トラフォード・パークの何百人もいる工場の従業員だったが、近隣のほかの工場と同じように、そこも閉鎖された。母親は、さまざまな低賃金の仕事をしていた。「友だちもみな同じで、育った環境は似たり寄ったりだった」と彼は言う。「どこの親も、『手に職をつけなさい。見習いになるといい――でも、とにかく手に職をつけること』って言ってたな。ぼくらに向上心があるとしたら、見習いになるのが賢いってことだ」

問題は、イギリスの産業がどこもかしこも崩壊して、仕事が急速に消えていることだった。たとえば、リーアムの姪は、トラフォード・ショッピングセンターの店を渡り歩くことになった。「ほかに仕事がなかったんだ。ほとんどの仲間は、先の計画もまったく立たなかった。姪っ子はほんの一例でね。学校には行かなきゃならないから行くけど、そこで終わりだ」

厳しい環境で育った両親にとって、なんとかわが子がひとり立ちするのを見届けるのが最優先事項だった。「親たちが子供に何より望むのは、仕事を得て生活ができるようになることだった。本当に、それが憧れの的だった。親父が大人になったころには何もなかったから」

大学に行くことなど想像すらしなかったという。「大げさに言うわけじゃないけど、一六歳のときには大学が何かも知らなかった」とリーアムは振り返る。「正直言って、大学は上流の人たちが行くところだと思ってたからね。向上心がどうこうじゃなくて、身のほどを知れということさ。大学進学は上流階級のすることであって、われわれの選択肢じゃない。自分とは関係ないから、気にもとめない。向上心なんてたわごとだよ、本当に。中身を知って、理解したうえで、初めてそこをめざせるわけだから」

リーアムは、全科目のうち、「写真」以外すべてのGCSEを落とした。「学校に結果を受け取りにもいかなかった」。その後、印刷工場で六年間働いた。「ひどかったよ。うんざりするほど単調で退屈だったから、一分一分がつらくてしかたなかった。体を壊す寸前までいって、結局辞めた」

だが、リーアムはそこから例外的な存在となる。二三歳のときに、大学を希望する成人の学生のための特別準備コースにかよいはじめたのだ。「あの授業で自信がついた」と、最初は初歩的なスペルや文法にも苦労したことを思い出しながら言った。それでも才能に恵まれていたので、イギリス有数の名門校、シェフィールド大学を卒業することができた。

ただ、初めて中流階級の学生たちに囲まれたときには、いつも「詐欺師症候群」に悩まされていたらしい。これは、ここにふさわしい人間ではないことがばれてしまうのではないかと怖れることをいう。ときには、たとえ冗談であれ、見下す態度や、露骨な階級差別にも対処しなければならなかった。ある友人から、「こいつはぼくの友だちで、マンチェスター出身のならず者なんだ」と紹介されたこともあった。

リーアムが達成したことに、感心せずにはいられない。だが現実には、彼のような出自で大学に進む子供はほとんどおらず、シェフィールド大学のような名門になるとなおさらだ。実際に、リーアムの幼なじみで同じ道を進んだ人はいなかった。

労働者階級の子供には向上心が欠けると、盛んに主張する政治家や評論家は、たいていこの点を見落としている。そもそも何に向上心を抱けというのか。雇用条件がよく高収入の労働者階級の仕事が全国で軒並み消えている現状で、学校を卒業した先に待っているものを想像するのはむずかしい――スーパーマーケットやコールセンターしか残っていないのだ。

恵まれない生い立ちの生徒との面談でフィオナ・ミラーが衝撃を受けたのは、彼らの多くが「学校に行っても何もいいことはないのに、どうして行かなければならないのか」と思っていることだった。「親たちも本当のところは、どんな利益があるのかよくわかっていない。または、子供たちに必要性を説明することができないか……期待するものがなくなっているのよ」

これは、産業の崩壊の影響が大きかったコミュニティにとりわけよく当てはまる。「一九八〇年代に多くの人が職を失った地域ほど大きな問題を抱え、学校に対する意欲が失われている。鉄鋼にしても、石炭にしても……男性のロールモデルがないの。男性が働いていないから、子供たちも自分の将来が見えず、教育を受けても仕事がないので、受ける意味が理解できない。どうしてわざわざ面倒なことをするのかと思ってもしかたないでしょう?」

労働者階級の大多数の子供にとって、教育は意味がないものに見える。だから無断欠席が非常に多いのもうなずける。イギリスには、少なくとも一〇人に一人の生徒が週に一度以上欠席する学校が三〇〇校あり、一部では、その割合が四人に一人となっている。[*6] ある見積もりによると、およそ五〇万人の生徒が毎週、無断欠席をしていて、[*7] 労働者階級の生徒のほうが、裕福な家庭の生徒より無断欠席は多い。教育で得られるものが自分の生活に多少なりともかかわるという意識が、悲しいほど欠落していることの表れだ。

問題は、教育に悲観的な両親や子供にも一理あるという現実だ。大学卒業者でも、あまり待遇のよくない仕事につかざるをえない事例が増えている。Aレベルの合格前で足踏みしているティーンエイジャーについては言うまでもない。ニューカッスルのスーパーマーケット店員、メアリー・カニンガムは、大学を卒業してレジ係として働く人も多くなったと言う。「大学で学位を取得しても、仕事がまったく見つからないの」。二〇〇九年に政府が発行した学生向け資料では、大学卒業者に「小売業や接客業などの初歩的な職務」に目を向けよと勧めた。[*8] そこにはコールセンターも含まれるだろう。

「高学歴なのに比較的レベルも収入も低い仕事につく人の数は、増えるばかりかもしれない」と社会学者ジョン・ゴールドソープは語る。ある保守党のベテラン議員は彼に、「就職できない知識人層が過激な行動を起こす」のが心配だと話したらしい。公共部門に大なたが振るわれれば、先行きはいっそう暗くなる。公共部門は長年、新卒の学生にいちばん人気のある就職先だった。

根本的な問題は、何年も勉強したあげく安定した高給の仕事につけないのなら、何のために勉強するのかということだ。いずれにせよ店で働くのだとすれば、学校で何年も苦労して学ぶのは時間の無駄と考えるのももっともだ。子供に「向上心」を持たせたいのなら、彼らが熱中できる何かを与えなければならない。

また、子供を階級で区分けすることも、学習に悪影響を与えている。フィオナ・ミラーは、全国の多くの地域で、とくに子供たちが小学校を卒業するまでの教育制度の分離が進んでいると指摘する。裕福な家庭の子供の多くは、グラマー・スクールや私立校にかよう。「私立校に行くと、少人数クラスで教材は豊富といった、公立校とはまるでちがう経験をします」と彼女は言う。「じつはある意味で、それは彼らにとっていちばん必要ないことなのです」。高い学力を養い、すぐれた学校を作るには、バランスのとれた生徒数を維持することが不可欠で、特定の生徒だけを集めるのはむしろ有害だというのだ。

「それより不幸なのは、恵まれない家庭に生まれ、さらに恵まれないコミュニティで暮らしている子供たちです。ほかの社会集団とまったく交わりがなく、非常にネガティブな悪循環が生まれる可能性があると思う」。

そうなったときの問題は、貧しい労働者階級の子供だけがかよう学校が、最終的に「悪者扱い」されることだ。中流階級の親には、子供を最高の学校に入れるための秘策がいくらでもある。私の知り合いが住む建物の家主は、あえて自分もその建物の住所に住んでいると偽って、子供たちを地域の優良な普通科学校の校区に入れた。レベルの高い神学校に子供をかよわせようと、神をだしに使って取り入った親もいる。特権階級の親なら、家庭教師を雇って子供の学力を上げることも可能だ。レイチェル・ジョンソンが言うとおり、世故に長けた中流階級は、自分たちのためとなると手段を選ばないのだ。

ミラーは、それほど幼いうちから区分けされていると、労働者階級の個人やコミュニティに対する敵意が生まれやすいと考える。

私が公の場でその話をすると、まったく陳腐に思うらしく、聴衆からブーイングや舌打ちが出はじめます。感傷的に聞こえて、厳密な学歴の話から論点がずれているように感じるのでしょう。でも、多種多様な子供がいる学校にかよい、幅広く友だちを作れば、貧しい子や人種のちがう子を敵視するようなことはなくなるのです。

現実には、この区分けはさらに悪化している。ニュー・レイバーが教育に導入した市場の競争原理に、保守党政府が拍車をかけているのだ。「ニュー・レイバーと称する者たちは、学校を互いに競わせれば好結果が生まれるなどというたわ言を信じている」と、労働党元党首のニール・キノックは言う。「自動車や携帯電話のデザインなら競争が役立つし、豆の缶詰や毛皮のコートでもうまくいくかもしれないが、学校なんてとんでもない！　みんなが同じ位置からスタートしているわけじゃないんだ」。結果的にニュー・レイバーへの道を切

り開いたキノックだが、この点については、「愚かなんてものじゃない。まちがっている。根本的にだめ」と批判する。

だが保守党は、教育にますます競争原理を取り入れている。その重要政策のひとつが「フリースクール」の設立だ。保護者や民間企業が運営するが、費用は国が負担するという構想である。この新しい独立機関は、ほかの学校から資金を奪うだけではない。どういう結末を迎えるか、われわれはすでに知っている。スウェーデンですでに実施され、さんざんな結果を残したからだ。

スウェーデンの右派の教育大臣ベルティル・オストベリも、「フリースクールが導入されてから、スウェーデンの学校の質は下がった」と認めている。たんに分断が進んだだけだったのだ。「フリースクールに来るのはみな教育水準の高い裕福な家族の子弟ばかりで、貧しい地域のふつうの学校にかよう子たちにとっては、状況がさらに厳しくなった……ほとんどのフリースクールは、利益を求める企業が運営するようになってしまった」。オストベリは、全体的な指導の質を上げることに集中してほしいと政治家たちに訴えた。[*9]

とはいえ、フィオナ・ミラーが強く主張するように、学校はひとつの要素にすぎない。「私が見た範囲では、子供の成果に対する学校の影響は、最大でも二〇パーセントです」。彼女によると、「住んでいる地域や家、仲間からの圧力、両親の学歴、両親がどれだけ子供の学習を助けられるか」といった混合的な要素のほうが、子供の成績にはるかに重大な影響を与える。これには、教育の専門家のジリアン・エバンス教授も同意する。安全に遊べる通り、すぐれた学校や家庭があり、どんなかたちであれ家族が協力的で、医療など地元のサービスが充実し、労働者階級向きの妥当な仕事が幅広くある力強い地域経済があれば、労働者階級の子供の将来は劇的に改善するという。

だから、保守党右派が提唱する中学受験制度［訳注：一一プラスという全国試験で、合格するとグラマー・スクールに進学できた」の復活は、まったく見当はずれなのだ。保守党下院議員のデイビッド・デイビスは、「グラマー・スクールがなくなって、イギリスの社会的流動性のレベルが大きく下がった」と考えている。グラマー・スクールは、聡明な労働者階級の児童に成功のチャンスを与えていたというのだ。

ジョン・ゴールドソープは、社会的流動性が全体的に下がったという見解に異を唱え、男子は頭打ちだが、女子は上昇していると指摘するが、デイビスは、「イギリスを除く世界のほとんどの教育制度は、学力にもとづくなんらかの選抜をおこなっている」とも主張する。グラマー・スクールがまだ一六四校残っていることと、概して世界最高と言われるフィンランドの教育制度に選抜の要素がいっさいないことを見すごしているが……。

いずれにせよ、かつてのイギリスのグラマー・スクールには（いまも残っている各校も含めて）圧倒的に中流階級の子供が多く、労働者階級の多数の児童は、かつての公立中等学校の失敗例として片づけられてしまった。じつのところ、生徒の成績を左右するほかの重要な要素のせいで、たとえ労働者階級の子供がグラマー・スクールに入ったとしても、かならずしも道は開けなかった。一九五四年の政府の報告書によると、グラマー・スクールにかよう一万六〇〇〇人の半熟練または未熟練の労働者の子供のうち、約九〇〇〇人がOレベル［訳注：中等教育課程］の三科目で合格できなかった。しかも、そのうち約五〇〇〇人が、五年目が終わるまえに退学している。Aレベルの二科目に合格したのは、わずか二〇人に一人だった。[*10]

逆に、最近の研究で、都会の貧しい地区の普通科学校にかよう中流階級の子供たちは、ほかの同級生よりはるかに優秀であることが明らかになった。[*11] つまり、階級が分かれた社会では、かよう学校でさえ数多くの要素のひとつにすぎないのだ。決定的な問題は、階級である。

われわれは結局、階級ごとに分かれた教育制度のコストを負担している。世界トップレベルの経営コンサルティング会社の報告によると、イギリスでは社会全体が「頑固な階級制度」のつけを払っている。「教養も収入も低い家庭に生まれた子供による潜在的な逸失利益」のせいだという。彼らが試算したその金額は、年間五〇〇億ポンド（約七兆二五〇〇円）を超える。[*12]

生まれたときから有利な点がたくさんあるのだから、中流階級が難関大学で優位を占めるのも当然だ。公正機会局［訳注：高等教育の公平な機会を保護・促進する非政府機関］の報告によると、イギリスの上位二〇パーセントの富裕家庭出身の優秀な子供は、下から四〇パーセントの貧困家庭出身の優秀な子供と比べて、大学への進学率が七倍である。この数値は一九九〇年代なかばの六倍だ。頂点のオックスブリッジに向かって順位が上がるほど、不均衡は増す。二〇〇二年から二〇〇三年にかけて、「低教育参加地域」［訳注：進学率の低い地域］出身の生徒の数は、ケンブリッジで五・四パーセント、オックスフォードで五・八パーセントだったが、二〇〇八年から二〇〇九年には、それぞれ三・七パーセント、二・七パーセントに落ちた。[*13]また、二〇〇六年から二〇〇七年にかけて、無料給食を提供されていた生徒でオックスブリッジに進学したのは、約六〇〇〇人の合格者のうちたった四五人だけだったという事実もある。[*14]

中流階級は、自己利益を守るための手段をいくつも持っている。教育はその手段のひとつにすぎない。特権階級の子弟は、親の人脈によっても不当に手厚く扱われている。彼らの多くが当然の資格であるかのように、推薦や友人の友人といったつてを利用して、望ましい仕事につく。リバプールやグラスゴー出身の労働者階級の子供にとって、そういう援助は夢のまた夢だ。

「インターン」という名の「足切り」

とはいえ、中流階級による主要な職業の独占を何よりも進めたのは、インターン制度の流行だ。無給のインターン制度は、とくに政界、法曹、メディアやファッション業界といった専門分野で盛んに活用されているが、最近の調査では、一五〇〇人の大学生や卒業生のうち三分の二が、不況だから無給で働かざるをえないと感じている。[*15] 多くの若者にとって、インターンの次には別のインターンがある。目のまえに有給の仕事がニンジンのようにぶら下げられるが、正式な就職には結びつかないのだ。

これはただの搾取ではない。有給の仕事を探すこの第一段階に参加できるのも、結局は両親のすねをかじっている裕福な若者たちだけになるからだ。議員たちは演壇から熱心に「社会的流動性」を語るが、じつは彼ら自身が最大の反則者になっている。議会のインターンである議会調査官たちが週に一万八〇〇〇時間分の無給労働をすることで、下院議員は年間人件費を五〇〇万ポンド〔約七億二五〇〇万円〕も節約しているのだ。議会調査官も加入する労働組合ユナイトによると、最低賃金を受け取っているインターンは一〇〇人に一人もおらず、およそ半数は経費すらもらえないという。[*16] 最低賃金を維持し、日々の仕事に報酬が与えられることの重要性を何度も演説しておきながら、同時に無給のインターンを多数雇っていた労働党の閣内大臣を、私もひとり知っている。

無給の仕事が増えたことで、労働者階級の子供は弁護士になることを夢見るのはあきらめたほうがよくなった。二〇一〇年の〈ヤング・リーガル・エイド・ローヤーズ〉の報告によると、無給の職場体験と有料の研修に対する要望が増えたせいで、多くの弁護士事務所は労働者階級の人が就職できる場所ではなくなった。このようなねじれが生じた理由は、法律相談の費用が払えない人々を助ける「法律扶助」が存在するからだ。「特権階級出身ではない法律扶助の弁護士は、もうほとんど見かけなくなりました」と、ヤング・リーガル・エイド・ローヤーズ会長のローラ・ジェインズは言った。「たいてい社会でもっとも恵まれない人々の弁護をする法律扶助は、報酬がもらえなくてもかまわない有閑マダムのような人の仕事になる可能性もあります。ただその場合、問題がなくもない。現に私が弁護した若者の多くは、まったく出自がちがうので、弁護士の話していることが理解できませんからね」[17]

いずれにしろ、多くの主要な専門職に労働者階級が入りこめなくても、なんら不思議ではないということだ。一九七〇年生まれで現在専門職についている人は、年収が平均より二七パーセント高い家庭で育っている。一九五八年生まれでは一七パーセントだった。専門職を個別に見ていくと、その数値はさらに不穏になる。たとえばメディア。一九五八年生まれのジャーナリストや放送局員は、おおむね年収が平均より五・五パーセント高い家庭で育っていたが、一九七〇年に生まれた次の世代では、驚いたことに、年収差が四二・四パーセントに広がっていた。[18]

もちろん、社会的流動性がイギリスにおける労働者階級のあらゆる問題の解決策になるわけではない。リバプールの貧しい地区で生まれた弁護士が二、三〇〇〇人増えたとしても、残りの大部分は労働者階級の仕事を続けるだけだ。しかし、さまざまな職業に社会の構成員が適正に反映されないと、たんにひどく不公平というだけでなく、もっとも出自が限定された支配層がイギリスを支配しつづけることになる。その結果、社会は中流階級によって、中流階級のために運営されてしまう。

もっと目立たないかたちで階級制度を支えているものもあるが、これらすべての要素の基礎にあるのは、言うまでもなく「富」だ。経済協力開発機構（ＯＥＣＤ）が二〇一〇年に発表した研究でわかったことがある。イギリスでは、父親の収入が息子の将来の収入に与える影響が、ほかのどの先進国より大きいのだ。父親の経歴と息子の将来の相関は、ノルウェーやデンマークなどの社会民主主義国家の三倍もある。[19] こうしてイギリスでは、高所得の父親の経済的優位性の半分が、子供に受け継がれる。カナダや北欧諸国であれば、その数値はわずか二〇パーセントだ。[20]

豊かな中流階級の家庭に生まれると、だいたい生涯を通じてセーフティネットが与えられる。つまり、生まれつき聡明でなくても成功することができ、最悪の場合でも、大人になって貧乏を経験することはない。両親の「文化的資本」からなる良質な教育や、金銭的支援、人脈によって、いつでも試練を切り抜けることができるのだ。一方、労働者階級の家庭に生まれた聡明な子供の場合には、それらがいっさいないから、両親より裕福な生活ができる可能性は低い。イギリスの階級制度は、見えない牢獄のようなものだ。

労働者階級の人々を悪者扱いすることは、不合理な制度を正当化する怖ろしく合理的な手段である。そうやって彼らを敵視し、彼らの関心事を無視したうえで、いまのはなはだ不公平な富と権力の分配は、人の価値や能力を公平に反映していると正当化する。だが、この敵視には、さらに悪質な意図がある。労働者階級の特定のコミュニティをむしばむ貧困、失業、犯罪といった社会問題全般に、自己責任の原則を当てはめるという意図だ。

「ブロークン・ブリテン」においては、被害者はつねに自分を責めるしかない。

7

「ブロークン・ブリテン」の本当の顔

われわれがかつて労働者階級と呼んでいたものが縮小していることに、誰か気づいているだろうか。その原因は、調査結果が示すとおり、多くの人がいま自分は「中流階級」だと思っていることだけではない。かつて尊敬すべき労働者階級だったものがほとんど滅びてしまったからだ。社会学者が労働者階級と呼んでいた人々は、いまではほとんど働かず、福祉国家に養われている。

サイモン・ヘッファー[*1]

パリー夫人は、どうにも対処のしようのない出来事に打ちのめされている。私が彼女に会ったのは、ニューカッスルから北に三〇キロ足らずのところにある、人口二万七〇〇〇人強のコミュニティ、アッシントンの中心部だ。世界有数の炭鉱町だったたが、炭鉱ストライキの敗北からわずか一年後の一九八六年に、地元の採掘場が閉鎖された。何千もの人が職を失い、以来コミュニティが活気を取り戻すことはなかった。

「廃坑の町」に生きる人々の話

あの廃坑で、コミュニティにはどのような影響があったかと尋ねると、パリー夫人は質問を途中でさえぎり、悲哀と確信の入り混じった口調で「私たちは死んだの！」と答えた。「炭鉱が全部閉鎖されると、コミュニティも全部なくなった。そこからは不景気続きで、生き延びるのに精いっぱい」。彼女の父親も、当時の夫も、炭鉱労働者だった。夫が失業した年に夫妻は離婚した。「私たちは、生活手段だけじゃなくて、生活そのものも炭鉱に頼っていた。父は引退して亡くなり、私の結婚も終わってしまった」

一八四〇年代まで、アッシントンは小さな村だった。だが、石炭が見つかったことで、それに効率よく特化した町ができていった。ジャガイモ飢饉から逃れてきたアイルランドの小作農が、炭鉱で働くために住みついた。同じように、ノーフォークの小作農、カンバーランドの鉛鉱山の労働者、コーンウォールの錫《すず》鉱山の労働者も移り住んだ。彼らの住まいとして、六六五戸の家がずらりと一列並んだ。町が栄えるにつれ、働く男たちのためのクラブや学校、郵便局、教会、警察署ができた。石炭がコミュニティに息を吹きこんだのだ。[*2]

その心臓がなくなれば、あとは弱って死に向かうだけだった。「コミュニティは崩れ去った」とパリー夫人は言う。「誰にも、何も残らなかった。工業団地にいろんな事業を誘致する動きもあったけど、二、三年たつとみな撤退してしまった。どんどん増える四五歳以上の男の人たちは、歳をとりすぎているということで、どこも雇ってくれなかった」

仕事がなくなると、家族はバラバラになりはじめた。解雇された労働者の自尊心はどうなったのかと尋ねてみた。「そりゃ悲惨だったわよ！　廃坑のあと離婚する人が相次いだ。二〇年も三〇年も連れ添っていたのにね。男たちが、何もすることがなくて家でぶらぶらしてるものだから、みんな別れたの。どこにも行く当てがないし、本当に何もなかった。社交クラブも財政難で全部つぶれかかってるし、それらを維持してきた年配の世代はどんどん死んでいる」

若い人たちにはどのような仕事があるのか。「何もないわ！　まったく何も！　私の息子はいま二四歳だけど、仕事がないから軍隊に入った。バーテンダーになるのが夢だったから、大学に行って、銀食器の扱いも習って、バーテンダーになるいろいろな研修を受けたのよ。それで仕事についたところが、『悪いね、仕事があまりないんだ、本当にない』と雇い主が言って、息子をクビにしたの」

軍隊に入るまえ、彼女の息子の唯一の選択肢は、イギリスで急成長する「ゼロ時間契約」の集団に加わることだった。すぐに雇えて解雇できる不安定な条件での仕事だ。「工場で働いてみたものの、うまくいかなかった。このあたりにはたくさん工場があって、いくらでも代わりの人がいるから。しかも派遣会社！　確実に二週間働けても、そのあと六週間は仕事がない。電話がかかってくるまで待つしかないのよ」

彼女には娘がふたりいる。ひとりはスーパーマーケットの〈アズダ〉で働いていて、もうひとりは十代で最初の子供を妊娠していた。「それほどショックでもないわ」とパリー夫人は言った。「こう考えることにしているの――初めて男の子の孫ができるんだって。でも、孫娘（彼女のもうひとりの娘の子）のときほどワクワクしないわね。男の子はずっと昔から待ちわびてたんだけど……」

自分の町を破壊したのが誰か、パリー夫人は確信していた。「私たちは完全に見捨てられたの。マギー・サッチャーは私たちをナイフで刺したあと、ほったらかしで出血死させたのよ」

彼女の声が震えてきた。「ティーンエイジャーがね、つまり若い人たちってことだけど、トニー・ブレアが当選したときに、町じゅうで踊って歓声をあげていた。なのに……胸が痛んだわ」。目が潤みはじめた。「だって、彼らはあんなに幻滅させられたのよ！　みんな思ったわけ。この人なら、すごく私たちのためになることをしてくれるんじゃないかって……だめ。だめだった。彼は誰にも、何もしなかった。自分の生まれ故郷のダラムにさえ、何もしなかったと思う。大嘘だったのよ、次から次へと嘘ばっかり」

通りを歩いていると、ベンチにひとり腰かけて、みじめに遠くを眺めている中年男性がいた。名前はロバートだ。「何年もずっと病気だった」と言った。「ここにはいい仕事がない」。二〇年ほどまえの廃坑まで、露天掘りの炭鉱で一三年間働いていたそうだ。「長いこと失業手当をもらっていて、いま言ったとおり、長患いしてからずっと働いていない。建具屋や台所の工事をやっていた息子も、一年半前にクビになった。あいつも仕事が見つからない。手に職があるのにな！　〈アズダ〉みたいな仕事ばっかり勧められる。知ってるだろう、ものすごく低賃金なんだ。子供が三人いるから、そんな仕事じゃやってけない。給料の悪い仕事をしても時間の無駄さ」

仕事のある人たちも、運がいいと自覚しつつ、将来に不安を感じていた。レイチェルは二十代で、父親が建設作業員、祖父が炭鉱労働者だった。「このあたりで仕事を見つけるのは、本当にむずかしいの」と言った。「いまはほとんど仕事がない。みんなメインストリートで働いていると思う。友だちとか、たくさんの人がニューカッスルで働いてるわ」。大勢の知り合いが失業中だという。「技術や資格がない人の話じゃないのよ。資格も技術もあるのに、する仕事がないの」

レイチェルは州最大の雇用主、ノーサンバーランド州議会で働いている。彼女から話を聞くほんの数週間前に、議会は七人に一人の割合で職員を解雇するかもしれないと発表した。「うちの事務所も、リストラの可能性があるという説明だった。いっしょに仕事をしているほかの事務所もね。だから、この件がどうなるのか、みんな真剣に注目しているの」。レイチェルは先行きを案じている。「いまはほかに仕事がないから、うちの事務所でもひとりとか、もっと大勢が解雇されないか心配になるわ」

彼女に、地元にドラッグや犯罪はないかと尋ねてみた。「長年のうちに少しずつ増えてきたでしょうね」とレイチェルは言う。「関係があるのかどうか、私にはわからないけど、もしかすると仕事がないせいで、ほかの楽しみや、お金を稼ぐほかの手段に走ったのかもしれない。たぶんだけどね」

二四歳のジョン・アッシュバーンと一九歳のアンナも同じ意見だった。アッシントンは子育てにいい町かと尋ねると、ジョンは、「いや、ドラッグでいっぱいだよ」と即座に答えた。なぜ、ドラッグの問題がそれほど増えるのだろうか。「やることが何もないからよ」とアンナが言った。「だからみんな、そうだ、ちょっとドラッグでもやってハイになろうと思うの。暇つぶしになるから」

アンナはひとり暮らしで無職だ。「病院で働きたいと思ってた。でも、働くにはたくさんの技術が必要で、私にはそういう技術がなくて……」。ジョンは少なくとも工場の管理者の仕事があったが、スコットランドの職場までかよわなくてはならない。「毎日運転して行くよ……片道三時間。到着したら一二時間のシフト……

で、終わったらまた運転して帰ってくる。寝る暇もない。だから週末はずっと寝てる」

日中にアッシントンを歩きまわっていると、いたるところに若い母親がいるのに気づく。彼女たちはビッキー・ポラードのような、典型的な十代のチャヴの母親なのだろうか。

一〇カ月の赤ちゃんを連れて出かけていた一九歳のエマに話を聞いた。パートナーの連れ子の四歳児も育てているという。「すごく若いときに産んだ子じゃないわよ」。エマのパートナーはモーペスの近くで週四日、夜間の牛乳配達員として働いている。エマ自身も、なるべく早く働こうと決めている。「仕事に復帰するつもり、ぜったいに。いますぐにでも働きたいけど、この子が小さすぎるから。ママは、この子が一歳半になったら子守をしてくれるって。そうすればまた働けるわ」。エマはとても熱心に仕事に戻りたがっていたが、理由は「気分転換になるから」だった。

アッシントンを、世界終末後の地獄や、完全に崩壊した社会か何かのように描写するのはまちがっている。町の中心には、ホームセンター〈アルゴス〉や、電器店〈カリーズ〉、携帯電話ショップの〈カーフォン・ウェアハウス〉、ベーカリーの〈グレッグズ〉といった店が軒を連ねている。生活共同体という雰囲気があるし、人々は互いに温かく接し、私のような詮索好きのよそ者にも親切だった。アッシントンのようなコミュニティは、サッチャリズムによる急速な産業空洞化で荒廃したが、非常に厳しい状況のなかでも、人々は精いっぱい努力して生活を守っていた。

イアン・ジャクソン神父は、二〇〇二年からアッシントンのカトリック教会にいる。「とても温かく、思いやりのある地域ですよ。みな本当によく助け合っています」と語った。「炭鉱の閉鎖は大打撃だったと思います——仕事もないし、いろいろなことで困窮している。けれど、いつもみなさん、とても面倒見がよくて、やさしいのです」。この地域にはフィリピン人が大勢移住してきたが、最初こそ彼らに対する敵意があったものの、「いまではすっかりなじんでいます」。

とはいえ、ジャクソン神父も、仕事不足がアッシントンの若者に悪影響を与えていることに気づかざるをえなかった。「多くの若い世代はもっといい仕事について、町の外に出たいと感じています。ここには、彼らの期待に応えられるものが何もないので。おもな産業は――建てられたばかりの巨大な〈アズダ〉と病院ぐらいです。若い人たちは、店で働くこと以外に何があるの、と尋ねるでしょうね」

反社会的行為のおもな原因は、そんな現実に絶望したことだった。

ときどき感じるのです――若者を批判したり、けなしたりするわけではありませんよ。ですが、若い世代には、将来の希望がないので「どうでもいい」という態度が見られる。ゴミをどこにでも捨てるとか、そういうことです。彼らが教会のまえを通るのを見ていると、街灯の下にゴミ箱があるのに、なんでも壁の向こうに放り投げるんです。そのことを注意しようものなら、すぐに攻撃的な反応がたくさん返ってくる。

ドラッグの摘発で最近閉店になった近所のパブは、反社会的行為が生まれがちな場所だった。「真夜中のクリスマスミサのあとのことでした。あのクリスマスの朝は、五時半すぎに外に出て、人々が朝のミサに来るまえにガラスから何から全部、掃き掃除をしました。塀越しに壜が何本も投げこまれて、粉々に砕け散っていたのです」

「工場が閉鎖された町」で生きる人々の話

産業崩壊で廃れたのは、旧炭鉱町だけではない。

バーミンガムのロングブリッジ工場は、世界最大級の生産工場で、二〇世紀のあいだじゅう地域社会を支えていたが、二〇〇五年に自動車メーカー〈MGローバー〉が倒産すると、六〇〇〇人以上の労働者が失業手当で暮らすことになった。中国の自動車メーカー〈南京汽車〉が残余資産を買収したものの、仕事を得られたのは二〇〇人にも満たなかった。

ローバーの倒産は、アッシントンで鉱山が閉鎖されたときと同じような影響を地域社会に与えた。ロングブリッジ（ウェブサイト〈チャヴタウンズ〉には、「公営住宅暮らしの反社会的害虫の巣窟《そうくつ》……失業手当の列に並ぶ尻軽のチャヴェットより大勢のチャヴがうろついている」とある）では、鉄道駅のすぐそばに板を打ちつけた家がずらりと並び、水曜の昼間でも中年男性が何人か出歩いている。ロングブリッジの労働者が多数住んでいた近郊のノースフィールド（〈チャヴタウンズ〉によると、「社会からこぼれ落ちたクソ汁」や「歯抜けのタトゥー入りチャヴ・ママ」でいっぱいだそうだ）では、かなり立派な外観のパブ〈オールド・ミル〉が廃屋になり、窓は割れて壁は落書きだらけだ。地面には、捨てられたスクラッチカードが散らばっていた。

ドンは、ロングブリッジで〈グリーンランズ・セレクト・ソーシャル・クラブ〉を経営している。心臓部を失った地元の町について、「工場が閉まったとき、窮地に陥った人がものすごくいた」と言う。彼のクラブ自体も危機にみまわれた。「売上が週に三〇〇〇ポンド（約四三万円）落ちたよ。みんな夜だけじゃなく、ランチにも来てくれてたからね……あまり人が出歩いてないだろう。まえは夜になると六〇人から一〇〇人ぐらいクラブに来てたんだ。いまじゃ二〇人もいない」

新聞販売店の女性ふたりが、コミュニティに起きたことを生々しく語ってくれた。「若い男の人なら――学校で会えるわ。私たちの子供が通っていたころは、学校に男の人なんてひとりもいなかったけど。でも、いまは子供たちの送り迎えをしてる」とひとりが言う。「なぜって、奥さんたちは清掃の仕事につけるから、男のほうが子供の世話をして、学校の送り迎えをしてるのよ」ともうひとりが説明する。「私はこの地域に住んでないの。一七歳のときに離れたきりで。でも、働くために戻ってきたら、昔とはずいぶん変わっていて、信じられなかった。職のない若者や、赤ちゃんを連れた若い女の子がいっぱいいるみたい」

ゲイナーは、近くの薬局で働いている。彼女の夫は、二〇〇五年に失業したロングブリッジの何千人という労働者のひとりだった。夫が解雇を通告されたときにどう感じたか、尋ねてみた。

ただただショックだった。だって、工場は閉鎖されないって話だったし、うちの人は継続雇用の組に入ってたから。でも結局、復帰はできなかった。どうやら、金曜に彼の上司が部下全員に電話をかけたみたい。ランドローバーはすでに結んでいた契約から手を引いたの。で、土曜の朝起きると、郵便配達が来て、玄関マットの上に解雇通知があった……そのとき若い従業員はみんな工場の隣のコフトン・パークにいたんだけど、ただひと言、「ローバーは操業中止。工場に行って自分の荷物をまとめろ」と言われて、終わり。たったそれだけ。あっという間よ。「二週間のうちに」とか「一カ月後に」ということばもなかった。「操業中止、荷物を持って出て、門に鍵をかけろ」だけだった。

最初に彼女が思ったのは、「これからどうしよう」だった。五年たっても、夫はまだ無職だ。

何もないの。このあたりは荒廃してしまって本当に何もない……私は少し勤務時間を長くしたんだけど、何よりひどかったのは、パートタイムで働いてるだけなのに、夫が職業紹介所に行くと、「奥さんの仕事を辞めさせなさい。そのほうが収入が増えるから」と言われたこと。もちろん私は辞めなかった。代わりに勤

務時間を増やしたら、収入は少し増えたけど、その分タックス・クレジットが減った。それに、夫がローバーにいたころの収入が多かったから、失業手当の資格もない。だから、いままでもらってないわ――ただの一ペニーも。つまり何も受け取ってないわけ。何ひとつ。

夫妻は、元ローバー従業員の再訓練を支援する資金提供プログラムの話を聞きつけた。「夫はそれに申しこんだ。コンピューターが好きだから〈マイクロソフト〉のコースを受けたかったんだけど、『いいえ、高すぎます』と言われた。でもみんな、二〇〇〇ポンド（約三〇万円）以上かかるガス管や電気設備の工事のコースを受講してたのよ。なのに夫の三〇〇〇ポンド（約四三万円）は却下された」

あまりにも失業が長引いて、ゲイナーの夫の自尊心は打ち砕かれた。「ひどい話よ。求人に応募するんだけど半分は返事もなくて、しかたがないから電話して面接を受ける。彼はあちこちの企業に電話して、『こちらから出向いて一週間、無償で働きますので、いいと思ったら雇ってください』と言う。煉瓦の壁に頭を打ちつけてるような気分ね」

失業者のなかには、絶望が大きすぎた人もいた。「何人か友人を失ったわ。元ローバーの従業員が自殺したの。支援するとかなんとか、嘘ばっかり。ばかばかしいことだらけよ、本当に！　みんな何ももらえなかった。彼らは言うの、これだけお金を用意してありますって。でもぜんぜん支払わない」。解雇された従業員には、雇用者信託基金から五〇〇〇ポンド（約七二万円）から六〇〇〇ポンド（約八七万円）が支払われることになっていたが、裁判が継続中なので、労働者は一ペニーも受け取っていない。従業員の妻たちの団体〈ローバー・コミュニティ・アクション・トラスト〉で会長を務めるジェマ・カートライトによると、「その間、家の差し押さえや一家離散が相次いだ[*3]」。

もうひとつ、ゲイナーがひどく不安に思っているのは、地域で育つ子供たちのことだ。「いまこのあたりには何もないから。あちこちでビルは建設中だけど、すごく遅いのよ。もっと早く建つと思ってた。空地はそこらじゅうにあるんだから」

周辺地域にクレーンがあり、建設作業員がいるのは確かだ。フェンスに取りつけられた看板には、「ロングブリッジ・ウェスト、持続可能なコミュニティ、一万件の新しい仕事、新築物件、地元の施設、公共スペース、設計・建築の機会あり」と書かれている。別の看板は少々あいまいで、「最大一万件の仕事あり」だ。

しかし、ロングブリッジ工場の閉鎖から五年間、男たちには本当に少ししか仕事がなかった。運よく仕事が見つかったとしても、低賃金のサービス業が多かった。地元のスーパーで八年間働いているメアリー・リンチに、話を聞いた。「ロングブリッジ工場で働いていた人たちが、何人かこっちに転職して働いてるわ。知り合いになれたのはよかった」。ただ、彼らの収入は大きく落ちこんだ。「みんな、給料が安いのにがっかりしてた。明らかに、ロングブリッジ工場のときほどよくなかったんでしょうね。だからちょっと落ちこんだみたいよ。ロングブリッジの給料がいくらよくても、スーパーマーケットの店員だと同じレベルの給料はもらえない。でもだいたい、仕事につけてよかったたって感謝してた」

アッシントンとロングブリッジには、共通するテーマが数多くある。たとえば、将来に対する失望と悲観。産業の崩壊が地域に大きな損害を与えたこと。そして、それが人間関係の悪化や、反社会的行為、ドラッグ、十代の妊娠といったさまざまな問題に結びついていること。どちらのコミュニティにも安定した好条件の仕事が不足し、多くの人が本人の過失ではないのに職を失っている。コミュニティに降りかかった厄災に端を発する、ほとんど避けようのない問題の数々を地元の人々のせいにするのは、明らかに不合理だろう。

ただ、それは政治家に言わなければならない。二〇一〇年の保守党の選挙運動の中心は、「ブロークン・ブリテン」という考え方だった——保守党党首デイビッド・キャメロンの表現を借りれば、イギリスが「社会的後退」に陥ったということだ。やはり炭鉱の町エドリントンで、虐待された過去を持つふたりの少年が、別の幼いふたりを虐待して無期限拘留となったとき、キャメロンは事件を証拠に用いて、これを「個別の悪質な事件」として見すごすわけにはいかないと主張した。保守党の説明には、「家庭崩壊、福祉依存、不登校、犯罪、そしてあまりにも多くのコミュニティで嫌というほど目にする問題」など、あらゆる論点が含まれていた。

キャメロンは、産業の崩壊が、これらの社会問題の発生になんらかの役割を果たしたことは認めなかった。「なぜわれわれの社会は壊れた《ブロークン》のでしょう」と大げさに問いかけ、彼自身が出した答えは、アッシントンやロングブリッジの人々を驚かせたはずだ。「なぜなら、政府が大きくなりすぎ、多くのことをやりすぎ、責任感をなくさせたからです」。つまり、国じゅうにあるアッシントンやロングブリッジのような地域社会の経済が破綻したこととは関係ないというわけだ。自由市場の冷たい風は無視したうえで、あれこれ指図する国家が人々から責任感を奪ったという説明だった。そのうえ、困窮したコミュニティの住民たちは、起きたことに対してみずから責任をとれと言われたのだ。

その挙げ句、多くの労働者階級のコミュニティにまちがいなく影響を与えた社会問題は、「チャヴ」現象として定義された。ベビーカーを押すティーンエイジャー、チンピラ、やる気のない大人たち——これらが多くの人の思い描くチャヴのイメージになった。メディアや人気のエンターテインメント、有力な政治家たちはこぞって、これらは道徳心の問題であり、是正すべき無秩序であるとわれわれを説得した。被害者に責任を押しつけることによって、ドラッグ、犯罪、反社会的行為といった社会問題の真の原因を、意図的にあいまいにした。症状と原因が混同されたのだ。苦しんでいるコミュニティこそ、サッチャリズムが引き起こした階級闘争の最大の犠牲者である。

「下流階級」という、人間性を無視したことばを評論家が口にするとき、彼らは過去三〇年間で厳しい社会・経済的変化の矢面に立たされた労働者たちを、ひとくくりにしている。しかし、そもそも労働者階級は一枚岩ではない。そのなかにはつねに異なる集団が存在し、全員が仲よく同席することなどなかった。熟練者と非熟練者、スラム街に住んでいた人たちと優良住宅に住んでいる人たち、無職者と就労者、貧困者と比較的裕福な人、北部出身者と南部出身者、イングランド人とウェールズ人とスコットランド人といったふうに。こうした労働者階級の分断の多くが、過去三〇年間の新自由主義経済政策によって形作られたことは、否定のしようがない。

「福祉制度のたかり屋」「不正受給者」の実像

アッシントンとロングブリッジは、とうてい例外的なケースではない。「かつての工業中心地が再生することはなかった」と、ガーディアン紙の経済担当編集者ラリー・エリオットも言う。「失業のひとつのとらえ方として、失業手当の申請者を数える方法がある。その数でいえば、たしかにある程度下がっている。けれど、そもそもこれは完全にまちがった方法だ。仕事の内容を見てみると、多くは流通業のパートタイムで、まえの仕事ほど給料もよくないのがわかる」

失業手当の申請者を数えても、当然ながら失業手当の受給者数しかわからない。彼らは氷山の一角だ。政府の労働力調査によると、失業して仕事を探している人々のうち、公式に失業者に分類されているのは、金融危機のまえですら、全体の半分にも満たない。

ニュー・レイバーは、就労可能年齢の三八〇〇万人中「八〇〇万人が経済活動をしていない」ことを認めた。保守党首相のデイビッド・キャメロンは、それを非難した右派のひとりだ。この数字には、学生や介護者、定年退職した人など、正当な理由で「経済活動をしていない」人が何百万人も含まれている。キャメロンは、公式の失業統計に表れない多数の無職者がいるとも指摘した。そのこと自体は正しかったが、そもそも真犯人がサッチャリズムの引き起こした産業崩壊であることは認識していない。「M4〔訳注：ロンドンとサウス・ウェールズをつなぐ高速道路〕の向こうに行けば、就労率は八〇パーセントほどだろう」とラリー・エリオットは言う。「でも、かつての工業中心地では、それが五五パーセントから多くても六〇パーセントだ。そういう地域で働いている人ははるかに少ないし、仕事もはるかに不安定で、もちろん給料は高くない」

二〇一〇年に政権につくやいなや、デイビッド・キャメロンは、人々が失業しているのは個々人の能力が足りないからだという考えを広めはじめた。もちろん、これはチャヴ蔑視のひとつの柱となる考え方だ。首相は、納税者に五二億ポンド（約七五〇〇億円）の損害を与えている社会福祉の「詐欺と誤処理」に厳しく対処すると公約したが、狡猾にも、生活保護の不正受給（年間一〇億ポンド〈約一四五〇億円〉）と、公務員の誤処理（年間合計四二億ポンド〈約六一〇〇億円〉にもなる）をいっしょに論じることで、生活保護の不正受給に関連した膨大な数字を新聞の見出しに載せ、それを人々の意識に植えつけた。

不正受給があることを否定するつもりはない。だが、数字が誇張されていることは言っておきたい。不正受給をうながすのは、その人の不誠実さというより、往々にして生活上の必要性であることも言っておきたい。たとえば、ジョゼフ・ローンツリー財団がおこなった説得力のある研究によると、給料が現金払いなので、働いていることを申告せずに生活保護を受けていた人の多くは、食費や光熱費、および借金返済のためにそうしていた。「恵まれない地域の人たちは、家族の衣食住をまかなうために非正規の仕事に頼る」と、報告書にアーロン・バーバーが書いている。「彼らは勤勉で、日々懸命に生きているふつうの人たちだ」[*4]。同じ報告書によると、民間の賃貸住宅に暮らす無職者のなかでは、正規の仕事につくと住宅補助を受けられなくなってさらに困窮するのではないかという不安が広がっているという。調査に応じた人々は、できるだけ早く正式に賃金が支払われる仕事につき、生活保護を受けるのをやめて、「まっとうに生きる」ことを何よりも願っていた。

多くの給付金が受けられる貧困のレベルがかなり下のほうであることを考えると、「制度の裏をかく」人が出ても驚くにはあたらない。イギリスの失業手当は、西欧諸国のさまざまな失業救済制度のなかでも最低レベルだ。もし一九七九年から、ほかの西欧諸国と同じく賃金と連動していれば、無職者は週に一一〇ポンド（約一万六〇〇〇円）もらえるはずだったが、たんにインフレと連動しているだけなので、二〇一〇年で週にたったの六五・四五ポンド（約九五〇〇円）しかもらえない。[*5] 安定した就職先を見つけられない人にとって、給付金だけでは生きていくので精いっぱいだ。生活保護受給者、とくに子供のいる人たちの一部が、国の乏しい援助を受けつつ、数時間分の給料がもらえる副業に手を出したとして、それが驚くようなことだろうか。

「福祉制度のたかり屋」というレッテルは、給付金をもらいながら非正規の仕事をしている人々にだけ貼られているのではない。就労不能給付金［訳注：一六歳以上年金受給年齢未満で、病気や障碍で働くのが困難な人が対象］の受給者も、昔から新聞の論者やあらゆる主要政党の政治家から攻撃されてきた。何十万もの人が働ける身でありながらさぼっている、と思われてきたのだ。しかし、就労不能給付金受給者の実際の数は、公式の失業統計と、ラリー・エリオットが述べた経済活動レベルのあいだに、大きな食いちがいがあることを示している。

数字の上では、一見、批判者が的を射ているように思われる。一九六三年に就労不能給付金を受給していた人は五〇万人に満たないが、二〇〇九年にはその数がおよそ二六〇万人となり、金融危機のただなかの失業手当受給者の数よりはるかに多かった。この四六年のあいだに、医学の進歩と食習慣や生活習慣の改善で社会が著しく健康になっているのは明らかだ。仕事ができないほど長期にわたって患う男性の数は、一七・四パーセントから一五・五パーセントとかなり減少している。[*6] だとすると、就労不能給付金の受給者数の急増は、説明がつかないのではないか？

ここで注目すべきなのは、受給者数は一九七九年から九七年にかけての保守党政権下で急増したという事実だ。とくに一九九〇年代前半の不況のあとで急に増え、当時の首相ジョン・メージャーが総選挙で大敗する一九九七年には、新たに約八〇万人が加わっていた。現在では、失業者数を隠すために就業不能給付が用いられていたと理解されるのが一般的だ。「長年、ＩＢ（就業不能給付）はある程度、失業者数を多少なりとも改善し、正直すぎる実状を知らせないために使われていた」と、保守党内閣の労働・年金担当大臣、イアン・ダンカン＝スミスも認めた。「保守党と労働党はその点で一致していた」[*7]

就労不能給付金の受給者は、イングランド北部やスコットランド、ウェールズの旧工業地帯に集中している。逆にロンドンを除く南部イングランドでは、受給率ははるかに低い。労働市場の専門家、クリスティナ・ビーティ博士とスティーブ・フォザーギル教授は、何百ものインタビューにもとづく斬新な調査をおこなって、ふたつの相反する仮説を検証した。ひとつは、受給者は本当に健康に問題を抱えているというもの。もうひとつは、旧工業地帯に受給者が集中しているおもな原因は仕事不足だというものだ。

「一九九〇年なかばから進んだ長期の経済再生は、多少溝を埋める役には立ったが、完全な回復は果たせなかった」と博士らは論じた。「このような状況で、充分な数の仕事——とくに、それなりに高収入の仕事——が行き渡ることはなかった。地方の労働需要がそこでの潜在的な労働供給に追いつかない、という労働市場の不均衡がある以上、一部の人が仕事につけなくなるのは避けられなかった」

そもそもの受給者は、私がアッシントンで話したかつての炭鉱労働者のように、仕事を失った元産業労働者だ。多くは職種のせいで実際に健康を害していたので、失業手当より金額の大きい就労不能給付金を申請することができた。その後、産業の崩壊でこれらの地域から地元の仕事は消え去り、低賃金のサービス業や公共の仕事がその空白をいくらか埋めただけだった。一九九〇年代には、就労不能給付金受給者の三分の一から二分の一が解雇された人だったが、時がたつにつれて、別の仕事を見つけたり、年をとって国の年金に移行したりする人が出てきた。

ならば今日、就労不能給付金を受給しているのはどのような人々だろうか。ビーティとフォザーギルの研究によれば、「典型的には、これといった資格や技能がなく、健康に問題のある肉体労働者で、仕事の選択肢としては、よくてもやりがいがないか、最低賃金ぎりぎりのものしかない」人々である。つまり、就労不能給付金を受け取っている人のタイプは、ほんの一〇年前と比べても異なるということだ——たとえ新聞の見出しの数字がほとんど変わらないにしろ。

研究者たちは、イングランド北西部のバロー＝イン＝ファーネスについて調べた。以前は造船業で栄えたが、産業の崩壊で打撃を受けた町である。一九九〇年代の就労不能給付金受給者は、大部分が解雇された造船所の熟練労働者だったが、その後、健康を害して最後の仕事を辞めた。技能も資格も足りない労働者がほとんどで、「もはや何かの仕事に復帰できるという希望も抱いていない」。

「労働力過剰」の地域では、雇用者側も、体の弱い従業員に負荷の少ない仕事を与えるなどして雇用を継続しようとは考えにくくなる。いつでも健康な労働者を雇うことができるからだ。不健康な労働者は、ひとたび解雇されると不利な立場になる。就労不能給付金の受給者には、なんの技能も持っていない人が圧倒的に多いが、近年、こうした人には肉体労働の機会も減っていて、実際に身体的になんらかの問題を抱えていれば、さらに機会は少なくなる。博士らは、「イギリスの就労不能給付金受給者の数が非常に多いのは、仕事と健康の両方の問題があるためだ」と結論づけた。*8

グラスゴーは、イギリスの産業空洞化のあといまだに大規模な失業が続いている（ただし実態は隠されている）顕著な例だ。この市は、ほかのどの地方自治体より多くの就労不能給付金受給者に、住宅を提供している。なんらかの身体障碍給付金を受給している人の数は一九九五年がピークだった（労働人口の五人に一人、国内平均のほとんど三倍）。グラスゴー大学とグラスゴー市議会の専門家グループは、一九八〇年代から受給者数がどう増加したかを検証し、「疾病手当の受給者が急増したおもな原因は、町の急速な産業空洞化である」と結論した。一九九一年の製造業の仕事の数は、一九七一年のわずか三分の一まで激減し、驚くべきことに、グラスゴーは一九八一年からの一〇年間で、経済の不活発な地方自治体の二〇八位から一〇位に急上昇した。

その状況は二〇〇〇年代に改善し、身体障碍給付金の受給者数は全国平均の三倍から二倍に減ったが、ここでの重要な発見は、この減少が何より「労働市場の強化」にもとづいていたということだった。報告書が、政府の「問題は仕事不足ではない」という主張を却下したのも無理はない。[*9]

真犯人は産業空洞化だ

もちろん、就労不能給付金の受給者のうち相当数の実態がイギリスの失業者なのだとしても、健康問題を無視していいことにはならない。ニュー・レイバー内閣と、二〇一〇年総選挙後の保守党主導の内閣は、「不況のせいで仕事が消えてしまったにもかかわらず、受給者に厳しい態度で臨み、明らかに健康障碍のある人々が給付金を打ち切られた」というスキャンダルを、市民相談協会に暴露された。新たに導入された厳しい審査で「就労可能」と判定された二万人を超える人々が、協会に相談を持ちこんだのだ。末期病患者をはじめ、パーキンソン病や多発性硬化症が進行した人、精神疾患に苦しむ人、開胸手術を待っている人たちまでが、みな仕事への復帰が可能と登録された。ある女性は、胃がんの化学療法で入院していたために審査の予約ができなかったが、それで給付金を打ち切られた。[*10]

たしかに、制度を悪用して給付金をだまし取っている人もいる。右派のタブロイド紙は、その種の詐欺のもっとも腹立たしい例を嬉々として追いかける。だが、それは少数派で、決して大部分の失業者を代表していない。最新の数値（二〇〇六─〇七年）によると、不正受給で起訴されたのはたったの六七五六人だ。

ロバート・マクドナルド教授と共同研究者のジェーン・マーシュは、厳しい経済の変化が労働者階級のコミュニティに与えた影響を長年調査している。教授に、下流階級は存在するかと尋ねたところ、「端的に言って、答えはノーだ！……こうした典型的な状況を描写するには、『下流階級』よりもっと正確で誠実なことばと理論が必要だ。いま思いついているなかで、いちばんいいのは、『経済的疎外のプロセス』だね」。マクドナルドは、「福祉依存」という考えについて次のように断言した。

「福祉依存」という考え方は誇張されている……あるいは、全体像をぼやかす非常に強力で一般的な概念という意味で、大問題かもしれない。仕事につくことを「あきらめ」、給付金に頼って生きていく方法を見つけた家族がいるのはまちがいないが、長年公営住宅を見てまわっても、このことばに相当するような家族はいなかった。調査した地域では、福祉依存の文化があふれていると言われたにもかかわらずだ。

同分野のほかの専門家と同じく、マクドナルドも失業率と仕事不足を関連づけている。当然だと思われるかもしれないが、いまの政治情勢ではそうでもない。彼の研究は、「比較的高収入で安定した、熟練を要する労働者階級の仕事が、今回の経済改革でどのように減少して、低技能、低収入で不安定な非肉体労働（あるいは肉体労働）に置き換えられたか」に焦点を当てている。マクドナルドはいま国内有数の貧しい地域、ティーズサイドに住んでいるが、労働の内容が変わったプロセスは、「産業空洞化のプロセスと完全に一致しており、それで説明がつく」という。

つまり、貧しい労働者階級は、「断続的な『貧しい仕事』と、ところどころ生活保護に頼る不安定な生活を強いられている」ということだ。「これが老若男女問わず、われわれが調査した人たちの実態だった。このことは、あまり人の耳に入らない。みなが語るのは、『福祉依存』だとか、そういうことばかりだ」。よく誤解されているが、生活保護の統計に計上される受給者は、固定されているわけではない。実際には多くの受給者が、低賃金で不安定な仕事についたり、辞めたりして入れ替わっている。たとえば、失業手当をもらっている無職者の場合、受給額は賃金上昇と連動していないので週にたったの六五・四五ポンド（約九五〇〇円）だが、国家統計局によると、一九九九年以降、最後に申請してから六カ月以内にもう一度申請した人は、男性の約半数、女性の三分の一である。[*11] 福祉中毒の下流階級という考えがますます馬鹿げて聞こえるだろう。無職の人はむしろ、仕事についたり辞めたりをくり返しているのだ。

たんに充分な数の求人がない、それが現状だ。二〇一〇年後半、公式発表では二五〇万人近くの人々が無職だった。しかも、これには政府が就労不能給付金を打ち切ろうとしている何十万もの人々が含まれていない。一方、全国の求人数は五〇万にも満たない。これは政府自体が出した数字である。なのにイアン・ダンカン＝スミスは、産業の空洞化でひときわ大きな打撃を受け、高い失業率に悩まされるウェールズの町マーサー・ティドビルを引き合いに出し、地域の人口が「停滞」しているので、「バスに乗って」職探しに首都カーディフに行くべきだと提案した。もっとも、カーディフでも、求人ひとつに対して九人が申しこむ状況であることがわかって、彼の提案は吹き飛ばされたのだが。[*12]

雇用者側から見ると、失業を「偽装」して生活している何十万もの人々から給付金を奪い取ることは、少なくとも利益になる。いっそう多くの人が低賃金の仕事をめぐって競い合い、賃金の下落に拍車がかかるからだ。求人数が奇跡的に増えないかぎり、ほかの労働者も失業する。給付の厳格化で企業は繁栄するかもしれないが、生活保護受給者と低賃金労働者は、さらなる貧困に追いやられる危険がある。

失業は何より「階級問題」だ。労働者階級のほうが中流階級より遭いやすい運命と言ってもいい。金融危機から約一年後の二〇〇九年五月、専門職の人々の失業率はわずか一・三パーセントで、経営者や高級官吏と比べてもさほど高くなかった。しかし、熟練労働者の失業率は八・一パーセント、販売や顧客サービス業の労働者は一〇・五パーセント、さらに、非熟練の「初歩的な」労働者は一三・七パーセントと、専門職より一〇倍以上高い割合だった。[*13]

政府の緊縮財政は、さらに何十万もの労働者階級の人々を、必然的に失業の悪夢に追いやる。一九八〇年代前半から九〇年代前半の不景気でひどい損害をこうむった旧工業地帯は、またしても、いちばん苦しむことになるだろう。工場や炭鉱が閉鎖されたあとの空白を埋めたのは、ほとんどが公共部門だったからだ。保守党主導内閣のもとで、「国営」に対するイデオロギー戦争が激しくなればなるほど、公共部門の失業者の増加はまちがいなく求人数を押し下げ、民間にも打撃を与える。これに加えて、国との契約に頼っていた相当数の民間企業も、いまや契約を破棄されている。二〇一〇年の終わりにイギリス人事教育協会は、政府の削減政策で一六〇万人が失業に追いこまれ、もっとも仕事がなくなるのは民間だと推定した。

現代のイギリスでは、仕事があっても貧しくなりうる。一般に「貧困」とは、住居費を差し引いたあとの収入が、全国中央値の六〇パーセントに満たないことを指す。サッチャーの反革命直前の貧困者数は五〇〇万人未満、総人口の一〇人に一人もいなかった。それが今日では一三五〇万人、五人に一人以上となっている。これは、子供のいない独身の成人の場合で言うと、住居費を差し引いたあと週に一一五ポンド（約一万七〇〇〇円）未満で生活するということだ。幼い子供がふたりいる夫婦の場合には、週に二七九ポンド（約四万円）未満。EU諸国でこれより貧困率が高いのは、たった四カ国しかない。

政治家や、メディアに出てくる評論家は、仕事こそ貧困から抜け出す手段だと主張するが、低賃金のイギリスでは、仕事をしても豊かな暮らしができる保証はない。現に、貧しい生活をしている人の大部分は働いているのだ。就労者のいない貧困世帯は三〇〇万あるが、このほかに、働いていても最低生活水準以下の世帯が三五〇万ある。貧困率は失業率と同じように、構成員が固定された数字ではないので、きわめて多くの人に影響を与える。そこには、一生をつうじて就職と退職をくり返す、より大きな層があるのだ。

一九九七年に政権についたニュー・レイバーは、嘆かわしいワーキングプアの問題に対処するために制度改革に取り組んだが、あくまで新自由主義経済の枠組みのなかでだった――つまり、市場が暴れまわるのにまかせたということだ。

労働組合に支持された有力な労働党下院議員ジョン・マクドネルは、当時の政府の取り組みを、こうまとめた。「われわれはタックス・クレジットを導入して富を再分配するが、あなたがたには確実に低賃金の仕事についてもらう。それは考えうるなかで最低の賃金だ。そうして貧困から抜け出せないとしたら、あなたがたの責任だ。労働者に対してはビクトリア時代のような見下した態度で臨む」

最低賃金がその好例だ。一九九九年に保守党と企業の反対を押し切って導入したこれは、たしかに何十万人もの低賃金労働者に本物の変化をもたらした。なんと言っても、少しまえまで時給一・五〇ポンド（約二二〇円）で人を働かせても完全に合法だったのだ。とはいえ、新たに設けられた最低賃金もきわめて低いレベルだった。二〇一〇年で、二二歳以上の時給がたったの五・八〇ポンド（約八四〇円）である。なお悪いことに、若者が差別されていて、一八歳から二一歳の労働者は、一七歳以下の三・五七ポンド（約五二〇円）よりは上がるものの、四・八三ポンド（約七〇〇円）で頭打ちだった。

これらは明らかに快適に暮らせる賃金ではない。ジョゼフ・ローンツリー財団によると、独身者に許容可能な生活水準の下限は年収一万四四〇〇ポンド（約二一〇万円）。子供がいれば当然足りない。週に三五時間働くとすると、時給にして七・九三ポンド（約一一五〇円）だ。最低賃金と比べると、時給二ポンド（約二九〇円）以上多いが、ただでさえ低い最低賃金は、不況のせいでインフレを下まわる上昇率に抑えられた。

ニュー・レイバーの低賃金対策の第二の柱は、タックス・クレジットだった。低収入の労働者は、ワーキング・タックス・クレジット［訳注：働いている親やひとり親に、最高で年額約三〇万円を支給。子どもの保育費用によっては加算もあり］と、該当すればチャイルド・タックス・クレジット［訳注：一六歳未満の子を持つ親に、最高で年額約八万円を、さらに子どもひとりにつき最高約四〇万円を支給］を、収入に上乗せすることができる。だが、資力調査がおこなわれる制度ゆえに官僚的で、対象となる多くの人が請求していないという。市民相談協会によると、およそ六二億ポンド（約九〇〇〇億円）のタックス・クレジットが毎年支払われていない。資力調査が必要な給付金を合計すると、申請されていない金額は一〇五億ポンド（約一兆五二〇〇億円）にのぼる。子供のいない低賃金労働者の五人のうち四人が、週に少なくとも三八ポンド（約五五〇〇円）のタックス・クレジットを逃している計算だ。この「受給もれ」に比べれば、給付金詐欺による損害額ははるかに少ない。「福祉制度のたかり屋」を取り締まる議論で、完全に無視されている事実である。

もうひとつ、タックス・クレジット制度の大きな欠陥は、払いすぎるケースがあとを絶たないことだ。払いすぎなら悪いことではないと思うかもしれない。国が低賃金労働者の口座にほんの少し多く振りこむだけだろう、と。問題は、国が気づいて返還を求めることだ。「収入は増えたり減ったりするけれど、タックス・クレジットは年計算だから、国民は大金が振りこまれたかと思ったら、突然七〇〇〇ポンド（約一〇〇万円）の返還を命じる手紙を受け取る」と、労働党のクレア・ショートは言う。ひとり親の支援団体〈ジンジャーブレッド〉のフィオナ・ウィアー代表は、借金に対するひとり親の不安は非常に強いと言う。「ワーキング・タックス・クレジットを申請すればかなりのお金を受け取れるのに、あえて申請しない人たちがいる。受給に慣れてしまったあとで国からの過払いがわかって、その借金を返済できなくなるのがどうしても怖いからって」

さらに、ガーディアン紙のラリー・エリオットは、タックス・クレジットは多くの低賃金労働者にとって命綱だが、逆にそれが、低賃金を経済的に存続させる原因にもなっていると考える。タックス・クレジットがあることで、低賃金が「柔軟な」労働市場の必要悪と見なされ、雇用者が改善しなくなるおそれがあるからだ。タックス・クレジットは「実質的には、低い給与に国が助成金を出している」状態だとエリオットは断じる。

「もちろん大切なのは、どんなにつまらない仕事でも、低賃金の仕事でも、働けば生活ができるようにすることです」とクレア・ショートは言う。「けれども、タックス・クレジットが当時の富の再配分の手段だった。長期的にもっと平等な社会をめざしているのなら、きわめて消極的な策と言わざるをえない。不平等をうしろから支えるだけだから」

ニュー・レイバー政権下では、サッチャー時代ほど速く不平等が拡大することはなかったが、一九八〇年代に開いた富裕層と貧困層の巨大な格差が縮まることもなかった。ニュー・レイバーが政権をとった一三年間が終わっても、イギリスは西欧諸国でもっとも不平等な社会のままだった。タックス・クレジットや最低賃金の政策でも、その状況は変わらなかったのだ。二〇〇〇年代に増加した収入の三分の二は、人口の上位一〇パーセントの銀行口座に入った。

貧困者には悪意に満ちた非難が数多く向けられるが、そのひとつに、「金をつまらない贅沢品に注ぎこんで自滅する」というのがある。だが、これは現実からかけ離れた話だ。負債の専門家で〈クレジット・アクション〉理事のクリス・タップは、低賃金労働者に金のやりくりの教育をする必要はほとんどないと指摘する。「収入面で最下層にいる人たちは、最上位の人たちより日々の金銭管理がしっかりしている。でないと死活問題だから。毎週入ってくるごくわずかな金のなかから請求書の支払いをし、食べ物を買い、子供に食事をさせるとなると、管理は嫌でもうまくなるよ」。金持ちより貧しい人のほうが、賢い金の使い方に関心を持っている、と彼は言う。

「公営住宅」に関する政府の無策と非道

貧困者や無職者に対する偏見が、どれほど強く公営住宅のイメージと結びついているかは、すでに見てきたとおりだ。「チャヴ」が「公営住宅に住んで暴力的（Council Housed And Violent）」の頭字語と言われるだけのことはある。バーミンガムの公営住宅で育ったリンジー・ハンリーは、すぐれた著書*Estates*（公営住宅）のなかでこう書いた。「『公営住宅』ということばで連想ゲームをすると、アルコール依存症、ドラッグ中毒、とことんくだらない愚かな行為などが出てくる。慢性的な貧困と、階級の檻と、身につけた無関心のなかに閉じこめられて、ある種の心の病になっているというのだ[*14]」

三〇年にわたる社会政策の結果、公営住宅にはたった一種類の人たちしか住まなくなった、ということではない。「住宅協会の借家や公営住宅に住む人々について、一般論を述べるのはかなりむずかしいと思う。いろいろな人がいるから」と〈シェルター〉のマーク・トマスは言う。

国内のある地域で見たものが、そのまま別の地域に当てはまるわけではない。メディアの議論では、公営住宅の大ざっぱなステレオタイプばかり取り上げているように思う。誰かが公営住宅に行って写真を撮ると、たいていすごく汚いから、視聴者の頭のなかにイメージができあがる。「買う権利」政策の結果でもあるけれど、実際には、人々が「公営住宅」と呼ぶものの入居形態は本当にさまざまだ。

言い換えれば、昔は公営住宅といえば一種類だったが、今日では所有者もいるし、民間の仲介業者を通した賃借人も、公営住宅としての賃借人もいるということだ。トマスは、公営住宅に住む人々のちがいを何度も強調する。

定年退職者もいれば、障碍者もいる。しっかり働いている人も、暮らしを支えるためにできることを精いっぱいしている人もいる。非常に豊かな地域にあって、ふつうは「公営住宅」と呼ばれないような家に住んでいる人たちも。たしかに公営住宅のなかには粗末な物件もあるが、それがすべてではないことを忘れないでほしい。それなのに、一般の議論は勝手に決めつけすぎていることが多い。

保守党の政治家や右派の評論家のあいだでは、公営住宅は賃借人の「依存性」を高めるという主張が流行っているが、トマスはこれもきっぱりと否定した。「公営住宅政策がなぜか、貧困の原因になるとか、実際には人を貧困に追いこんで依存性を高めると言われることがあるけれど、われわれの見方はちがう。命をつなぐセーフティネットだと思う。手頃で安定した生活基盤を提供することで、彼らはそこから努力して成功し、生活のほかの面も充実させることができる。公営住宅がなければ、ものすごくむずかしいことだ」

一見したところ、近年の政府が手頃な物件を供給できていないのは、あまりにも不可解だ。二〇一〇年は、一九二二年以降（第二次世界大戦中は明らかに除外して）もっとも住宅建築数が少なかった。サッチャーが政権につくまで毎年、公営住宅の建築数が七万五〇〇〇戸を下まわったことはなかったが、一九九九年は恥ずかしいほど不充分な八四戸だった。

過去三〇年を支配してきた呪文は、「市場がいちばんよく知っている」だった。しかし、この宗教じみた信念がいかに馬鹿げたものになりうるかは、国が市場原理を重視して、国内の住宅需要に応えていないことからもわかる。待機リストに名を連ねて何年も待っている大勢の人のほかに、二〇〇一年から二〇〇八年にかけて簡易宿泊施設で暮らす人の数は、なんと一三五パーセントも急増しているのだ。一方、公営住宅にあまり投資しない政府は、住宅手当に年二一〇億ポンド（約三兆四四〇億円）も費やし、そのほとんどが民間の地主への助成金になっている。

住宅危機が年々悪化し、住まいの問題が人々の生活の中心になっているにもかかわらず、なぜ労働党政府は有効な政策を打ち出せなかったのか。この点を、住宅担当の閣内大臣だったヘイゼル・ブリアーズに訊いてみた。彼女はニュー・レイバーが充分な数の住宅を建てなかったことを認めたが、反論もした。「住宅政策は必要だったと思うけれど、それが公営住宅建設計画であるべきだったかどうかは、いまも確信していません。政策全般について、地方自治体に対する偏見があったと思う。ただ、ある意味では正しかった。なかにはどうしようもない自治体もあったから。ちょっとした仕事もできないのに、コミュニティの運営ができるわけがありません」

ブリアーズは、地方自治体が改善したのは確かだが、ニュー・レイバーは基本的に彼らを信用しておらず、できるだけ避けていたと言う。

——労働党政府が初期にしたことは、地方自治体をなるべく避けて通る平行軌道を、いくつも作ることだったと思います。継続教育であれ、住宅政策やＮＨＳ基金であれ、そういうことすべてについて、地方自治体を信じていなかった。政治的にではなく、実行能力の問題として。だから国は、住宅協会も、〈アームズ・レングス管理組織〉（半独立の住宅提供団体）も所有して、株式譲渡をおこなっている。地方自治体に権限を与えないためになんでもしたのです……。

だが、労働党下院議員ジョン・マクドネルは、この説明に異議を唱えた。「地方自治体が『ちょっとした仕事もできない』のは、二〇年間で彼らが持っていた権限もリソースも奪われたからだ。まともにものを考えられるどこの人間が、食糧配給と、みんなに「ノー」と言うことだけが仕事の地方議員になりたがる？」。マクドネルは、サッチャー政権が奪った地方自治体の権限を、労働党が返すこともできたと主張する。それに時間がかかりすぎるのなら、政府は自主管理組合による住宅提供の再活性化にてこ入れしてもよかった。

ブリアーズはまた、別の理由もほのめかした――当時の政府には、住宅問題に興味を示す閣僚がいなかった、と。「住宅関連の大物がいませんでした」と彼女は言う。「おそらく私たちの政府には、住宅制度に全力で取り組む専門家が必要だった。思い返すと、そういう人物はいませんでした」

ブリアーズ自身も、ニュー・レイバーが住宅問題を無視した影響を、自分の選挙区サルフォードで見ている。「手頃な住宅を確保し供給しておくという点では、そう、はるかにたくさんやるべきことがありました。社会的な影響は非常に大きかったから。待機リストには一万六〇〇〇人もいるのですし」

保守党が率いる政府のもとでは、この危機はさらに深刻化するだろう。デイビッド・キャメロンは、新政権ができてほんの数カ月後に、公営住宅の終身賃貸契約の廃止を命じた。その代わり、最貧困層の人々は五年から最大一〇年までの契約を結べる、と。この変更によって、生活状況が充分改善したと判断された住人は家から追い出され、民間の賃貸住宅に入らなければならなくなった。公営住宅はそのうち、貧困者の一時避難所と大差ないものになるだろう。政策の柱に「大きな社会」の構築を掲げる政府が、全国の労働者階級のコミュニティの結束をさらに弱める計画を明らかにしたのだ。

社会の「浄化」と前代未聞の差別につながると同時に、国民を通りに放り出すことにつながる政策は、ほかにもある。二〇一〇年の総選挙後、初の予算委員会で、政府は住宅手当を削減すると発表したが、そのとき、この種の社会保障費が年を追って膨大になっていると不満を述べながら、その原因が手頃な公営住宅の危機的な減少にあることは指摘しなかった。住宅手当が得られる家賃の水準を引き下げれば、貧しい人々が住める物件の数はさらに減る。彼らはもっと安いところに移るか、ホームレスにならざるをえない。

そのうえ、無職世帯の手当の上限を、一週間あたり五〇〇ポンド（約七万円）にする政策が加わった。その結果、低賃金労働者は比較的裕福な地域から追い出され、事実上の貧民街に移らざるをえなくなっている。ロンドンの市議の見積もりによると、八万二〇〇〇世帯、二五万もの人々が持ち家を失うか、引っ越しを余儀なくされる。そうなれば、第二次世界大戦以降、イギリス最大の人口大移動だ。「住宅課に三〇年いますが、これほど計画的な人口移動は見たことがない」と、ロンドン市役所の上級職員は言った。「ロンドンは、貧困層が周辺部に住むパリに似てくるだろう。中心部の多くの区では、三、四年のうちに民間賃貸物件に住む貧しい人はいなくなる……まるで一九世紀のように」[*15]

こうした計画の中心に「社会浄化」があると考えたのは、政府に反対する人たちだけではなかった。ある匿名の保守党大臣はこの政策を、一八世紀後半から一九世紀前半にかけて、スコットランドのハイランド地方で小作農が強制的に土地から追い出された「ハイランド・クリアランス」になぞらえ、労働党に投票する有権者が、ロンドンからごっそりいなくなると指摘した。また、二〇一〇年の総選挙で敗れたハマースミス地区の保守党候補者、ショーン・ベイリーも、市内の貧しい地域で保守党が議席を獲得するのはむずかしくなるだろう、「労働党がそこを貧困者でいっぱいにしたから」と言った。

政府の見え透いた政策に対する怒りは大きく、ロンドン市長の保守党員ボリス・ジョンソンでさえ、首都を「コソボのように社会浄化」することは認められない、と公の場で発言した。*16

要するに、これらは有害な政策の詰め合わせなのだ。安定した仕事のない人が多数出て、快適に暮らせない低賃金で働き、貧困率は西欧諸国でも突出して高くなり、何百万もの人が手頃な住宅に住めなくなる。イギリスでも最貧の労働者階級コミュニティでは、こうした危機が身近に感じられるようになった。そこに、みじめさと欲求不満と絶望が加われば、ほかの社会問題が起きたとしてもなんの不思議もない。

彼らはなぜ、非行に走るのか？

仮に、あなたが今日のイギリスの、貧しい労働者階級の若者だとしよう。兄弟はふたり。子供時代から、よその子には当たりまえの玩具、おでかけ、休暇、良質な食べ物など、多くのものが欠けている、みすぼらしく狭苦しい家やアパートですごした。自分ひとりの空間はほとんどなかった。両親、またはひとり親は、できるかぎりのことをしてくれたかもしれないが、日々の資金繰りに追われるストレスを抱えながら、単調な低賃金の仕事をしているか、まったく仕事がないかだ。

地元には、やってみたくなるまっとうな仕事がほとんどない。若者の四人に一人はどこかの段階で「ニート」になる――一六歳から一八歳の「教育も受けず、雇用もされず、研修中でもない」若者のことだ。産業に徒弟制度がなくなったことで、労働者階級の若い男性の多くには、選択肢もほとんどなくなった。

「産業構造改革が、労働者階級の若者における大人への移行期にも、重大な構造改革をもたらしたのはまちがいない」とロバート・マクドナルド教授は言う。これほど多くの若者に、これほどわずかな希望しかないとすれば、貧しい労働者階級のコミュニティに反社会的行為が蔓延しても、驚くにはあたらないだろう。

もちろん、この問題は誇張されやすい。「よく『あいつらはみんな不良だ』と言われるが、それはちがう!」と、定年退職したバーミンガムの鋳型製作者は言った。「おれも昔は悪い仲間とつるんでた。膝下まであるコートを着てね。先の尖った靴やジーンズはほとんどはかなかった。ごろつきと言われたよ。でも、みんな生き残った。この世代も成長して、次の世代はまた、みんなが愚痴をこぼすような別の何かになる。いや、そんなにあいつらが悪いとは思わないね。ひとりふたりは悪いのがいるかもしれないが、それは昔から同じだ!」

マクドナルドも、「昔から同じ」という点に同意する。「大勢のふつうの労働者階級の若者が、汚名を着せられ、囲いに入れられ、追いやられ、立ち退かされ、厄介者というレッテルを貼られる。なんの問題もないふつうの仲間たちと夜の通りですごしているだけなのに。われわれの研究では、街角でのそういう交流は、ふつうの労働者階級の若者にもっとも多い娯楽だった。昔からそうじゃないかな? 私もやっていたよ!」

にもかかわらず、これまで政治家やメディアは、労働者階級の若者に対する不安や憎しみを助長するばかりで、反社会的行為の根本的な原因を探ろうとはしなかった。その当然の結果として、少数の若者がコミュニティのほかの人に迷惑をかける、またはもっと悪いことをすることはなくならない。アッシントンを見ればわかるように、本当のところ、それはあまりにも多くの場合、絶望の表れであり、未来がないことへの苦悩や、失うものは何もないという感情の表出にすぎない。

「退屈さ」も、まちがいなくもうひとつの要因だ。解き放たれた自由市場がわれわれのコミュニティを少しずつ壊し、若者たちの集まる場所が消えていった。コミュニティのほかの人たちと同じように。政府の資産評価局によると、ニュー・レイバー政権下の一三年間で、スポーツクラブと社交クラブは五五パーセント減少した。

郵便局は三九パーセント、水泳プールは二一パーセント、パブは七パーセント、公立図書館は六パーセントの減少だった。代わりにできた場所はコミュニティの感覚を養わず、若者にやりがいも与えなかった。一方で、たとえば、私営馬券売り場とカジノはそれぞれ三九パーセント、二七パーセント増えた。[*17] 若者が自分で娯楽を作り出さなければならなかったのも無理はない――あるいは、少数の者が退屈さや絶望から反社会的行為をとるようになったのも。

多くの人にとって、街角でパーカーを着て威嚇するかのようにぶらつく大勢のティーンエイジャーたちの姿ほど、有害な反社会的行為を象徴しているものはない。だが実際には、ジョゼフ・ローンツリー財団の調査が示すとおり、自衛のために集団を作り、互いに見張りを務めてトラブルを回避しているティーンエイジャーもいる。六つの場所で非行グループの文化を観察した研究者たちは、縄張り行動と貧しいコミュニティに強い相関があることを発見した。一部の若者が非行グループに加わるのは、そうしなければ得られない娯楽、刺激、支援があるからだったが、財団はさらに、「住環境の悪さ、悪化しがちな家庭状況、縄張り意識の相関」も明らかにした。「一部の若者の縄張り行動は、困窮と、チャンスや魅力的な活動の不足、制限された向上心、アイデンティティの表現として発生しうる」。また、非行グループは「貧しい生活をしている若者の対処メカニズムとも考えられる」。[*18]

右派の評論家や政治家が、「労働者階級の若者の反社会的行為は、親のしつけが悪いせいだ」と言うのをよく耳にする。イギリス有数の右派コラムニスト、サイモン・ヘッファーは、そのことを次のように語った。「子供のしつけができない親は罰する必要がある――それも厳重に。つまり、刑事責任を問えない年齢の子供が犯罪に手を染めた場合には、その子たちの親を刑務所に入れるんだ！　子供は保護施設に入れて、適切に育て、きちんと教育を受けさせる」

だが、この見解とは対照的に、ジョゼフ・ローンツリー財団の一連の報告によると、生活の厳しい労働者階級の地域では、両親がたいてい非常に前向きな役割を果たしているという実態がある。報告書の共著者であるピーター・シーマンはこう述べた。「若者の反社会的行為は親のしつけが悪いせいだという見方が浸透しているが、われわれがインタビューした親たちは、自分たちの子供が危険にさらされるのを最小限にとどめ、道を踏みはずすような誘惑から守るために、入念な戦略を立てていた」[19]

非行グループは、分裂が進む労働者階級コミュニティから失われた連帯感を提供する。急増する将来の見通しの立たない若者に対して、生きる意味や組織や報酬を与えることができる。貧しい環境で育ち、将来を信じていない一部の労働者階級の子供の興味を引くのも当然だ。ある調査報告にあるように、危険を冒すことや犯罪行為によって、グループ内で「キャリアアップ」の機会が与えられる。それが、手の届く唯一の成功と考えている若者も少なくない。「学校では学業成績だけが重視される」ので、一部の若者は「自分を認めてくれるほかの場所」を探したのだ。[20]

ところが、ニュー・レイバー時代には、反社会的行為の「原因」より、その「症状」を厳しく取り締まった。反社会的行為禁止命令（ＡＳＢＯ）を大量に出すなど、人々の心のなかの問題を誇張し、関係した若者を犯罪者にするだけで、彼らの人生を好転させる努力は何もしなかったのだ。恥ずべきことだが、イングランドとウェールズで収監された若者の数は、西欧のほかのどの地域より多い。一〇歳から一七歳の施設内処遇者の数は、一九九一年から二〇〇六年のあいだに三倍になったが、刑務所は矯正施設ではないから、出所後の再犯率はおよそ四分の三だった。[21]

犯罪に対するニュー・レイバーの取り組みは総じて権威主義的で、根本の原因である貧困を無視していた。労働党党首になるまえ、人気急上昇中だったトニー・ブレアは、「犯罪に厳しく、犯罪の原因にも厳しい」政策を公約して喝采を浴びたものの、彼の政務秘書官だったジョン・マクターナンも認めたとおり、ニュー・レイバーの政策は「犯罪に厳しく、犯罪者にも厳しい」もので終わった。[*22] 一九九三年から二〇一〇年にかけて、イングランドとウェールズの刑務所の収容者数は、四万四五〇〇人から約八万五〇〇〇人と、倍近くになった。[*23]

これらの数字について驚かされるのは、犯罪そのものは減少しているのに、収監者数が手に負えない状況になっていることだ。二〇一〇年の総選挙期間中、保守党は、彼らの主張する「ブロークン・ブリテン」の例として真っ先に犯罪率の急増を挙げたが、その数字はでたらめだった。英国犯罪調査によると、一九九三年には一八五〇万件だった犯罪件数が、二〇〇九年には一〇七〇万件に減少している。この成果は、多くのニュー・レイバーの政治家が国民に信じさせようとしたように、刑務所の収監者数が増えたからではない。

二〇〇六年に労働党が政権を握ったときに漏洩した政府の機密文書によると、「近年の犯罪減少の八〇パーセントの要因は、経済の好転……」だった。[*24] また、〈犯罪・社会財団〉による二〇〇五年の研究では、一九八〇年代に急上昇した殺人事件の比率は、不景気と大量失業の結果だったと論じられている。たしかに、一九九〇年代初めから経済が持ち直すと、西欧諸国全体で犯罪率が低下した。二〇一〇年の総選挙後に成立した保守党主導の連立内閣でさえ、犯罪とその裏にある経済的要因の関連性を認めている。世間を騒がせるのが好きなジャーナリズムと、大げさな物言いが好きな政治家のせいで、犯罪率が低下しても、人々はさらに犯罪を怖れるようになったのだ。

とはいえ、所属する階級によっては、犯罪の犠牲者になる可能性が高まっているのも確かだ。英国犯罪調査は、労働者階級の人々のほうが、中流階級より明らかに犯罪被害に遭いやすいことを示している。労働者階級は、法と秩序の問題で警察に頼りすぎるとよく非難されるが、自分たちのコミュニティで犯罪の危険性が高いのであれば、心配もするだろう。

イギリスの多くの犯罪の根底にあるのが違法なドラッグ産業であることは、まず疑問の余地がない。多くの人は、公営住宅といえば皮下注射用の針が散乱する汚い階段を連想するが、じつはドラッグの経験と階級とは関係ない。労働者階級だろうと中流階級だろうと、何百万人ものティーンエイジャーがジョイントを吸うし、外での夜遊びでエクスタシーの錠剤を飲んだことのある若者の割合は非常に高い。

「入手可能な証拠を見るかぎり、ティーンエイジャーや若者に関しては、社会経済的地位と、ドラッグやアルコールの乱用とのあいだに明確なつながりはない」と、ドラッグ関連の慈善団体〈ドラッグスコープ〉の経営責任者、マーティン・バーンズは言う。たとえばコカインは、昔から中流階級が好むドラッグとして知られている。下院特別委員会も最近の報告書で、「コカインが以前より社会に受け入れられ、安全な中流階級のドラッグと見なされるようになったようだ」と非難した。[*25]

だが、問題のあるドラッグ使用となると、ちがいは歴然としている。「政府のドラッグ乱用審議会が二、三年前に発表した報告書では、年配層のドラッグの乱用は、貧困と失業の多い地域と明確に結びついているという結論だった」とマーティン・バーンズは言う。これは、とくに経済危機で荒廃した労働者階級のコミュニティで顕著だ。「一九九〇年代に失業で大打撃を受けた地域、とりわけ若者が多く失業したコミュニティでは、ヘロイン以外のドラッグの乱用が、目に見えて増加している」

バーンズの意見はもちろん、一九八〇年代の激しい消費主義の台頭や、ドラッグが手に入りやすくなったことなど、ほかの要素も関係していると慎重だ。それでも、たいてい人々は、絶望から逃れるために「ちょっとドラッグを試してみる」という段階から、本格的な乱用へと一気に進むことはまちがいないと見ている。

サッチャリズムに攻撃され、痛手から回復できなかったいくつかのコミュニティで、なぜあんなにドラッグが力を持ったかがわかるだろう。中毒性の高いドラッグの悲劇は、没落したイギリスの炭鉱町でもっとも目につく。「正直言って、炭鉱が閉鎖されていなかったら、ドラッグ中毒のようなものは半分も流行らなかったと思う」と、ノッティンガムシャーの元炭鉱労働者、エイドリアン・ギルフォイルは語った。

数年前、労働党下院議員のジョン・マンが、バセットローのかつての炭鉱町でヘロイン使用に関する調査をおこなったところ、イギリスの古い鉱業中心地の一部では、天然痘の流行に匹敵する健康危機が蔓延しているという結果が出た。「いま炭田で育っている人たちには、両親や祖父母のころのように、豊かで安定した炭鉱産業の一員という感覚がない」と報告書にある。「かつて、これらのコミュニティのもっとも強い嗜好品はビールだった。安定した雇用のおかげで生活水準は高かった」が、炭鉱業の崩壊で「逃避が必要となり」、これらの地域では、「すべてから逃れる」必要性とヘロインが結びついた。「炭鉱町は、魅力のない『トレインスポッティング』〔訳注：スコットランドのヘロイン中毒の若者たちを描いた映画〕である」というのが、報告書の暗い結論だった。[*26]

シングルマザーは本当に「怠け者のたかり屋」なのか

いまの保守党は、こうした社会問題の多くは国が大きくなりすぎたことの弊害だ、と主張するが、もうひとつ好んで用いるのが、昔ながらの家族が崩壊したからという説明だ。いつの間にか、ひとり親の家庭に批判が集中するようになった。労働者階級のシングルマザーは、もっとも攻撃されやすい「チャヴ」の象徴だ。支援団体〈ジンジャーブレッド〉のフィオナ・ウィアーは、ひとり親に結びつけられるイメージを列挙する。「たかり屋、他力本願、怠け者、働こうとしない、生活保護で幸せ——その種の形容よ。誰もが知っていて、現在の社会保障制度改革の多くの議論とも密接な関係がある」

こうした固定概念の根源を探るために、〈ジンジャーブレッド〉は、現代イギリスのひとり親の生活を広範囲にわたって調査した。「われわれの調査結果では、ほとんどのケースでそういう固定概念のような実態はなかった」とウィアーは言う。「そのように決めつけられることに対する大きな怒りも、はっきりと感じられた」。一般的なイメージからは想像がつかないかもしれないが、ひとり親の五七パーセントは仕事についているのだ。たとえばレベッカは、若く自信あふれるシングルマザーで、ふたりの子供とともにバーミンガムの公営住宅で暮らしている。運よく子供の世話をしながらひとりでできる仕事もある。八歳の娘を指さして言う。「私が選んだのは教育助手の仕事で、うまくこの子たちに合わせられるの。同じ学校だから、休みも全部いっしょ。子供に合わせるために、わざわざこの仕事を選んだのよ。もうひとりは高校生で、あの子の休日も同じだから、いまの仕事はとてもすばらしい。でも、ほかのシングルマザーが苦労してるのは知ってる。六週間の夏休みとか、イースターとかで、子供の世話をしてくれる人を探さなきゃいけないから」

ほとんどのひとり親は、困難はあっても仕事をしたいと思っている。二〇一〇年の英国社会意識調査によると、無職のひとり親の八四パーセントは仕事か勉強をしたがっているが、彼らは何をしようと攻撃の的になる。「彼らがよく使うことばに、『何々しようが（しまいが）知ったことではない』というのがあるわね」とウィアーは言う。「生活保護を受けていると、いずれにしろ怠け者のたかり屋と見られるし、働きに出れば、育児放棄をして子供がどこでどんな悪さをしているかも知らないと思われるから」

多くのひとり親を仕事から遠ざけているのは、怠惰さではなく、乗り越えるのがむずかしいさまざまな障害だ。たとえば、子育てと両立できる仕事が見つからないこと、手頃な料金の育児支援が身近にないことなどだ。ウィアーの言うとおり、ひとり親を非難することは、彼らの自信を失わせるだけで、職につく手助けにはまったくならない。

保守党はよく、家族構成が、子供の学校やその後の人生の成否を決める要素のひとつだと主張するが、慈善団体〈チルドレンズ・ソサエティ〉による最近の研究は、それと真っ向から対立する事実を明らかにした。家族構成より、家庭内での争いのほうが、子供の成長に一〇倍の影響を与えるというのだ。フィオナ・ウィアーは、「ひとり親の家庭の子供の大半に、問題はないことが証明されている」と言う。「ごく少数の子供には悪い結果も出ているけれど、分析してみると、それはむしろ貧困や家庭内の争いときわめて密接にかかわっていることがわかる。同程度の貧困や争いの問題を抱えた数組の家庭の子供も、同じくらい悪い結果を出している」

シングルマザーと聞くと、すぐに思い浮かべるのは十代の幼い母たちだろう。だが実際には、一八歳に満たないシングルマザーの割合は五人に一人だ。ひとり親の平均年齢は三六歳で、半数以上は結婚していたあいだに子供ができている。

たしかに、イギリスは西欧でもっとも十代の妊娠率の高い国ではあるが、この問題が階級にかかわっていることも否定できない。全体の数は少ないものの、専門職の女性より、単純労働についた十代の女性のほうが八倍、母親になりやすい[*27]。十代の妊娠で上位に来る地域は、産業が破壊され、その空白を低賃金のサービス業が埋めたところだ。なぜか？

医者から転身して作家になったマックス・ペンバートンが、デイリー・テレグラフ紙に書いた内容を信用すれば、答えはこうだ。「向上心とは中流階級になること、と考える労働者階級出身の子供にとって、人生の選択肢は、有名になるか、店で働くか、母親になることだ。公営住宅にさっと入居でき、国からの社会保障費もすぐにもらえる聖杯は、まさに赤ん坊が与えてくれる[*28]」からだ。

フィオナ・ウィアーが指摘するとおり、ずる賢く生活保護を得ようとする十代の母親という、この大衆向けの不愉快なイメージは、でっち上げである。「私たちは何千人ものひとり親と接していますが、どういうわけか、その固定観念どおりの人とは会ったことがない。そういう人だけ避けることなんてできないでしょう？

一六歳から一七歳のシングルマザーについて言えば、その歳で公営住宅には入居できないので、実家に住むか、支援つきの施設に入る」

一方、中流階級の十代の少女は、妊娠する割合こそ少ないが、中絶する割合はかなり多い。[*29] 私が話を聞いた中流階級の若い女性のなかにも、十代で中絶を経験した人がいた。彼女たちがいま子供を産みたくない理由はみな同じで、早い時期の妊娠が、キャリアに悪影響を与えるのが心配だからだ。もし、彼女たちが、失業率が高く、低賃金の単純労働しかない地域に住んでいたとしたら、母親になることを待つ必要があるだろうか。「この先の人生で何ができるか考えたとき、多くの選択肢があるとは思えなくなるケースもあります」と、フィオナ・ウィアーは言う。「彼らはじつのところ、自分の役割、目的、意味を探して、誰かの役に立ちたい、大切な存在でいたいと思っているのかもしれない」

最近のくわしい調査によって、十代の妊娠が、とくに貧しい出自の若者にポジティブな影響を数多く与えることがわかった。「調査ではっきりしたのは、若くして子供を持つことには意味や価値があり、とくに若い母親や父親にとっては、子供にもっといい生活をさせたいとがんばる刺激にもなることです」と報告書の著者のひとり、クレア・アレクサンダー教授は言った。[*30]

たしかに、子供を持つことは自信につながる。別の研究でも、「とくに恵まれない出身の人の場合、親になることを遅らせるメリットがほとんどないのに対して、早くに子供を産むと、自尊心や大人の地位を手に入れる機会になりうる」と報告されている。[*31]

責任の所在を見誤るな

ここまで、ドラッグや犯罪や早い時期の妊娠など、「チャヴ」と結びつけられる物事には、現実的な理由があることを見てきた。疎外されて怒った若者が、欲求不満を反社会的行為で発散する例はたしかにある。犯罪やドラッグ中毒は、平均的な中流階級の住宅地より、労働者階級の地域に蔓延しているし、労働者階級のティーンエイジャーは、中流階級の同世代と比べて出産することがかなり多い。

しかしその実態は、世間にあふれている悪意に満ちた一般化や、チャヴ・ヘイトに付随する被害者叩きとは異なっている。貧困や失業、住宅危機こそが、さまざまな社会問題を生み出す肥沃な土壌になっているのだ。三〇年前にサッチャーが火をつけた階級闘争の矢面に立ったのが、労働者階級のコミュニティだった。コミュニティの柱がひとつ、またひとつと崩壊していくのに、以前と変わらない生活が続いたとしたら、そちらのほうがはるかに驚きだろう。

人はみな自分の置かれた状況に責任がある、と主張すれば、彼らを救うような社会改革に反対しやすくなる。けれども、そういう敵視は、くわしく検討すればぼろが出る。貧しい家庭に生まれた人や、労働者階級のコミュニティは、その運命にふさわしいわけでも、原因を作ったわけでもない。

生活を支えていた産業が消えたために、多くの労働者階級のコミュニティを団結させていた強い絆は、あっという間にほころびた。そこに住む人々は、かつては重んじられて、比較的給料も高い仕事をめざすことができた。そういう生活の構造だった。ところが今日、大部分のコミュニティは絶望、欲求不満、退屈に悩まされている。実質的な経済再生がなかったために、絶望にともなう社会病理が広がったのだ。

すべてを保守党のせいにするのはまちがいだろう。結局、ニュー・レイバーも製造業の衰退を止めなかったのだから。ニュー・レイバー政権の末期には、産業復興政策を弄《もてあそ》んだりもしたが、あまりにも小規模で、政府の対応としては遅きに失した。イギリスは二〇〇八年の金融危機後の経済の急降下下でも、一九八〇年代から九〇年代ほど甚大な失業者は出さなかったが、空白を埋めたのはほぼつねに、パートタイムか低賃金のサービス業で、それらが一九八〇年代のサッチャーの社会実験で大打撃を受けたコミュニティを復興させることはなかった。ニュー・レイバーの政策の多くは、いわば一八年間の保守党支配下で破壊されたコミュニティに貼る絆創膏だった。その絆創膏もいまでは破れてしまい、傷口からまだ血が流れている。

労働者階級の大多数の人々が、労働党から見放されたと感じたのも無理はない。もう労働党は味方になって闘ってくれない、彼らはそう感じたのだ。その無関心に、しかたがないとあきらめた人もいた。だが、全員ではなかった。

自分たちの生活に起きていることを誰も説明してくれないとわかったとき、一部の人たちは、ほかの論理を探しはじめた。攻撃の的になったのは、サッチャーの階級闘争で勝利した「富裕層」ではなかった。労働者階級の何百万もの人々の欲求不満や怒りは、「移民」に向けられた。

8

「移民嫌悪」という反動

労働党の不誠実な嘘と、労働者階級に対するきわめて重要な裏切りは、誰の目にも明らかだ。しかし本当にいいニュースは、労働者階級を守る急進左派がすべて消えたことだ。

イギリス国民党の活動家ジョナサン・ボーデン

あれは、人の家のドアを叩いてまわるのに理想的な日ではなかった。二〇一〇年の総選挙を数カ月後に控え、私は左派の議員の票を引き出すために、活動家たちと通りをまわっていた。二〇一〇年の凍える長い冬がようやく終わろうとしていて、数カ月ぶりによく晴れた日曜だった。暖かい天気なのでどこの家族も外出していて、人が残っている家はまれだった。

数軒訪問して空振りしたあと、エプロンをつけた中年女性がついに出てきた。彼女は明らかに、気持ちを打ち明けたがっていた。「うちの息子は、仕事を見つけられないの」と彼女は怒った。「でも、移民はこんなにたくさん入ってきて、みんな就職している。移民が多すぎるのよ!」

こうした考えの持ち主を、乱暴な人種差別主義者と切り捨てるのは簡単だろうが、彼女はそれには当てはまらない。私はそのことばを注意深く聞かなければならなかった。かなり強い訛りがあったからだ――正確には、ベンガル語の訛りだ。彼女は、インドから来た女性が、息子のようなイギリス人労働者から仕事を奪うと言って、移民を非難していた。

いったい何が起きているのだろうか。

BNPが急成長した本当の理由

その年の春、政治活動家は党派に関係なく、移民問題が次から次へと噴出するのを目の当たりにした。予兆はあった。二〇〇〇年代を通して、移民に対する反感が徐々に高まっていたし、世論調査でも、国内に流入する人々への敵意が強くなっているという結果が出ていた。二〇〇五年の選挙で、保守党は悪名高い「移民制限は人種差別ではない」というポスターを作り、この不満の高まりを利用しようとした。

とはいえ、イギリス国民党（BNP）の台頭ほど、国民の心を移民に向けさせたものはない。ニュー・レイバー初期の一九九九年には、BNPは欧州議会〔訳注：EU加盟国から直接選挙で選ばれた議員からなる議会組織。EUの活動の監督や法案の審議・立法をおこなう〕で一〇万強の票しか集められなかったが、一〇年後には一〇〇万票近くを獲得した。BNP党首のニック・グリフィンと、ナチスに傾倒している同僚のアンドリュー・ブロンズが欧州議会のメンバーになったことを、極右過激派は大喜びで祝福した。

BNPの台頭は、国政選挙にも波及した。この党は、一九九七年の総選挙ではたったの三万五八三二票しか獲得できず、奇矯な自然法党よりほんの少し多いくらい、ほかの一六の政党のほうが健闘していた。それなのに、八年後には一九万二〇〇〇票を獲得し、国内で八番目に大きい政党になった。続く二〇一〇年の総選挙でBNPが一議席も手に入れられなかったのは大きな安心材料だったが、五六万四〇〇〇票近く獲得する力はまだ持っていた。そして現在、BNPはイギリスで五番目に大きな政党である。

彼らの台頭は、社会がさらに人種差別的になったことの表れだろうか。答えは「ノー」だ。ギャラップの世論調査によると、一九五八年には、イギリス人の七一パーセントが異人種間の結婚に反対だったが、候補者を出す人種差別主義政党はなかった。かたや今日、イギリスは欧州でもっとも異人種間の婚姻率が高く、みずから「強い人種差別的偏見を持っている」と認める人はたったの三パーセントで、五人中四人はまったく偏見を持っていないと主張する。皮肉なのは、イギリスが人種差別的でなくなっているのと同時に、史上もっとも人種差別的な政党が選挙で成功していることだ。

なぜ、人々はBNPに投票するのか？　これを理解するには、まずBNPとは何かを理解しなければならない。この場合、世論調査はあまり信用できない。投票所の出口調査では、BNP支持を認めたがらない「隠れた投票者」が少なからずいるからだ。それでも、BNPに投票する人はだいたい労働者階級であることがわかっている。たとえば〈ユーガブ〉の世論調査では、BNP支持者の六一パーセントが、社会階級の下から三つの階級、C2、D、Eであることが判明した。

BNPは、昔から労働党が候補者を立ててきた白人労働者階級の地域で伸長した。ある意味では、BNPの台頭で、白人労働者階級の「チャヴ」のイメージが強化された。「移民の群れが入ってきて、おれたちの仕事を奪う」と嘆く、公営住宅住まいのビール腹でスキンヘッドの男のイメージである。

実際に多くの政治家やジャーナリストが、BNPの台頭は、白人労働者階級が白人以外の人々の侵略からアイデンティティを守ろうとしたことが原因だ、と説明している。移民に反対する労働党右派の下院議員フランク・フィールドは、「BNPは、なんの断りもないまま自分たちの国が失われていく、という国民の感情に訴えている」と語った。

だが、労働者階級の何十万もの人々をBNPの腕のなかに飛びこませたのは、人種差別だけではない。極右派の台頭は、むしろ労働者階級を軽視したことの反動だ。労働者階級の関心事、とくに手頃な住宅や、質のいい安定した仕事の供給に、政治家たちが取り組まなかったことが原因なのだ。労働者の声を代弁するために作られた労働党が彼らを見捨てたという認識が広まって、人々の怒りはいっそう募った。カール・マルクスは、宗教を「逆境に悩める者のため息」と表現したが、今日の極右の台頭にも、似たようなことが言えるのかもしれない。

BNPは、一九三〇年代の欧州の極右政党とよく比較されるが、当時、ファシスト政党が栄えた理由はまったく別である。大恐慌時代のファシズムは、おもに力を増す左派に脅威を感じた小規模な不動産所有者や大企業に支持されたが、今日のBNPは左派の弱さの産物だ。仕事が不安定で住宅危機もある新自由主義時代において、労働者階級の生活基盤にかかわる関心事に応える強力な左派が存在しない空白を、BNPが埋めたのだ。

私が話したアジア系の女性は、BNPを熱心に支持して投票するようにはまったく見えなかったが、やはり多くのBNP支持者と同じ不安を口にした——移民が仕事に与える影響についてだ。これは、移民に対する大きな反感が、何よりも金銭的な心配から高まることを示している。かつては、社会問題は「資本主義」の不公平から生じるという見方が一般的であり、少なくともこれを正さなければならないと考えられていた。だが、そうした考えを主流から追い出し、すべての社会問題はよそ者、すなわち「移民」によって引き起こされるという考えを定着させるのは簡単だった。そうして右派の新聞各紙やジャーナリストがあおった作り話は、国じゅうの労働者階級のコミュニティで共感を呼んだのだ。

もちろん、そうした感情のなかには、民族的アイデンティティという要素も含まれてはいる。BNPはとくに、近年新しい民族的マイノリティが流入した、白人が圧倒的に多い地域で健闘している。元ロンドン市長のケン・リビングストンは次のように回想する。

私は一九七七年にハックニー北部とストーク・ニューイントンの候補者だったが、そのとき国民戦線は、ちょうど二〇〇八年のロンドン市議会選挙のBNPと同じように、GLC（グレーター・ロンドン・カウンシル）［訳注：一九六五年から一九八六年まで、首都行政改革の一環として、ロンドンの中心にある大ロンドン地域で機能した広域自治体］で五パーセントの票を獲得した。さらに南部の二地区、ホクストンとハガーストンにも候補者を立てていた。ＧＬＣ選挙で国民戦線が過半数を占めることはなかったが、それらの地区では第一党になった……けれど二年前、彼らは実質的に得票ゼロだった。ほんの数パーセントだ。だから、移行期の地域では人種差別の問題が起きる傾向があるのだと思う。

ハックニーは国内でも有数の人種混合地域なので、極右派は完全に消滅した。しかし、バーキングやダゲナムなどでは極右派が力を持っている。そういう地域では、大量移民が新しい現象となってＢＮＰが支持されているか、移民は非常に少なくても、大きな不安をかき立てているかだ。

労働者階級の敵視は、ＢＮＰの成功にも重要な役割を果たした。まず、支配層のエリートは、労働者階級の文化は無価値だと行動で示したが、一般の国民は、民族的マイノリティのアイデンティティを尊重しろと言われている（それは正しいことだ）。また、リベラルな多文化主義は、不平等を純粋に「人種」の視点からとらえ、「階級」を無視している。

こうしたことを背景に、白人労働者階級の人々は、民族的な誇りに近いものを育て、多文化主義社会で受け入れられやすい、人種にもとづくアイデンティティを発達させた。そしてＢＮＰは、この白人労働者階級の人々の破滅的な再定義をうまく利用して、彼らを新しい「軽視された民族的マイノリティ」に仕立て上げたのだ。「白人労働者階級を新しい民族集団として扱うと、ＢＮＰにとってどんどん有利になるだけだ」と、人類学者のジリアン・エバンス教授は言う。「多民族の労働者階級について話さないことも、同じ結果を招く」

ＢＮＰは慢性的に能力不足で内紛が絶えないから、今後、大きな権力を握ることはなさそうだ。実際、二〇一〇年の総選挙後には勢いがなくなった。しかし、ＢＮＰの台頭は警告射撃のようなものだ。ふたたび労働者階級の適切な代弁者が現れて、彼らの関心事を真剣に扱わないかぎり、イギリスは新たな怒れる右派ポピュリズムに直面する可能性がある。

労働党の町から人種差別主義政党の町へ？

クリスマスの一〇日前、ダゲナムのショッピングセンター〈ヒースウェイズ・モール〉は、バーゲン目当ての客でごった返していた。下院から東にわずか二〇キロの場所なのに、そこに立っていると、ウェストミンスター宮殿のティールームから世界一周分も離れているように感じた。

ダゲナムと隣のバーキングは、イースト・ロンドンとエセックスの境界にある完全に労働者階級の地域だ。ダゲナムは昔、ロンドンの製造業の要だった。一九五〇年代のイギリスの工業最盛期には、象徴的な地元のフォードの工場で、何万人もの労働者が雇われていた。でも私は、ある反人種差別活動家から、ダゲナムはいま、「BNPの最前線」だと聞かされていた。

バーキングとダゲナムが初めて全国的な政治のレーダーに現れたのは、BNPが雪崩のように支持を得て地方議会に集中攻撃を仕掛けた二〇〇六年のことだった。一一議席は確実で、いきなり労働党のいちばんの対抗党になった。五一議席を争う選挙で、一三人の候補しか立てていなかったのにこの結果、全国に激震が走るほどの政治的大変動だった。その後、BNPの新人議員リチャード・バーンブルックは、二〇〇八年のロンドン議会選挙で初当選する。

なぜ、かつて完全に労働党を支持していた地区が、最近まで傍流だった人種差別主義政党に鞍替えしたのだろう。その午後の買い物客のなかに、定年退職した元在宅介護士、マーガレット・オーウェンがいた。あなたは結束の固いコミュニティに住んでいますか？　と彼女に尋ねたところ、「いいえ、そんなことはないわね」と答えた。「変わりつつあるけれど」。続いて、コミュニティが直面しているいちばんの問題は何かと訊くと、

「ちょっと、それは」とためらった。穏やかにもう一度、教えてほしいと頼むと、慎重に周囲をうかがってから、小声で言った。「こうして流れこんでくる外国人たちみんなよ。私たちの地区はいま変わっているところ。昔はすごくよかったんだけど」。変化が起きたのはいつごろからかと訊くと、こう答えてくれた。「そうね、この六、七年ぐらい？　そう、そのあたりからすごく」

彼女が移民を嫌う本当の理由は、すぐにわかった。「彼らが住宅に入るから、地元の人たちや子供たちが家を手に入れられないの。外国人がやってきて、居場所を作る……私にはなかったのに。私の子供たちもそう。町がどんどんだめになっていく。もしダゲナムから出ていけるなら、私はそうするわ」

地元住民の多くが、似たような不満を抱いている。細身で思慮深い三〇代後半の男性、ダニーは、八歳のころからいまの地区に住んでいる。印刷業者だったが、業界全体が落ちこんだので、ロンフォード近くの倉庫で働き、その後家具屋に転職した。そこを解雇されたあと二年間は、無職だった。ニュー・レイバーが制定した法律によって、失業手当をもらうには企業に無報酬で勤めるか、ボランティアをしなければならないと言われて、結局、地元のリサイクルショップを無給で手伝うことになった。「企業で働けば、彼らを儲けさせることになるからさ。こっちは最低賃金以下の郵便振替しか受け取っていないのに」

マーガレット・オーウェンと同じく、ダニーも地域のおもな不満は住宅問題だと言った。「家の入居希望者リストには一万人の名前がある」。ＢＮＰが地元で力をつけていることについては、あまり話したくないようだった。人種差別主義者のレッテルを貼られるおそれがあるので「危険な話題」だという。

――レッテル貼りはよくない。結局のところ、大勢の外国人が入りこんできてるんだから。彼らが仕事や家を奪ってるいるかどうかは議論の余地があるけれど、実際に家を与えられ、食べていける――言いたいことはわかるだろう？　どこかに住まなきゃならないのはわかる。でもそのせいで、生まれたときからダゲナムに住んでる納税者の家がなくなるわけだ。そしてみんな脇にやられ、どんどんダゲナムの外に押し出されていく。

彼の友人は女手ひとつで子供を育てているが、何年も仮住まいを転々としている。人々の需要に見合う手頃な住宅が不足している一方で、地元民にとっては憤懣《ふんまん》やるかたないことに、巨大な刑務所が建設されている。「刑務所なんか建てる代わりに、なぜあそこに家を建てない？」

驚くにはあたらないが、仕事の問題がダニーの心に重くのしかかっている。最盛期に四万人を雇用していたフォードの工場は、コミュニティの中心だった。生まれてからずっとイースト・ロンドンに住んでいる、地元で有名な反人種差別活動家のサム・タリーは、「ダゲナムの一部の住宅は、とくにあの工場の労働者のために建てられた」と指摘して、フォード撤退後、地元の多くの人々がしている、不安定で低賃金の仕事の実態を説明する。

フォードは明らかに、この地域の中心だったからね。ぼくはあそこで働いていなかったけど、ほかにあった企業も軒並みつぶれてしまった。そこが問題なんだ。仕事を探すと、クリスマス前か、クリスマスまでの半年の一時雇用しかなくて、一月になるとまたもとの境遇に戻るという悪循環だ。仕事につけたとしても、給料をちゃんと全額払ってもらえないとかね。

ダニーもたっぷり不満を抱えているが、昔ながらの政党に、それを軽減する能力があるとは思っていない。

大勢の政治家がパブリックスクール出身だろう……世間に出ても、本当の生活がどういうものかわからない。節約したことも、ちびちび貯金したこともなければ、生活費とかを稼ぐために一四個もの仕事をしなきゃならないという経験もないんだから！　年収が六万ポンド（約八七〇万円）とか八万ポンド（約一二〇〇万円）あって、経費も別に計上できる。ふざけるなって言いたいね。

私はBNPに投票したことを進んで認める人に会ったことがない。ダニーもBNPには投票しないと言う。だが彼は、いくつかの要素が重なってひどく危険な事態になっていると雄弁に語った――大規模な住宅不足、安定した仕事の欠如、都合のいいスケープゴート、加えて政治権力層に対する全面的な失望感といったことだ。この地域に三〇年暮らす、地元労働組合職員のブレンダン・ダフィールドは、複数のコミュニティが実際に混じり合っていると主張する。「二〇年以上、サッカーチームを運営しているんだ」と彼は言った。

若者のチームも大人のチームも持っていて、思いつくかぎりの国籍の人たちと会ったことがある。アイルランド人、スコットランド人、アフリカ人、アジア人もいる……みんな、あらゆることにすごく協力的で、すごくうまくやっているように見える……だから、この地区は人種差別的だと言われつづけているのが、少し不思議なんだ。この地区で人種差別攻撃みたいなことは、ほとんど目にしないからね……どんな田舎に行っても、ろくなことをしない愚か者はいるものだし。

とはいえ、ブレンダンも住宅不足の悪影響は理解している。「恥ずかしいことだけど、この地区のお偉方は、マーガレット・サッチャーが首相になって以来――もう三〇年以上たつかな――初めて住宅を一三戸建てはじめたところだ」。ほかの何にも増して、この問題が、コミュニティの政治的混乱を招く原因になったと確信している。「もし、労働党がこの地区に住宅を建設していたら、BNPの問題は半分以下だったろうね」

外国からダゲナムに流入する移民の数が、ニュー・レイバー政権下で急増したのはまちがいない。そのことは明らかに、地元でもとから暮らしている人々に混乱をもたらした。「体感的に、イギリスでもっとも急速に変わった地区だよ。まさに体感として」と、二〇〇一年からダゲナムを代表している地元の労働党下院議員、ジョン・クルダスは言う。しかし、混乱を完全な怒りと敵意に変えたのは、住民が口をそろえて言う住宅問題だった。「不動産価値が急騰しているこの時期に、ここはグレーター・ロンドンでもっとも低価格な住宅市場だ。同時に、『買う権利』の影響で民間市場がさらに広がった」とクルダスは言う。「だから、ひとつの小さな地区にさまざまな移民が流入して、負担が偏った」

ここでも地区全体に暗い影を落としているのが、公営住宅物件を激減させることになった「買う権利」だ。「ダゲナムでは多くの人が、八〇年代から九〇年代の『買う権利』政策を機に、住宅を購入した」とサム・タリーは言う。「でも、彼らの多くは子供が成長して、これからも同居せざるをえないか、同居しないなら家を買うことはもちろん、借りるだけでも、子供たちは地区から出て遠くに引っ越さなければならないという事態になっている」

彼らが購入した住宅の多くは、結局、民間の地主の手に渡った。サムによると、それらは特定の人々にとってとりわけ魅力的だった。

「とくにバーキングのアフリカ人たちのような、新しい移民のコミュニティに人気なんだ。同じ賃料、購入費でも、タワーハムレッツやハックニー、ニューアムなどの物件と比べて、寝室が二、三部屋、裏庭、表庭までついているから。これより快適な住まいを望むのは少々馬鹿げているくらいだ。

さらに彼は、不安定な雇用も、地元住民が欲求不満を募らせる問題だと考える。「むずかしいことに、三〇代後半から四〇代、五〇代の人たちは、フォードの工場に雇われていなかった世代だ。手に技術もないし、高等教育の資格もなく学校を去って、ごく基本的な学歴しか持っていない」

そしてたいてい、柔軟性の高い労働市場で働いている人、たとえば、わりと自由に雇用と解雇ができるところや、企業年金が給付されないところにいる人たちは、最低賃金で働いている。そのことへの不安が、住居やほかの公共サービスに関する心配に上乗せされて、先の見えない緊張した雰囲気が漂いはじめるんだ。

この点はクルダスも、「異常な産業空洞化」のせいだと非難しつつ、同意する。「ここはロンドンの製造業の中心地だったから、将来の年金や雇用についても予測することができた。いまBNPが入ってくるのは不思議ではない」

BNPはバーキングとダゲナムで、解き放たれた新自由主義の結果を見きわめ、それを巧みに利用した。ニュー・レイバーは、「不動産所有の民主主義」を実現するという公約や、地方自治体への不信感から、イデオロギー的に公営住宅建設に反対していた。その結果、手頃な住宅や安定した高給の仕事がますます不足していたところに、BNPがつけ入ったのだ。この党がとった作戦は、イギリス出身ではない競争相手を非合法化し、「充分な数の住宅がないのに、どうして外国人に譲らなくてはならないのか」と考えるように人々を駆り立てることだった。

クルダスはBNPについて、「変えるか、このまま不公平に耐えるかと迫る戦略で、それを人種問題に仕立てた」と言う。住宅だろうと、仕事だろうと、問題はすべて人種の観点から語られた。「それによって人々は、自分のまわりの変化を認識できるようになった。不安定な生活も、ものが足りないことも、文化的な変化も、みなそのせいだというふうに」

要するに、架空の話にもとづいた説明なのだ。現実には、外国籍の人が入居する公営住宅は二〇戸に一戸しかないのだから。しかし、政府が住宅の建設を拒み、外国人らしき人々が特定の地域に大勢集まるようになると、多くの人はBNPの説明に、なるほどと思った。

BNPの戦略は、右派のタブロイド各紙の好意で大々的に宣伝された。「故郷に飛行機で帰る障碍者の移民たちに、五〇〇〇万ポンドの社会保障費」とデイリー・エクスプレス紙が見出しで吠えれば、「イギリスの移住メルトダウンに秘密文書が警鐘」とデイリー・メール紙が警告し、「不法移民の母親、寝室四部屋の住宅を入手」とサン紙が驚いた。手頃な住宅を手に入れられないか、少なくとも手に入れた人を知らない日々の生活に苦しむ労働者が、これだけの報道にさらされたら、BNPの言い分を信じたくもなるだろう――みなに行き渡るほど充分な数がないのに、移民が不当な分け前を得ているという説明を。

「誇り」を取り戻してくれる存在

そしてもうひとつ、BNPのこの戦略と対になっていたのが、労働党の票田への大胆な侵入だ。「労働者階級のコミュニティを市場原理の暴走から守る」という労働党の従来の役割を、ニュー・レイバーが放棄したため、BNPはあたかも労働党のようにふるまっている。「われわれは労働党より労働党らしい」とBNPの元地元議員リチャード・バーンブルックは言う。ＢＮＰのパンフレットでは、自分たちの党を「みなさんのお祖父さんが投票した労働党」と表現している。

ＢＮＰの政策を精査すれば、それがでたらめであることがわかる。たとえば、税政策を見ると、所得税を廃止して付加価値税を引き上げるとある。これは、極右の自由主義経済学者に好まれる、一般労働者の負担で富裕層が恩恵を得る政策だ。ＢＮＰはサッチャー派の論法を勝手に援用して、「民間企業経済」に肩入れし、「私的財産を増やして、なるべく多くの国民の手に行き渡らせるべきだ」と主張しているのだ。

だが、バーキングやダゲナムといった地域では、ＢＮＰは巧妙にそれらを「白人労働者階級の擁護者」というイメージにくるんだ。白人労働者階級の利益を民族的マイノリティと同じように扱い、コミュニティ内の政治に身を投じることによって、支持を獲得した。党の活動家はパーティを開き、町のゴミ拾いに参加し、年金受給者の庭掃除を手伝って、地域社会に根づいたという印象を与えている。「多くのお年寄りが、『ＢＮＰが夜にビンゴ大会をやる』とか、『ＢＮＰは街角にたむろする若い連中に批判的だ』と言っている。これこそ昔ながらのコミュニティ政治だ。そうやって本性を隠している」と労働組合委員長マーク・サーウォッカは言う。

不穏なことに、ＢＮＰが引きつけたのは元労働党支持者だけではなかった。「ひとつ興味深い要素は、二〇〇六年の選挙で、ＢＮＰが一二議席を獲得したとき、彼らに投票したのは労働党から引きはがされた有権者だけではなかったという点だ」とサム・タリーは言う。「いままで一度も投票したことのない、初めての投票者が大勢いた。ふだんは政治制度に見向きもしない人たちが、わざわざ投票所に出向いて、初めて政治的な一歩を踏み出した。その手を引いたのがＢＮＰだったというのは、とんでもなく心配な徴候だ」。自分たちの関心事に旧来の政党は取り組んでいないと感じて、過去一度も投票したことのなかった人々を、極右派は見事に動員したのだ。

ＢＮＰの成功の要因のひとつが、労働者階級の日常の問題に対して、反動的で憎しみに満ちた解決策を提示したことにあるのは明白だが、「労働者階級への敵視」もまた、一定の役割を果たしていた。タリーの見解では、敵視されたことによる労働者のアイデンティティの危機が、ＢＮＰの成長を加速させ、移民反対の動きを拡大させた。最近、バーキングやダゲナムといった地域では、何がイギリスらしさを構成するのかという考察とともに、「労働者階級であるとは、どういうことなのか」という疑問が生じている。「一種のイギリス国家主義への転換が見られた。いま多くの白人家庭が、少々攻撃的かつ排他的に縄張りを主張するかのように、あえて家の窓からイギリス国旗を下げている」とタリーは言う。

私にとっては、労働者階級出身という経歴がもたらすこの感覚について、うまく言い表せない要素がある。イギリス人であるとは、どういうことなのか。アイデンティティ、目的、進路といった感覚がどこから来るのか。伝統的な社会構造が衰退したのが原因だね。かつてそれは労働者階級の人たちに、組合運動をつうじて目的やアイデンティティ、親近感、仲間意識を与えていた。この地区では、まだ強力な労働組合の活動があるというのに、社会構造がさらに衰えているようだ。

労働者階級の誇りは、過去三〇年のあいだに打ち砕かれた。労働者階級だということが、ますます手放すべきアイデンティティと見なされるようになった。産業と公営住宅がもたらした昔ながらのコミュニティの結束は、破壊されてしまった。バーキングやダゲナムのような地域で暮らす人々にとって、かつて労働者階級のアイデンティティは生活の中心だった。帰属意識と自尊心に加え、ほかの住民との連帯感をもたらしていた。だが、この誇りが奪われたとき、できた空白を部分的に埋めたのが、目覚めつつあるイギリス国家主義の獣だったのだ。

同様に、スコットランドやウェールズの国家主義も、グラスゴーやロンダ渓谷で、労働党に投票していた公営住宅の人々に新たに根を張った。ただし、そこにはきわめて重要なちがいがある。ウェールズ党（プライド・カムリ）やスコットランド国民党（ＳＮＰ）は、民族にもとづく国家主義を避け、進歩的で包括的な国家主義を掲げているからだ。実際に、ウェールズ党にはウェールズのほかの全政党を合わせたより多い民族的マイノリティの議員がいるし、スコットランド議会で初めて当選したアジア人は、ＳＮＰの議員だった。

これに対して、ＢＮＰのようなやみくもな愛国主義的傾向の中心にあるのは、大英帝国の汚れた長い歴史だ。「さほど古い話ではないよ。私が子供だったころだ。大英帝国が支配していた地域をすべて赤く塗った地図を、みんな持っていた」と労働組合委員長のビリー・ヘイズは認める。ほかの人々を支配した何百年もまえの伝統が、国の精神に刻まれ、それをつねづねＢＮＰが利用している。

極右派は、長年のあいだに攻撃対象を変えてきた――ユダヤ人、アイルランド人、黒人、そしてアジア人が、どこかの時点で悪者にされた。今日の最大のターゲットはイスラム教徒だ。九・一一から続くいわゆるテロ戦争にともなって、イスラム嫌悪の醜い波が生まれた。イギリス軍の兵士が、イスラムの地でイスラム教徒と戦っているのだ。ヒステリックなメディアのイスラム教徒いじめに後押しされて、ＢＮＰはイスラム嫌悪をプロパガンダの中心にすえた。

さらにひねくれたことに、ＢＮＰは不平等を人種問題にすり替えて焦点を当て、多文化主義を悪用した。つまり、白人労働者階級を、迫害された民族的マイノリティと見なしてプロパガンダに用い、反人種差別的な外見を整えたのだ。ＢＮＰのパンフレットには、「白人マイノリティ」や「白人差別反対主義」といったインチキな用語が満載されている。ＢＮＰが「白人のみ」受け入れるという党則で裁判沙汰になったときには、黒人警察官協会のようなほかの民族的マイノリティの組織と何がちがうのだと切り返した。

もちろん、これは本来の多文化主義の歪曲だ。いろいろ欠陥はあるものの、多文化主義は本質的に、白人が圧倒的多数を占める社会で一〇人に一人しかいない民族集団の権利を守ろうとしている。それなのに、逆に白人以外を排除するために使われる現実――これは、われわれの「不平等」の理解から「階級」という概念を除いた弊害のひとつだ。そのせいで、BNPのようなグループが、イスラム教徒や黒人を擁護するほかのグループと同じように、多文化主義の社会で白人の権利を守っているだけだと、たやすく主張できてしまうようになったのだ。

「ヘイト」ではなく「希望」を！

ニュー・レイバー政権下で始まった移民の流入が、それ自体なんの影響力も持たないと論じるのは、安易すぎる。歴史的な水準から見ても、現在の移民は多く、それだけでも一部の人々の不安や敵意をかき立てる。白人しかいない地域にずっと住んでいれば、ちがう文化を目にする機会も、まして体験する機会もなく、自分のコミュニティが変わるだけで混乱や警戒のもとになる。歴史をたどれば、そういう緊張も、世代が変わるか人種の本当の混合が起きれば消えることがわかるが、移行中のコミュニティに緊張関係が生じるのは、おそらく避けられない。

その移民への反動は、経済の不安定によっていっそう激しくなった。BNPはそれをうまく利用した。「より大きな問題は、労働者階級のために雇用が創出されなかったこと、彼らの子供が住むための住宅がなかったことだ」とケン・リビングストンは言う。「そう、BNPにとって、黒人が全部取ってしまうと言うのは簡単なことだ。実際には、誰も取ったりしていない。そもそも政府がちっとも住宅を建てないし、住む場所を作ろうともしていなかったのだから」

とはいえ、バーキングやダゲナムを、移民について怒鳴り散らしている白人でいっぱいのコミュニティと戯画化するのはまちがいだ。ＢＮＰにうんざりし、東欧やアフリカ、インド半島からの移民をわざわざ歓迎する人たちも大勢いる。

在宅介護士のレスリーと、彼女の友人で年金受給者のモーラに、コミュニティのおもな問題は何かと尋ねると、ありがちな答えが返ってきた。「昔からずっと同じ――住宅問題よ」。しかし彼女たちは、だからといってすぐさまＢＮＰに駆けこんだりはしなかった。「彼らはだめよ。問題がある。すごくひどいの」とふたりで口をそろえる。「私はバーキングとダゲナムにすごく満足している」とレスリーが言うと、モーラも同意した。「私たちはここで生まれたの。ダゲナムから出ていくつもりはない」。ふたりとも「ＢＮＰが売りこむほら話」をひどく軽蔑していた。「老人は家を追い出され、その家は不法入国者のものになるって言って、住民を怖がらせるのよ。どこに不法入国者がいるのか教えてくれるのなら別だけど、この地区には不法移民なんていない。まったくね。誰にだっていいところと悪いところがあるでしょう。でも、ＢＮＰはすごく悪い」。「すごく人種差別的だと思わない？」とレスリーが訊くと、モーラはすぐに答えた。「ものすごく差別的」

国家レベルでは、ふたりとも政治家をまったく信用していないが、地元の労働党議員たちへの信頼は篤い。一方、ＢＮＰの印象は、まったくの不適格だった。「彼らは何もしてないの。話をしようとしても、ぜんぜんつかまらない。あれでよく労働党は何もしないなんて言えるわね……労働党なら連絡がとれるし、話も聞いてくれて、問題を解決してくれる。でもＢＮＰはだめ！」

ふたりとも、コミュニティのなかでさまざまな経歴の人と交わっていると言う。たとえば、レスリーは黒人の上司や介護士といっしょに働いている。「道路の向かいにインド人の家族が住んでいる」とモーラがつけ加える。「ときどき食べ物を持ってきてくれるのよ。すごくいい人たち」

こうした感情は、反人種差別主義の活動家たちが、二〇一〇年の総選挙と地方選挙の準備期間に築き上げたものだった。「ヘイトではなく希望」運動は、活動家の強力なネットワークを構築し、特定地域の特定グループ向けの文書を作って、BNP議員の無能さを暴露した。運動の中心はコミュニティの組織化であり、資金集めと地元の労働者階級への広報で、労働組合が重要な役割を果たした。

結局、この運動は、反人種差別主義者たちが夢にも思わなかったような成果を生んだ。心配だったのは、BNPが地元のふたつの選挙区で少なくともひとりの議員を当選させることで、悪夢のような筋書きは、彼らが議会の主導権を握ることだった。ところが結果的にBNPは完敗し、一二議席すべてを失った。労働党は五月の総選挙では無残な大敗を喫したが、バーキングとダゲナムの議会では、地元の労働党が議席を独占した。BNP党首ニック・グリフィンは、「イギリス人」がロンドンから放り出されたと怒って、人々の注意を引こうとした。

もちろん、これで満足している場合ではない。BNPが敗北したのはおもに、きわめて効果的な運動があり、その成果として投票者数が大幅に増えたからだ。二〇一〇年、バーキング議会の選挙区で、BNPの獲得票数は二〇〇五年の四九一六票から六六二〇票に増加した。しかし同時に、全体の投票数が二万八九〇六票から四万四三四三票に急増したことで、得票率が下がったのだ。BNPの議会候補者たちは、依然として多くの地区で一〇〇〇票以上集めていた。現代史上最大規模の公務員削減の影響が出るまえでさえ、BNPはバーキングやダゲナムで強固な地盤を保っていたのだ。

現実には、BNPの急成長を支える社会の不満がかつてないほど高まっている。手頃な住宅はまだぜんぜん足りず、給料がよく安定した仕事も少ないままだ。バーキングやダゲナムの労働者階級の人々は、全国各地と同様に解決策を待ちわびることになるだろう。われわれのコミュニティの未来は、誰がそれを与えてくれるかにかかっている。

つまるところ、BNPの台頭は氷山の一角にすぎない。その下には、二一世紀初期の大規模な反移民の反動がある。大多数のイギリス人は、移民の数が多すぎると考えている。このむずかしい現実を、見て見ぬふりをすることはできない。二〇〇七年一〇月にサン紙がおこなった世論調査によると、回答者の三分の二近くが移民法の厳格化を望んでいた。また、移民を止めたいと考えている人々は、上位三つまでの社会階級ではわずか六パーセントだったのに対し、下位三分の一の階級ではその三倍に達し、彼らは国境の完全封鎖を希望していた。こうした感情は、海外からの大量移民を経験したバーキングやダゲナムのような地域にかぎられていない。国全体で「移民反対」が、BNPに投票するとは思ってもみなかった人々のあいだでスローガンになったのだ。

リンジー石油精製所のストライキからわかること

二〇〇九年一月末、まるで一九七〇年代だと言われそうな出来事があった。西欧諸国のなかでもとりわけ厳しい反労働組合法を無視して、リンジー石油精製所の労働者たちが、自発的にストライキを決行したのだ。メディアの評論家たちは、グレインジマウス、セラフィールド、ウィルトン、ステイソープ、ディドコットといった町で次々と同情ストライキが広がったことに唖然とした。二一世紀のイギリスで、こんなことが起きるとは思えなかったからだ。

しかし、この明らかに新しい労働組合の決起行動は、ゆがめて伝えられた。メディアの偏った解釈では、それらは外国人労働者に抗議する、なかば人種差別主義の反移民ストライキだった。二〇〇七年の労働党会議で当時の首相ゴードン・ブラウンがくり返したひどい公約、「イギリスの仕事はイギリスの労働者に」が書かれ

©Christopher Furlong／ゲッティ イメージズ

2009年、ストライキに打って出たリンジー石油精製所の労働者たち

たプラカードがピケラインで振りまわされるのを間近で撮った写真が出まわった。一部の左派にとっても、それはまるで、一九六八年にイノック・パウエルの恥ずべき「血の川」反移民演説を支持して行進した、港湾労働者たちのように映った。つまり、熱狂的愛国主義に見えて居心地が悪かった。

　メディアは、全力でそうした解釈を後押しした。BBCのニュースでは、労働者が「ポルトガル人やイタリア人とはいっしょに働けない」と話すシーンが放送されたが、次のことばを編集で意図的に省いたことが明らかになり、局は謝罪を余儀なくされた。「彼らから隔離されるからね」。彼らは本当は、外国人労働者との交流が禁止されていて、「物理的に」いっしょに働けないと言っていたのだ。

　大手メディアが丹念にごまかしたストライキの真の理由を探れば、現代イギリスの労働者階級が抱く反移民の根底に、どんな複雑な事情があるかがわかってくる。リンジー石油精製所の雇用者であるＩＲＥＭは、低賃金で労働組合に加入していない外国人労働者を雇っていた。これは労働組合の存立の脅威となるだけでなく、ほかの全労働者の賃金や雇用条件が「底辺への競争」のなかで押し下げられることを意味する。

「われわれにこんなことをしている雇用者よりも、もっと共通点のある人たちが世界じゅうにいる」。ストライキの主導者のひとりで、トロツキスト社会党員でもあるキース・ギブソンはそう言った。ストライキに便乗しようとしたBNP党員は、ピケラインで拒絶された。ストライキ実行委員会の要求には、移民労働者の組合を作ること、労働組合が移民労働者を支援し、ヨーロッパ大陸の建設作業労働者との関係を構築することが含まれていた。人種差別主義者のストライキとは正反対だった。[*1]

だが、このリンジーのストライキは例外だ。組合が弱いいまの時代、労働者階級の反移民の裏にある憤りに、このような立派な指導力が加わることはまずなかった。労働者階級の大多数の人に広がる不安は相変わらず、大量の移民のせいでイギリス人の仕事がなくなり、給料が否応なく下がるというものだ。

数字をざっと見ると、仕事の大部分が移民に流れているのを裏づけていると思うかもしれない。一九九七年のニュー・レイバーの勝利から二〇一〇年の敗北までに、求人数は二一二万件増加した。イギリス出身の労働者の数が三八万五〇〇〇人増えたのに対し、外国人労働者の数は一七二万人増えている。つまり一九九七年以降、イギリスで創出された雇用の五件あたり四件以上で、外国人労働者が採用されていることになる。

けれども、この統計では、イギリスの人口増加がきわめてゆるやかであることが考慮されていない。外国生まれの労働者の一部がイギリス国籍を取得することもあって、入手可能な数字にはやや問題があるが、概略はわかる。一九九七年以降、イギリス生まれの労働力人口は三四万八〇〇〇人しか増えていないが、外国生まれの労働力人口は二四〇万人増えている。当時から一〇〇万人近くのイギリス人が国外に移住していて、現在では五六〇万人ものイギリス人が外国に住んでいる。忘れられがちだが、移住は双方向のプロセスなのだ。

重要なのは、イギリス生まれの労働者が採用された求人の件数が、イギリス生まれの労働人口の増加数より多いことである。一方、就職できた外国人の数は、少なくとも公式の統計で取り上げられる仕事に関しては、外国人労働力全体の四分の三にも満たない。[*2] 移民がイギリス国民の仕事を奪っているという見方は、統計的に正しくないということだ。

だいいち、生活に不可欠なサービスの多くは、いまや外国人労働者なしに成り立たない。国民保健サービスも、外国出身の何千人もの医師や看護師がいなければ、とっくに破綻していただろう。彼らはほとんど創設期からこの制度を支えている。医師や歯科医といった医療専門家も、その三分の一近くは移民なのだ。ただでさえ少ない仕事を移民が奪っているという不安には、根拠がない。

とはいえ、熟練を要する旧来の仕事が減りつづけるせいで、国民の多くが相変わらず不安に思っていることに変わりはない。政治の場で、この状況をグローバリゼーションと、政府の製造業への支援不足に結びつける声はあがっていない。むしろわれわれは毎日のように、右派のジャーナリストや政治家の偏ったプロパガンダを聞かされている。「イギリスの仕事はイギリスの労働者に」とすさまじく不適切な公約をしたゴードン・ブラウンも、仕事がどこかに消えてしまったという見解をたんに追認したかのようだった。

「反移民」のレトリック

賃金の話になると、移民の影響はもっと複雑になる。一般に、移民が低賃金でも喜んで働くので、ほかの労働者も彼らと競わされ、結果として全員の賃金が下がると思われがちだ。だが、オックスフォード大学の高名な経済学者スティーブン・ニッケルと、イングランド銀行の上級エコノミスト、ジュマナ・サレヒーンの二〇〇九年の研究によると、移民による賃金低下は全体としてごくわずかだという。重要な発見は、移民の影響がすべての人に均一ではないという点だった。いちばん大きな影響を受けたのは、半熟練と非熟練のサービス業についた労働者で、移民の割合が一〇パーセント増えると、この業種の賃金が五パーセント減少していた。[*3]

平等人権委員会（ＥＨＲＣ）による別の論文でも、移民による賃金への全体的な影響は少ないことが判明した。皮肉なことに、もっとも影響を受けたのは元移民の人々で、「英語の流暢さ、文化的知識、地元での経験」を必要としない仕事で競い合うからだった。とはいえ、単純労働に従事する人すべてに、賃金を削られる可能性があることもわかった。低賃金で進んで働く外国人労働者との入れ替えが簡単だからだ。

同じことが、「労働市場の周辺部」にいる労働者にも当てはまる。すなわち、「脱落が近いか、やる気のない労働者」や、「熟練を要しないパートタイムの仕事についている人（シングルマザーや若年など）」、そして移動ができないなど、職探しが困難な人々だ。

言うまでもないが、移民に対する態度は階級によって変わりやすい。雇用者側は、賃金の安い外国人労働者を雇って利益を増やそうとする。「移民が労働市場の底辺にいる人々に与える影響は、賃金の安いベビーシッターや配管工を雇えて喜ぶ人々への影響とはわけがちがう」と、労働党の元国際開発担当大臣クレア・ショートは言う。

政治家やメディアのあいだでは、仕事と賃金に対する移民の影響を見る際に、「勤勉な移民」と「怠け者のイギリス人」を比べることが流行になってきたが、当然ながら、それは公平な比較ではない。そもそも移民は、より貧しい国々から、仕事を見つけるという明確な意思を持って、はるばる海を渡ってくる。それが雇用者にとっては魅力的な素質となる。ＥＨＲＣの報告書には、次のように書かれている。

——移民は、社会的地位が向上する明確な可能性がない仕事でも勤勉に働く（季節的な農作業の大半など）。

理由としては、「地位の低い」仕事を一時的なものと見なしていること、英語学習などの非金銭的な利点があること、母国の収入と比べれば賃金が低いとは思わないことなどがある。そのため、特定の仕事で移民がイギリス出身の労働者より生産的なのは、ある程度やむをえない。*4

著名な労働党議員ジョン・クルダスは、移民の影響を「賃金政策」と表現した。つまり、賃金レベルを抑えるための道具ということだ。これについては、ニュー・レイバーの元閣内大臣へイゼル・ブリアーズの次の発言が重要だ。「たしかに、ある意味で賃金を抑える効果があるので、一定数の移民を流入させようという経済の力は働いていました。それによって経済的な競争力は高まった。けれど、家庭に与える影響については充分評価されていなかったと思う」

ブリアーズに、移民は意図的な「賃金政策」だったのかと訊いてみた。「いいえ、意図的な社会政策の道具ではなかったと思います。それはちがう。その種の効果はいくらかあったでしょうが、政府の人間が部屋に集まって、『はっは、移民を何百万人も受け入れて、労働者階級の貧乏人を苦しめてやれ!』と言うわけがない。労働党政府は、そんなことはしないと思う」

真意はどうあれ、二〇〇四年に東欧諸国がいっせいにEUに加盟すると、イギリスはそこからの労働者をすぐに受け入れ、自由に仕事を探すことを認めた。ニュー・レイバーのこの移民政策ほど議論を呼んだものはなく、アイルランドがあとに続くと事態はさらに紛糾した。批判者は、政府の決定によって、とくにポーランドから安価な労働力が大量にイギリスに流入したと責めた。「イギリスとアイルランドだけが、二年の猶予期間を置かずに追加加盟国からの移民を受け入れたのは、明らかに政府の大失策だった」とケン・リビングストンは言う。「だから、みんなこの国に来た。ロンドンは昔から移民を受け入れてきたので、さほど影響はなかったが、そういう経験のないほかの町や村にも、東欧から大勢の移民が流入した。彼らはまじめに働いて仕事を得る。賃金も下がり、大打撃だった」

移民が賃金に影響を与えたという問題について、タブロイド紙が先頭に立ったキャンペーンでは、攻撃の矛先がまちがったほうに向いている。雇用者が賃金削減の口実に移民を用いたのなら、国民の非難を受けるべきは雇用した側だ。「自分たちの生活のためにこの国に来た労働者を、責めることはできないと思う」と炭鉱労働者の指導者クリス・キッチンは語る。「悪いのは、安いからという理由で彼らを雇用したがる雇用者のほうだ。こうした企業や仲介業者は、移民を連れてくるプロだからね。生活をよくするために移住してくる労働者は、悪くない」

二〇一〇年総選挙での労働党の敗北と、ゴードン・ブラウンの党首辞任のあと、代わりの候補者たちは先を争うように移民を非難した。かつてゴードン・ブラウンの朋友だったエド・ボールズも、移民問題が「わが国のあまりにも多くの人の賃金や雇用契約に、直接の打撃を与えた」と主張した。「私の選挙区も含めて、グローバリゼーションへの備えができていなかった多くのコミュニティで、それが起きた」と。保守党党首デイビッド・キャメロンは、そんなボールズの態度を、コメディドラマに出てくる人種差別主義者のアルフ・ガーネットにたとえた。

現実には、移民が賃金に与える影響が少ないことは、すでに説明したとおりだ。政治家たちは、もっと本質的な問題を避けるために、監視の目を移民に向けたにすぎない。実際には、移民を取り締まらなくても改善はできる。たとえば、最低賃金を引き上げ、外国人労働者をほかの労働者より低賃金や悪条件で雇用するのをやめればいい。

金融危機のまえでさえ、何百万人という労働者の賃金は伸び悩むか、低下していた。移民問題は、原因のリストのずっと下のほうだ。発展途上国の膨大な量の安価な労働力と、イギリスの労働組合が機能していない状態のほうが、はるかに重要な要素である。結局、企業利益は増える一方だが、経営側がその大金を貯めこんでいて、従業員に分け与えよという圧力はどこからもかからない。

グローバリゼーションの中心にある「底辺への競争」や、労働組合権の欠如は、政治家が積極的に対処しようと興味を持つ問題ではない。銀行家の強欲や支配層の悲惨な政策が引き起こした経済危機のせいで、仕事はいまも失われている。それでも、今日の主流の政治家たちは、現代の経済システムの大前提に挑むような問いを投げかけず、代わりに騒々しい右派のメディアの支援を得ながら、人々の偏見に訴える二次的な問題に焦点を当ててきた。

この移民に対する反動のなかで、多くの人々は「白人労働者階級」は人種差別主義者だ、と結論づけた。労働者階級は、ほかの階級よりはるかに多くの民族の混合体なのに、白人ばかりのように誇張されたのだ。なんと言っても、イギリス人の一〇人に九人は白人だからだ。ロンドンやマンチェスター、バーミンガムといった大都市を出ると、白人だけの顔を見ながら何キロも移動することができる。

しかし実態はどうか。労働組合の指導者ビリー・ヘイズが言うように、「民族的マイノリティは、ほぼつねに社会的に不利な立場で苦しんでいるが、労働者階級の一〇パーセント以上は白人ではないと推定される」。民族的マイノリティが労働者階級の仕事につく比率は人口比より高く、多くの都市部では、もっとも地位が低くて低賃金の仕事についていることが圧倒的に多い。

ロンドンの小売業を例にとろう。民族的マイノリティはその業種の労働者の三五パーセントを占めるが、ロンドンの人口に占める割合は、ずっと低い二七パーセントだ。[*5] イギリスのバスやタクシー運転手の一四パーセントは民族的マイノリティ出身で、ケータリング、警備、ホテル、レストランも、白人以外が占める割合が人口比より多い。国内のバングラデシュ人とパキスタン人労働者の半数は、時給七ポンド未満の仕事についていて、白人と比べると賃金が三〇パーセント以上少ない。[*6]

社会階級の頂点となると、その差はもう広がりようがないほどだ。イギリスの上位一〇〇の法律事務所のパートナーのうち、民族的マイノリティ出身者はたったの三・五パーセント。[*7]イギリスの上位一〇〇企業のなかでは、民族的マイノリティ出身のCEOはたったひとりしかいない。金融部門で年金保険の仕事をしている民族的マイノリティ出身者は、わずか五パーセントだ。[*8]労働者階級であれば、そうした専門職のエリート層や実業界より、さまざまな来歴の人とつき合う機会がはるかに多い。

住宅地の分布にも、同じことが言える。タワーハムレッツ、ニューアム、ハックニーなど、ロンドンでもっとも民族的に多様なコミュニティは、圧倒的に労働者階級が占めている。一方、リッチモンドやキングストン、ブロムリーといった郊外の中流階級の住宅地では、民族的マイノリティの人口は少ない。最新の国勢調査によると、アジア人と白人のあいだにできた子供の数は一〇万人以上、西インド諸島出身者と白人のあいだの子供の数は一五万八〇〇〇人。イギリス出身の黒人男性の半数近く、同じく黒人女性の三分の一、そして、インド人とアフリカ人の男性の五分の一には、白人のパートナーがいる。[*9]民族的マイノリティが労働者階級の仕事を得、労働者階級コミュニティで暮らしている傾向が強いことを考えると、こうした異民族間の子供は、労働者階級で生まれることがはるかに多いと言っていいだろう。

クレア・ショートはかつて、ほとんどの住民が民族的マイノリティ出身の貧しい労働者階級という選挙区、バーミンガムのレディウッドの議員だった。そのショートが、階級が上の人たちより労働者階級の人のほうが、じつは異なる民族の出身者と交流している、という意見に賛成する。「レディウッドのようなところは全般的に人種が豊富で、人間関係も多様なところがすばらしい。互いの宗教や歴史への理解が深まるんです。あそこではとても豊かな経験ができて、学校にかよう子供たちはいつも、『みんなのお祭りが祝えるからラッキーだよ』と言っています」。労働者階級全体にしても、まだ多くは白人だが、人口比で見れば白人の割合は低い。

特権階級のエリートであれば、つねに寛容とはかぎらない。中流階級や上流階級の人種差別は、労働者階級ほど経済的に困っていないだけに、より過激になることも多い。アジア人兵士を「パキ」と呼んだところを撮影された、ハリー王子を忘れてはならない。エリートに昔から多いのは、ユダヤ人差別だ。私が知っているパブリックスクールの学生は、「いかにもユダヤ人らしく見える」という理由で、父親に高級金時計を買ってもらえなかった。ある講師から聞いた話では、パブリックスクールの学生に、労働者階級の人々のほうが民族的マイノリティ出身者と関係を持つ機会が多いと言ったところ、その学生は少し思案したあと、「それはもっとましな人を見つけられないいから？」と尋ねたらしい。

大切なのは、労働者階級で起きている「二一世紀の反移民」という大きな動きに対して、うわべだけの解釈に惑わされないことだ。反移民のレトリックは、文化や人種のひと言では説明できない、複雑な理由で勢いを増してきた。その証拠に、多くの労働者階級の民族的マイノリティのあいだで、移民に対する敵意が広がっている。仕事や賃金がますます不安定になっているこの時代、移民は便利なスケープゴートとして、もっと深刻な問題をはぐらかすために使われてきた。それは危険な火遊びだ。

右派ポピュリズム勢力の台頭にどう応えるか

右派のポピュリズムが台頭して、恥ずかしげもなく労働者階級の人々を誘惑している。BNPが、信用できる政党として確たる地位を築くことはないとしても、不吉な前兆ではある。たとえば、右派のポピュリストは、イギリス独立党（UKIP）の存在感も高めた。UKIPは、二〇一〇年の総選挙で一〇〇万票近くを獲得して第四党となり、二〇〇九年の欧州議会議員選挙では労働党を抑えて二位となったが、その政策の中心は、移民反対と、移民がもたらすとされる賃金と仕事への影響の排除だ。

また最近では、新たな極右派のイングランド防衛同盟という団体が、イングランド各地で攻撃的な反イスラムデモを指導し、主流寄りのほかの右派団体もその流れに乗った。デイリー・テレグラフ紙は、白人労働者階級を「イギリスの裏切られた部族」と表現した。多文化主義と集団移民が進んだことで取り残された、という意味だ。

危険なのは、目端の利く新たなポピュリストの台頭だ。彼らは階級の話題を好み、労働者階級の問題に反動的な解決策を示す。労働者階級の敵視やそのアイデンティティの破壊を非難したり、彼らの伝統的な政党である労働党は背を向けたと言いたてたりもする。労働者の怒りの根本原因である経済問題に目を向けるよりも、ポピュリズムを振りかざし、移民や文化的な問題に狙いを定めるのだ。移民は経済的な厄災として責められ、多文化主義は「白人」労働者階級のアイデンティティを弱めると攻撃される。

こういうことが起きる理由、そして右派のポピュリストがすでに労働者階級コミュニティに入りこんでいる理由は、労働党がとりわけ住宅問題、低賃金、仕事の不安定といったさまざまな労働者階級の問題に応えなくなったからだ。彼らは労働者階級が共感できる大きな物語を提供しなくなった。以前は当たりまえのように労働党を支持していた多くの人にとって、労働党は富裕層や巨大企業の味方になったように見える。多くの労働者階級の人々が、労働党はもはや「われわれのような国民」の政党ではないと見切りをつけたのもうなずける。

公平を期して言うと、この現象はイギリス特有のものではない。従来の左派政党が劇的に右傾化したことによって、西欧各国で極右派に扉が開かれた。フランスでは「赤いベルト」〔訳注：一九二〇年代から八〇年代にかけて、フランス共産党の支持基盤だった地域〕から国民戦線が生まれ、イタリアでは扇動的な北部同盟などが結成されている。

極右派の台頭は、より大きな危機、すなわち労働者階級を代表する存在がないことのひとつの症状だ。政治から追放され、アイデンティティを破壊され、社会での力を削がれ、不安を無視されて、それでも労働者階級の人々がＢＮＰのような政党をほとんど選んでいないのは、むしろ驚くべきことかもしれない。

多くの人はやる気を失って投票に行かず、ほかの人たちは鼻をつまみながら労働党に投票してきた。右派のポピュリズムが台頭し、国民の多くが政治的に疎外され、シニシズムや無関心が広がるなか、イギリスの民主主義が徹底的に破壊されていてもおかしくなかった。

危機にさらされているのは、労働者階級の未来だけではない。私たち全員の未来だ。

結論

「新しい」階級政治へ

眠りから覚めた獅子のように立ち上がれ
征服されようのない数で
鎖を雫のように大地にふり払え
それは眠りのときに垂れたもの
汝らは多数——彼らは少数だ。

パーシー・ビッシュ・シェリー『自由への叫び』

労働者階級の敵視は、征服者が被征服者をあざ笑う行為だ。過去三〇年間で、労働者階級の力は、職場、メディア、政治支配層、そして社会全体から追放されてしまった。

昔の支配層のエリートたちは、赤い旗とぼろぼろの『共産党宣言』を振りかざした意志強固な労働者階級の足音が、ダウニング街に迫ってくることに震撼した。一九七〇年代には右派がたびたび、実権を握っているのは労働組合だと不平をもらしていた。いまでは非現実的に思えるかもしれないが、かつて馬鹿にされ、嫌悪されていたのは、労働者階級の「力」だったのだ。しかし今日、その力は粉々に打ち砕かれ、労働者階級はスポーツウェアを着た飲んだくれの怠け者で、(保守党の)イノック・パウエル好きだ、と平気で侮辱される。意志薄弱で無能力、おそらく礼儀知らずだが、まちがいなく危険はない、と。

ダラム州出身の二八歳、コールセンター従業員カール・リーシュマンに、労働者階級の要望は社会に伝わっているかと尋ねると、彼は質問のばかばかしさに笑った。「まさか。伝わってるわけがない!」。だとすると、労働者階級はあざ笑われているのか?

――まあ、そうだね。誰も本気で立ち上がろうとしないし、よく言われるように、労働者階級の人たちの声はほとんど届かない。どういうことかわかる? みんな労働者階級のことを好きなだけ馬鹿にできるってこと

──だ。労働者階級はとくに新聞にも載らないし、テレビにも出ないとわかっているからね。社会に何か影響を与えることができる存在じゃない。だから、あいつらの話を聞いても意味がないってことになる。

これは、私が労働者階級のコミュニティでくり返し聞いてきた「屈辱的な無力感」というテーマだ。「彼らはわれわれといっしょに生きていない。だろう?」と、バーミンガムのある店員はイギリスの政治家たちについて言った。「われわれとはまったく別の世界で暮らしている。だから、現実を知らないんだ」

ほとんどの労働者階級の人々は、声を失ったと感じている。二〇〇八年のBBCの世論調査で、白人労働者階級の一〇人に六人近くが、自分たちを代弁してくれる人はいないと感じていたのもうなずける。

「階級は存在しない」という詭弁

だからといって、「階級政治」はなくなったわけでも、忘れられたわけでもない。逆に一部では盛んになっている。富裕層とその政治的弁明者を守るようになったという意味で。労働者階級の敵視の中心には、この階級政治がある。

そこでの富裕層の第一の信条は単純だった──「階級は存在しない」だ。階級の否定は、すこぶる都合がいい。平均的な労働者の賃金は伸び悩んでいるのに、富裕層の銀行口座に巨額の金が集まっている。その事実から注意をそらすのに、これほどうまい方法があるだろうか。サッチャリズムやニュー・レイバーによって「階級」ということばが国の語彙からはずされ、現代イギリスにおける明らかに不公平な富と権力の配分は、最低限の監視しかされなくなった。

もはや労働者階級は存在しない(あるいは「消滅しつつある」)ふりをすることは、とりわけ政治的に便利だった。本書では、「チャヴ」という戯画が、いかに労働者階級の大多数の真実を隠してきたかを説明した。エリートの階級闘争の闘士たちが理解しているとおり、労働者階級はつねに左派には欠かせない政治基盤だった。左派が労働者階級の人々の希望や要望と固く結びついていることは、「労働党」という名前そのものに反映されている。擁護すべき労働者階級が存在しなければ、左派は目的を失う。もはや存在意義がなくなるのだ。

いまでは、たとえ誰かが階級問題を提起しても、その主張は無視され、古臭く無意味なお題目にしがみつく時代遅れの輩《やから》として一蹴される。そう言う右派の批評家たちは、恥も外聞もなく、一九世紀後半に流行った経済理論らしきものを奉《たてまつ》っているにもかかわらずだ。労働党のハリエット・ハーマン党首代行が勇敢にも、生まれついた階級はその人の残りの人生に影響を与えるかもしれない、と物議をかもす発言をしたとき、リベラル派のインディペンデント紙は激怒して反論した。「イギリスはもはや、ハーマン氏が言うような階級に分かれた国家ではない」

さらに、エリートの階級闘争の闘士たちのあいだで流行しているのが、底辺にいるのは自業自得という考え方だ。貧困者の状況は、みずから態度を改めないかぎり改善しない。だから政府が不平等を是正する必要はない、というわけだ。インディペンデント紙の社説も認めたように、民族的マイノリティや女性はいまだに差別されている。「しかし、今日の国家最大の社会問題は、最下層に固定された家族や個人だ。彼らは現代イギリスで手に入る経済的な機会をとらえ損ねている」[*1]。言いたいことは明らかだ。そういう人々は、成功しようと思えばできるのに失敗している。底辺にいる人々は自分たちを責めるしかない、というのが厳しい現実なのだ。

これはたんに、いまの序列の責任を個人に負わせるというだけの話ではない。貧しい労働者階級の人々を、ふまじめで偏屈、がさつ、不潔と中傷すれば、彼らに共感するのはますますむずかしくなる。とりわけ、最下層にいる人々は事実上、人間性を奪われている。大嫌いな人々の状況を、誰が改善したいと思うだろうか。

本書では、「向上心」が個人の救済手段と見なされていることも説明した。言い換えれば、いまやあらゆる人の人生の目標は、中流階級になることだ。サッチャリズムとニュー・レイバーは、ともにこの徹底した個人主義を、ほとんど宗教的な熱意で推進した。労働者階級全体の状況を改善する従来の集団的な向上心ではなく、能力のある個人が「自力で這い上がり」、出世すべきだというのが、新しいお題目になった。

もちろん、その基礎には作り話がある。もし誰でも中流階級になれるのなら、スーパーマーケットのレジ係をしたり、ゴミを回収したり、コールセンターで電話を受けたいと思う人がいるだろうか。だが、どれほど非現実的でも、すべての人が中流階級をめざすべきという考えを標準化することによって、この中流階級の美化は階級制度を支える便利なイデオロギーになった。

と同時に、政治家やジャーナリストはひそかに、偽りの「ミドル・ブリテン」を世に広めた。「富裕層が見事にやりとげたことのひとつは、中流階級以下の多くの人々に、自分たちは中流だと信じこませたことだ」と無党派のジャーナリスト、ニック・コーエンは言う。政治家やジャーナリストが「ミドル・ブリテン」（または「ミドル・イングランド」）と言うとき、彼らの頭にあるのは収入の中央値ではない。国民の年収の中央値はわずか二万一〇〇〇ポンド（約三〇〇万円）ほどにすぎないから、彼らが実際に指しているのは「アッパー・ブリテン」、つまり富裕層の有権者だ。

こうして、国民の一〇人に九人は年収四万四〇〇〇ポンド（約六四〇万円）に満たず、無関係であるにもかかわらず、富裕層にかかる税率を少し上げようとするだけで、「ミドル・ブリテン」への攻撃と見なされるようになった。政治家たちは、きわめて重要な「ミドル・ブリテン」の無党派層を怒らせるような進歩的な政策は、選挙面から導入不可能だと言う。だが、「ミドル・ブリテン」の意味自体をゆがめて伝えているのだ。

多くの政治家や評論家のあいだでは、不平等を褒めたたえるのも流行になっている。不平等は競争をうながし、頂点にいる人々が富を生み出している証拠だから好ましいという理屈だ。その結果、必然的に富裕層は理想化される。彼らはなんといっても「富の創出者」、起業家であり、純粋にみずからの勤勉さと才能によって成功を収めた人々なのだから。

こうして、富裕層の階級政治は、きわめて効果的に敵を倒せることがわかった。マーガレット・サッチャーが言ったことで有名になった「この道しかありません」を声高に主張すればいい。最富裕層の利益になる政策は、社会全体の健全さのために必要だと説かれた。もちろん、メディアやシンクタンクや、富裕層と権力者が資金提供する多くの政治活動によって、このような考えは簡単に世の中の定説になった。

「階級政治」というと、ふつうは正しい意図、まちがった意図、あるいは素朴な意図で労働者階級の側に立って戦うことだと理解されているが、もはやそうではない。トニー・ブレアのニュー・レイバーを支配していたのは、おもに階級政治を擁護する富裕層だった。労働者階級を代表するために設立された政党としては、驚くほどの変節である。なぜ、そんなことが起きたのか。

先にも述べたように、サッチャーが労働組合を叩きのめした後遺症が、大きな要因だったことはまちがいない。一世紀にわたって、労働組合運動は労働党の根幹であり、党内にはつねに労働者階級のなんらかの声が届いていた。ところが、社会のなかで労働組合の地位が下がると、その後の労働党党首は、党内で労働組合が果たしていた役割を自在に減らすことができるようになった。組合の力は急激に弱まり、ついにはニュー・レイバーという、労働党のなかで自分たちを見捨てる党派にくり返し投票するまでになったのだ。

一九七九年から一九九二年にかけて保守党に四回連続で敗北した労働党は、すっかり士気を落とし、政権を取り戻すためなら、ほとんど何でも受け入れるようになった。クレア・ショートは労働党内部の絶望感についてこう言った。「何度も選挙で負けて、擁護すべき人々を失望させたと感じた。労働党が勝つと思われていた一九九二年にも負けたあとは、もう党全体が死に物狂いで勝つことに執着した」。トニー・ブレアは一九九四年の労働党党首選挙でおよそ半数の票を獲得して当選したが、それは、ほかの候補者が信用されていなかったからだとショートは考える。

その後、彼らニュー・レイバーの面々は、非情な態度で党会議の力や民主体制を弱め、党自体の民主体制も弱め、全国執行委員会の選挙方法も変え、ありとあらゆる改革を断行した。党員たちも、早くから波風を立てたくなかったので、したがった。そして手遅れになった。体制はすでに変わっていて、抵抗する力もなくなって……

この絶望感と士気の喪失を利用して、ブレア一派は労働党にサッチャー流の解決策を押しつけた。その政策の要諦こそ、誰もがみな中流階級になる向上心を持つべきという考え方だった。あなたの最大の業績は何ですか？　と訊かれたマーガレット・サッチャーが、ためらうことなく、「トニー・ブレアとニュー・レイバーね。敵を変節させたのだから」と答えたのも無理はない。[*2]

見放された労働者階級

国際政治の影響もあった。東欧の共産主義が崩壊したあとでは、自由市場資本主義のほかに選択肢はないように見えた。数十年前、クレメント・アトリーの労働党政府が残した戦後の福祉国家政策に、保守党がおとなしくしたがわざるをえなかったように、ニュー・レイバーも、サッチャリズムに順応したということだろうか。労働党の元閣内大臣ジェイムズ・パーネルに、この点を訊いてみた。「ああ、そう思うね。一九七九年（サッチャー選挙初勝利）と一九八九年（ベルリンの壁崩壊）の組み合わせで、左派は楽観主義と自信を少々失うことになった……なんというか、一九八九年以降は、左派的なことすべてが、狂気の沙汰ではないにしろ、少なくとも現実離れしていると見なされて、市場の結果を克服しようとか、不平等を減らそうという議論で勝利することが、非常にむずかしくなった……」

イデオロギー的にそういう雰囲気なら、ニュー・レイバーが、労働者階級の政治的な声としての役割を放棄して逃げきったのもうなずける。ニュー・レイバーの情報操作のプロ、ピーター・マンデルソンのことばを借りると、その政治戦略の裏には、「彼ら（労働者階級）はほかにどこにも行く当てがない」という計算があった。[*3] 評論家はよく、労働党に対する労働者階級の忠誠を「部族主義」と呼ぶ。原始的な盲従という意味合いが強いこの軽蔑語は、たいてい労働党の「安定票」を見下すときに使われる。その一方、たとえば保守党の選挙基盤であるロンドン周辺の選挙区には使われない。

保守党への不安と嫌悪感などから、非常に多くの労働者階級の人々が、いまもなお、労働党を何があっても「自分たちの」政党と考えているのは確かだ。労働党の勧誘員が選挙運動で訪問すると、労働者階級の人々は、彼らのことをよく「放蕩者の親戚」のようだと言うらしい。親に苦労をかけるけれど、家族は家族だ、と。それでもニュー・レイバーの政策が失敗するにつれ、少なくない労働者階級の有権者が幻滅し、ブレアとブラウンの戦略の「ほかに行く当てがない」という仮説が誤りだったことを、続々と証明するようになった。

ニュー・レイバーの利口な若手たちは、スウェーデンで「ソファという選択肢」と呼ばれるものを考慮していなかった。これは、労働者階級の人々が、しぶしぶなじみの政党に投票しにいくより、傍観者としてソファに座ることをいう。二〇一〇年の総選挙では、階級の最上層部にいる有権者の四分の三以上が保守党に投票した反面、階級C2、D、Eに属する労働者の投票率は五八パーセント程度だった。専門家と、熟練・半熟練労働者の投票率の差は、じつに一八パーセントもあった。[*4] まるで国民参政権がこっそり制限されたかのようだ。全体的には、保守党より労働党を自分の政党と考える有権者のほうが多いものの、失望感があまりにも大きかったことで、実際の投票には反映されなかったのだ。

失望した人のなかには、当然、ほかの党に投票した人もいた。スコットランドやウェールズでは、膨大な数の労働者階級の有権者が国家主義政党に鞍替えし、歓迎された。二〇〇八年のグラスゴー・イーストの補欠選挙では、住民たちが抗議のために一九二〇年代以来初めて労働党を捨て、スコットランド国民党の候補者を勝たせた。すでに見たように、イングランドでは人種差別主義のBNPが、従来労働党に投票してきた人々の何十万もの票を奪った。

こうして、中流階級を味方につければ政権を握ったままでいられる、という労働党の希望的観測は、まったくの幻想であることが証明された。世論調査会社〈イプソス・モリ〉によると、一九九七年から二〇一〇年のあいだに、社会階級の最上位（AとB）の労働党支持率は五パーセント下がっただけだったが、最下位（C2とDとE）では、全支持者の二〇パーセントが離脱した。ABの有権者のうち、労働党を見捨てたのは五〇万人にすぎなかったのに、C2とDEでは、それぞれ一六〇万人ずつ有権者が消えたのだ。

ニュー・レイバーの指導者のなかには、さすがに労働者階級の離反で目が覚め、党の損失に気づいた者もいた。エド・ミリバンドは、二〇一〇年の総選挙後に勝利した党首選で、「労働者階級代表の危機」について説明した――ふつうは左派の会議だけで聞く表現だ。「わかりやすく言えば、二〇一〇年の選挙で、DEだけでも一九九七年の票数を獲得できていれば、少なくとも四〇議席追加して、国会で最大政党のままだっただろう」

個性的なブレア派のジョン・クルダスは、一九九七年から二〇〇一年の「初期のニュー・レイバー」への回帰を呼びかけているが、ニュー・レイバーが失った有権者の半数は、この四年のあいだに消えている。労働党が失った五〇〇万の有権者のうち四〇〇万人は、トニー・ブレアが政権についていたときに党を見捨てたのだ。彼らは右派に流れたのではない。結果を見れば、保守党の票も一九九七年から二〇一〇年のあいだに一〇〇万票しか増えていない。腐敗は早い時期に始まっていたが、二〇一〇年の労働党の完敗を決定づけたのは、ニュー・レイバーが容赦なく労働者階級をないがしろにしたことだった。

とはいえ、選挙の敗北以上に、政治的な敗北はもっと深刻だった。ニュー・レイバーが労働者階級のために生み出した利益（以前の労働党政府と比べれば少ない）のすべては、公共サービスへの投資と、シティからの資金に頼る社会政策によるものだった。しかし、世界金融危機を経て、ダウニング街に戻ってきた保守党の首相が公共部門の支出削減を掲げると、このモデルは永遠に消えてしまった。クレア・ショートの見解では、ニュー・レイバーは、「市場にやさしく、ビジネスにやさしい点でわれわれは大成功だが、貧困層に予算を使いすぎていたので削減した！」と誇らしげに信じていたという。「でも、もちろんあのころは好景気だった。これから実施される数多くの削減計画を見ると、ニュー・レイバー政権下で増えた公共費用は大幅に削られるようね」

階級政治から撤退したのは、決して労働党だけではない。社会民主主義、民主社会主義、さらには革命的社会主義の残党さえ含めた左派全体で、過去三〇年のあいだに、階級政治からアイデンティティ政治［訳注：人種や民族など、特定のアイデンティティにもとづく集団の利益を代表しておこなう政治］への方向転換があった。とくに、炭鉱ストライキの敗北に象徴される奈落の底に続いて、サッチャリズムのもとで労働運動が大打撃をこうむったことで、多くの左派にとって、階級政治はもはや変化をもたらす手段には見えなくなった。一方、アイデンティティ政治は、まだ急進的で達成可能な目的を持っていると感じられた。歴史の流れは、女性や同性愛者や民族的マイノリティの解放のために闘う者たちを応援しているようだった。
　一九五〇年代から六〇年代にかけて、多くの左派の知識人は力強い労働運動に鼓舞され、労働者階級の問題について何百もの本や論文を書き、それらは労働党の最高指導部にいる政治家の知見を培うのに役立った。しかし今日では、進歩的な知識人はアイデンティティの問題のほうにはるかに高い関心を寄せている。ジョナサン・ローズは、大部の著作 *The Intellectual Life of the British Working Classes*（イギリス労働者階級の知的生活）のなかで、オンライン学究サイト〈MLA国際文献目録〉を一九九一年から二〇〇〇年まで検索した結果を発表した。それによると、「女性」が一万三八二〇件、「ジェンダー」が四五三九件、「人種」が一八六二件、「植民地独立《ポストコロニ》後の《アル》」が七一〇件、「労働者階級」はたったの一三六件だった。[*5]
　もちろん、女性や同性愛者や民族的マイノリティの解放に力を注ぐ活動はきわめて重要だ。ニュー・レイバーもこれを取り入れ、同性愛者の平等や女性の権利について、じつに進歩的な法案を可決した。しかし、これは政治から労働者階級をのけ者にすることと容易に共存しうる議題でもあった。ニュー・レイバーは急進的な面を守りつつ、サッチャー流の政策を進めていた。たとえば「全員女性の候補者リスト」。これは下院議員の女性立候補者を増やすためにニュー・レイバーが推進した称賛に値する政策だが、実際の候補者はだいたい専門職の経歴を持つ中流階級の女性であり、低賃金のパートタイムのサービス業で働く無数の労働者階級の女性とは、経歴が異なっていた。
　左派は、社会でもっとも軽んじられた集団を擁護しつづけるが、労働者階級の「代わり」を探すためにそうすることが、あまりにも多かった。よく知られる例が、ジョージ・ギャロウェイの創設した左派政党〈リスペクト〉だ。労働党のように反戦の立場であるリスペクトは、「対テロ戦争」の時代にいち早く、イギリスじゅうにはびこるイスラム嫌悪に反対すると公言した。だが、リスペクトの選挙基盤はイースト・ロンドンやバーミンガムの一部といった、圧倒的にイスラム教徒の多い地区だから、それは労働者階級全体に訴える方針ではなかった。彼らは、イラクへの野蛮な侵略に当然ながらとくに怒っているイスラム教徒のコミュニティに訴えたのだ。つまり、階級政治を捨て、地域社会主義政治に乗り換えた。「左派は、まだ階級を基盤にしていると言うが、争点がひとつしかない運動から一度脱線すると、もとの階級問題に戻ることはなかった」と、左派の労働党下院議員、ジョン・マクドネルは言う。

国際政治は、左派がこれまで引きこもってきた「安全な避難場所」のひとつだ。とりわけ、イラクやアフガニスタン、パレスチナでの戦争に反対することである。戦争反対は、イズリントン地区に住むリベラルな中流階級の専売特許ではない。そのイメージは、二〇〇六年にニュー・レイバーの大臣だったキム・ハウエルズが作ったものだ。彼は、反戦を訴える労働党下院議員ポール・フリンの質問にこう答えた。「国民がちゃんとした朝食シリアルを食べて、ハロルド・ピンターの劇のリバイバルを初日に見て、ときどきインディペンデント紙を読んでいれば、アフガニスタンの麻薬王がいなくなると思ってはいけません。彼らはいなくならないのです」

実際には、中流階級のほうが労働者階級よりアフガン戦争を支持する傾向があると知ったら、ハウエルズも驚いたかもしれない。イプソス・モリが二〇〇九年に発表した世論調査では、社会階級の最上位でアフガン戦争を支持した人が五二パーセント、反対した人が四一パーセントだったのに対し、社会階級の最下位の支持者はたったの三一パーセント、反戦の人は六三パーセントだった。

元炭鉱町のアッシントンで、パリー夫人に、イギリスは軍隊を引きあげるべきかと訊いたとき、彼女は労働者階級の多くの人々の意見をまとめた。「ええ。もちろんそうよ、ぜったいに！　そもそも私たちの戦いじゃないんだから！」。同様に、イラク戦争への反対運動は、私も含めて何十万人ものさまざまな経歴の人々を、近年まれに見る大きな政治闘争へ駆り出した。

労働者階級の反戦感情は、イラク戦争とアフガン戦争を断固支持していたジャーナリスト、ニック・コーエンも驚かせた。私がその話をすると、彼は一瞬ことばを失ったが、「純粋に驚いた」と認めた。

問題なのは、左派が国際問題を優先させていることだ。労働者階級の多くは戦争に反対しているかもしれないが、それは住宅問題や仕事をしのぐほど差し迫った問題ではない。日々、支払いに苦しんでいるとき、わが子が安定した仕事や手頃な住宅を必死に探しているときに、何千キロも離れたところで起きていることに注力するのはむずかしい。皮肉にもBNPが、こうした日常生活にかかわる諸問題に、憎悪に満ちた解決策を示しているときに、左派の活動家たちは、大学のキャンパスの外に人を配置し、ガザに関する活動をおこなっている。もう一度言うが、それも重要な問題だ。けれど、海外の不当な戦争に反対するのと同じくらいの熱意とエネルギーを、労働者階級の人々が抱える喫緊《きっきん》の問題に向けていないことはもっと問題なのだ。

イートン校卒業生の率いる億万長者の政府が、何百万もの労働者階級の人々の生活水準をさらに下げようとしているいま、階級政治の新しい波を作り出す機は熟している。

結局、富裕層の利益を無反省に擁護したことで、われわれ全員が悲惨な状況に陥った。サッチャリズムとともに始まった産業の破壊は、危険なまでにシティ頼みの経済を残した。公営住宅の解体で住宅価格は高騰し、住宅バブルが発生したが、それがいまや崩壊しはじめ、経済は記録的なレベルの負債を抱えつつある。労働組合がつぶれて、二〇〇〇年代には賃金が伸び悩み、多くの人々がクレジットやローンで収入をカバーした影響で、借金によるにわか景気が生じた。クレジット危機はある意味で、三〇年前にサッチャーが始めた階級闘争の揺り戻しなのだ。

一九七九年に、トニー・ベンの言うサッチャーの「反革命」が始まって以降、これほど自由市場への失望が強まり、広がったことはなかった。世論調査はつねに、富裕層への増税を圧倒的に支持している。この状況に加えて、労働党が労働者階級の支持を失って退場し、かつての支持層は投票そのものに行かなくなっている。だからこそ、今日のイギリス政治の最大の問題は、「労働者階級代表の危機」なのだ。具体的には、頻繁に「チャヴ」として戯画化され、無視されている人々の問題である。

ガーディアン紙に載ったポリー・トインビーのコラムのタイトルは、「トニー・ブレアは忘れ去ろうとしたが、階級政治は戻りつつある」だった。そのコラムで彼女は、「何年にもわたって、『やつらとわれら』という感情を否定してきたことで、有権者は増えるどころか、遠ざかったのかもしれない」と述べた。*6

それならば、二一世紀のイギリスにおける新たな「階級にもとづく政治」とは、どのようなものだろうか。左派に根づいた運動だけが、この難題に答えられるのはまちがいない。核の定まらない政治は、明らかに労働者階級の要求や向上心に応えることができなかった。結果、労働者階級の何百万という人々は無関心になるか、極右派のもとへと流れた。ほかの集団に政策を訴える実験で嫌というほど失敗したことからわかるとおり、左派の政治勢力としての将来は、イギリス労働者階級の支持基盤を再構築できるかどうかにかかっている。

まずは、政治的課題の中心として、「向上心」を一から再定義する必要がある。「向上心の基本的な考え方から始めることになるだろう」とジョン・クルダスも言う。「なぜなら、二〇〇一年以降のニュー・レイバーのマイナス要素のなかでも、そこがいちばん不誠実なところだからだ。彼らは向上心の概念から、共同体主義的な要素をすっかり排除した。いまの社会で支配的な、消費主義で欲張りなばらばらの個人ではなくて、義務とか責任とか、人々を結びつけるなんらかの感覚といったような要素が必要だ」。新たな向上心は、たんに有能な個人を出世させるのではなく、人々のコミュニティを改善し、労働者階級全体の環境をよくするものでなければならない。

たとえば、一九七〇年代に説かれて実施された階級政治への回帰ではだめだろう。当時の階級政治の前提だった労働者階級は、もはや根本的に様変わりしている。重工業の工場群は姿を消し、それにともなって、おもに男性の工業労働者階級も、世代から世代に受け継がれる生涯の仕事も、職場のまわりに発達したコミュニティもすべて消えてしまった（か、急速に消滅しつつある）。

新しい運動では、不安定な仕事と、パートタイムや臨時雇用の労働者の増加を特徴とする、細分化された、組合非加入の労働力に働きかけなければならない。彼らの仕事は総じて清潔で、肉体を酷使する仕事ではないが、かつての産業の多くに備わっていた誇りや充足感は得られない。威厳のある熟練労働の多くは、棚の補充係に取って代わられた。

階級にもとづく過去の運動は、「職場」だけに目を向けていた。職場自体はいまでも重要だ。つまるところ、職場が労働者階級を定義し、日常的に彼らの暮らしを形作るものだから。しかし、人々が（ときには一年以内に）転職することが増えたいま、進歩的な運動は、コミュニティにも基盤を確保しなければならない。それはまさにＢＮＰが、屈折した方法ではあるが実行してきたことだ。すなわち、みずからコミュニティ政治に身を投じるのだ。反社会的行為に取り組むための地元の慈善バザーから、ごみ拾いや、手頃な住宅を増やす活動に至るまで、ＢＮＰはさまざまなレベルで成功を収め、存在感を定着させようと努力している。

問題解決のために、いますぐ着手すべきこと

本書では、労働者階級がますます投票しなくなった理由についても考えた。バラク・オバマが二〇〇八年のアメリカ大統領選で勝利したのは、当時どれだけ徒労に見えたとしても、幻滅していた貧困層の有権者を掘り起こしたからだ。言い換えれば、選挙民の拡大が勝利の鍵だった。わが国の最優先事項も、自分たちの生活か

らますます離れていく政治にすっかり幻滅した労働者階級を動かすことだ。
それはまた、サッチャリズムのもとで広がった、労働者階級内の溝を埋めることでもある。これらは最大限強調しておきたい。ジョン・マクドネルが言ったように、「労働者階級のなかには、つねにいろいろな集団がある。熟練労働者と非熟練労働者、臨時雇用とその他の労働者というふうに」。また、トニー・ブレアの戦略部門のトップだったマシュー・テイラーが言ったとおり、「仕事があって家を所有している労働者階級の状況と、公営住宅に住む人々の状況には大きなちがいがある」。そして、たとえば後者には、彼の言う「生活保護状態」が集中している。不当に生活保護を受けている人々に対する、労働者階級の怒りはすさまじい。それは私も目にしたことがあるし、理解もできる。

問題の一端は、失業問題が非政治化されたことにある。かつて失業に対する闘いは、左派の大規模な運動の代表格だった。有名なところでは、一九三六年のジャロー・マーチ［訳注：失業し困窮した労働者たちが、ジャローからロンドンの国会議事堂までの四八〇キロを徒歩で行進した］がある。一九七〇年代の失業者数はいまより少なかったが、失業は明確に政治問題と見なされていた。一方、一〇〇万もの人々に仕事がないことを受けて、マーガレット・サッチャー率いる保守党は、「労働党は働いていない」という悪名高いポスターでジェイムズ・キャラハンの政府を猛攻撃した。

歴代政府が就業不能給付を使って失業率を操作するうち、議論の前提条件も変わった。失業は公衆衛生の問題として見直され、とくに、多数の受給者が本当に働けないほど健康を害しているのかどうかが議論された。生活保護の受給者を減らすためにニュー・レイバーと保守党の政治家たちが用いた理屈は、本質的には正しい。たしかに一般論としては、仕事をしたほうが個人も家族も生活が楽になる。しかし彼らは、「失業者を雇う仕事はどこにあるのか」という問いを、はなから無視していた。仕事があったとしても、たいてい低賃金の臨時雇いで条件の悪いものだった。

こうして、もうひとつの核となる要求が明らかになる。すなわち、健全で、熟練を要し、安定した、高賃金の仕事だ。これは、失業者のためだけではない。低賃金のサービス業で働く多くの労働者にとっても、別の選択肢を与えることになる。

「私たちがいま話しているのは、産業政策の立案です」と、〈新経済財団〉のエイリス・ローラーは言う。「つまり、欠けたまんなかの部分の熟練労働職を埋める産業を支援し、発展させると決めて、それを貧しい地域や、不況で疲弊した地域に重点的に割り当てる。ほかのいくつかの産業に対する政策も必要です」。労働党政権は、くたびれた晩年に産業政策を弄んだが、製造業が崩壊して一三年もたったあとでは、とうてい大胆さが足りなかった。保守党でさえ、「経済の再調整《リバランス》」や「もう一度ものづくりのイギリス」について議論しているいま、実現可能な新しい産業戦略を立てる政治的余地は充分ある。

好条件の仕事を求める運動は、広範囲に及ぶ社会変革のきっかけになるかもしれない。仕事の創出は、労働者階級コミュニティに深く根をおろした問題の解決にも役立つだろう。住宅問題は、労働者階級の家庭の多くが直面している大きな危機のひとつだが、公営住宅を建てる国家政策には大量の熟練労働が必要となるし、建設業界も活発にし、さらに好条件の仕事を増やすことにもつながる。

〈ディフェンド・カウンシル・ハウジング〉のアラン・ウォルターは、労働党政権の末期に、市場が国民の要求を満せなかったのだから、「いまこそ、第三世代のすばらしい公営住宅の建設に投資すべきだ」と言った。「最高の環境基準にしたがってきちんと設計、建設され、まわりにすぐれた公共施設があり、交通の便がいい公営住宅を建てれば、ようやくわれわれはどこに住もうかという悩みから解放され、二一世紀の住宅提供に集中することができる」

また、仕事を作る運動は、環境危機の課題にも対処することができる。力強い再生可能エネルギー部門を作り、住宅や事業所に断熱処置をほどこす国家プロジェクト、「グリーン・ニューディール」は、何十万もの雇用を生み出すだろう。「経済政策と環境政策を結びつけるのは政府の役割だと思う」と、ガーディアン紙の経済担当編集者ラリー・エリオットは言う。

非熟練労働者は大勢いるが、建設やそのまわりの業界で働く半熟練労働者に関しては、これまでとまったくちがう状況を政府が作り出せる。家を断熱しながら、同時に新しいグリーン部門を作っていくような、すぐれた政策ができるだろう。住宅に設置する製品は、製造基盤の強化に役立ちそうだ。仕事と新しい産業を創出するこの政府の取り組みで、相乗効果が生まれるにちがいない。

新しい仕事が多数生まれるだけではない。労働者階級の人々が、生活に直結する問題として環境にかかわることにもなる。階級政治にいくらかグリーンが加わるのだ。

言うまでもなく、新しい仕事は古い仕事に代わるものではない。むしろそうなってはいけない。たとえば、清掃員、ゴミ収集業者、バス運転手、スーパーマーケットのレジ係、秘書などがすべていなくなったら、社会は急停止する。他方、高給取りの広告会社の重役や、経営コンサルタント、未公開株式売買の責任者がある日突然いなくなっても、社会は以前とほとんどかわらず、ことによると多くの場合、かなり改善するかもしれない。最初の大きな一歩は、労働者が誇りや社会的価値の感覚を取り戻すことだ。そうすれば、生活全般における彼らの重要性を反映させるために、低賃金の労働条件を改善しなければならない、という議論に大きく踏み出せるだろう。

労働者に本物の力を

本書では、現代イギリスの仕事が、昔と比べてどれほど不安定になったかを見てきた。イギリスの雇用者は、西欧諸国のほとんどの国より自由に従業員を解雇することができる。派遣労働者の多くには基本的な権利もなく、事前通告なしで職を解かれても文句は言えない。即雇用・即解雇の状況にともなう不安感に加えて、家財道具か、必要がなくなればすぐに処分できる消費財のように扱われるのは、あまりにも人間性に欠ける。最近の実例では、携帯メール、さらにはメガフォンでクビを言い渡された労働者もいる。仕事の安定は、新しい進歩的な運動の中心にすえられなければならない。

さらに、新しい階級政治は、たんに賃金や労働条件にとどまってはならない。とくに、サービス業の多くの労働者が感じているような深い疎外感にも取り組むべきだ。彼らは、単純作業をくり返す仕事にともないがちな、途方もない退屈と倦怠感に耐えている。技術を向上させて日々の仕事の幅を広げることも大切だが、それだけではない。職場で、労働者に本物の力と裁量権を与えることが重要だ。

二〇一〇年の総選挙前、保守党の提案のなかには、公共部門に労働者の協同組合を作って、彼らに「権限を委譲する」というアイデアがあった。当時の保守党影の内閣の大臣ジョージ・オズボーンに言わせると、「一九八〇年代の公営住宅の売却以来の、労働者階級への大きな権限委譲」だった。実際には、大規模な公共部門の民営化をごまかすために、厚かましくも労働党の旧来の文言を盗用しただけだったのだが、これをあえて額面どおりに受け止め、「なぜ、同じ原則を民間にも適用しない?」と追い討ちをかけてもいい。

このように、核心に迫る要求をいくつも繰り出すことで、経済は真に民主主義的になり、市場の荒廃に失望した多くの人々の共感をまちがいなく呼ぶだろう。抑止力のない経済の専制君主たちがイギリス経済を支配する代わりに、主要なビジネスは社会で共有し、労働者たち、そして消費者たちが、民主的に運営する。それはおそらく、ピーター・マンデルソンの祖父ハーバート・モリソンが第二次世界大戦後に導入した、旧式でトップダウンで官僚的な国有化に対する、本当の代替案となる。

労働者階級の人々は、機械の歯車の歯になるのではなく、本物の権力を与えられるのだ。

現状を打開する策は必然的に、皮肉にも右派が利用していた労働者階級の関心事に沿ったものとなる。新しい階級にもとづく政治では、たとえば移民に対する反動を、無知や人種差別として片づけず、労働者階級の嘆きが無視されることへの不満が誤った方向に進んだものなのだ、と理解しなければならない。移民への反動を抑えたいなら、手頃な住宅や、安定した高賃金の仕事の不足といった、肌の色に関係なくすべての労働者階級の人々に影響する根本原因を認識し、解決することだ。

何よりの悲劇は、移民をスケープゴートにしたせいで、本当に責任を負うべきエリートたちが見逃されていることだ。労働者階級の人々の不満を真の責任者に向けることができれば、出自にかかわらず、彼らをひとつにまとめる純粋な機会が生まれるだろう。「脱税で毎年約七〇〇億ポンド（約一〇兆円）が国庫から失われているのに、それを白人労働者階級からの略奪と表現する人はいない」とジャーナリストのヨハン・ハリは言う。「でも、どこかの貧しいソマリア人が生活のために盗みを働くと、略奪だと言われる。何百億もの略奪はおとがめなしなのに。社会の格差について、より健全で生産的な考え方は、白人労働者階級の人たちと移民が同じ側に立って、本当の意味で略奪を働いている企業や富裕層に立ち向かうことだ」

反社会的行為もまた、右派から労働者階級を取り戻すことにつながる関心事だ。話題として誇張されているものの、じつのところ、ほかの階級と比べて労働者階級のコミュニティに与える影響が圧倒的に大きく、一部の人々にとっては正真正銘の破滅のもとである。それゆえ新しい階級政治では、まず若者の失業や貧困、若者向けの施設の不足といった、根本の原因に取り組まなければならない。また、労働者階級の人々がコミュニティのなかで怖ろしい目に遭わないように、守らなければならない。

その際、若者たちに汚名を着せようとするニュー・レイバーの罠に落ちない注意も必要だ。「ニュー・レイバーが反社会的行為と市民の自由への攻撃を重視した狙いは、コミュニティで起きていることについて、人々が社会制度ではなくお互いを攻撃し、非難するように仕向けることだった」とジョン・マクドネルは言う。「個人に責任はないとは言わないけれど、もっと大きな文脈のなかで見る必要がある。どこの労働者階級コミュニティにも悪党はいるし、悪さをするやつらはいつだっている。それを克服しようと努力するわけだが、そのときには、住民が自分たちのコミュニティをコントロールしながら対処しなければならない」

新しい社会に向かって

言うまでもなく、過去三〇年間の最富裕層への異様な富と権力の集中は、もっと早くから取りかからなければならない問題だった。これを「階級闘争」と呼ぶ人もいるが、それを言うなら、不況が労働者の生活を踏みにじり、何千人もの人を失業させているなかで、最富裕層一〇〇〇人の富が二〇〇九年から一〇年のあいだに三〇パーセントも増え、史上最高の増加率だった事実のほうが、よほどそのことばにふさわしい。あるいは、保守党主導の政府が、法人税を先進国では最低水準の二四パーセントに引き下げた一方で、貧困層に重くなる付加価値税を二〇パーセントに引き上げた事実はどうか。これこそ階級闘争だ。新しい階級政治は、この問題に答えなければならない。

給付金詐欺などの貧困層の犯罪が、頻繁に政治家やジャーナリストの集中砲火を浴びるのに対し、はるかに大きな富裕層の金融犯罪はたいがい無視される。だからこそ、攻撃の矛先を社会保障費詐欺から脱税に向けなければならない。すでに見たように、脱税で納税者がこうむる被害は七〇倍以上である。当然ながら、税制全体も、富裕層が適切な負担をするように再調整しなければならない。好況時に、富裕層の利益は空前の増加を見せた。頂点に富が不足しているわけがない。

この主張に対する反論はいつも、「金持ちはどうせ徴税を避けて国外に逃げるだけだろう」だ。しかし、公認会計士で企業の元取締役であるリチャード・マーフィーは異を唱える。ニュー・レイバー政権末期に、年収一五万ポンド以上の人の税率を新たに五〇パーセントにする措置が導入されたとき、「みなスイスに逃げるだろうと言われていたが、二〇〇九年にイギリスからスイスの金融機関の求人に応募した人の数は、二〇〇八年より七パーセント下がったし、問い合わせも一〇〇〇件を少し超える程度だった。しかもほとんど技術、IT、総務などの管理部門からで、ディーリンググルームからの問い合わせではなかった」。イギリスを去った大企業六社は、そもそもイギリスに税を納めていなかった。蓋を開けてみたら、さまざまな論争と裏腹に、国庫への納税額は見積もりより多かったのだ。

もちろん、国の富が裕福なエリートの銀行口座に吸いこまれるのを阻止するには、税制改革だけでは足りない。従業員の賃金が伸び悩み、減少さえしているというのに、億万長者が膨大な金を貯めこむことに、真の抑止力は働いていない。この見苦しい事態の中心にあるのは、組織された労働者の力、すなわち労働組合の崩壊だ。「いくつかの研究では、より公平な社会の特徴として、労働組合の活動が強力であることを挙げている」と、独創性に富む本『平等社会』の共著者であるリチャード・ウィルキンソン教授は言う。

――

銀行家やCEOといった頂点の人々が自分たちに巨額の報酬を支払えるのは、彼らを制限するものがどこにもないからだと思う。もし強力な労働組合があったり、取締役会に労働組合や従業員の代表者が入ったりしていれば、CEOとしても、従業員の要求を退けながら自分たちの高額な給料やボーナスを増やすのは、ばつが悪くなるだろう。

労働組合の弱体化がもとで、労働者階級のさまざまな問題が生じた――代表者がおらず、賃金は伸び悩み、職場で権利がないといったことだ。かつてトニー・ブレアが豪語したように、イギリスの法律は、ニュー・レイバーが改正したとはいえ、「西欧諸国でもっとも労働組合に厳しいままだ」。事実、イギリスは国際労働機関のさまざまな協定において、当事国の義務に違反している。「労働者は職場の代表を求めているが、反労働組合法によって、労働組合の代表能力が弱められている」とジョン・マクドネルは言う。「労働組合は、非常に風当たりの強い困難な状況のなかで、最善を尽くしている」

あらゆる打撃をこうむりながらも、労働組合はいまだに七〇〇〇万人超の組合員を擁する、文句なしに国内最大の民主的市民社会組織だ。その大きな弱みは、事実上民間から追放されていることである。公共部門の労働者の半数以上は組合員だが、民間はたったの一五パーセント。原因のひとつは厳しい法律にある。ケン・リビングストンが言うとおり、「公平な雇用を保証するために国が介入すれば、ひと晩で変えられる」のだが、即雇用・即解雇の条件に加え、臨時雇用やパートタイムがとても多く細分化しているというサービス業の特徴のせいで、組織化がむずかしくなっている。

二〇世紀の変わり目のころ、労働組合の使命は、比較的恵まれた熟練労働者層から手を広げ、多くは未加入の非熟練労働者を組合員にすることだった。これを「新労働組合主義」という。労働組合運動に未来があるとすれば、とくに新しいサービス業の労働者階級の組織化に注力する、この新労働組合主義が必要だ。

経費削減と緊縮財政の時代には、労働組合はいっそう幅広く活動しなければならない。「労働組合は、顧客とも連合して強力な同盟関係を作り、選挙以外の活動を強化して、政府の削減政策を阻止しなければならない」と労使関係の専門家、グレガー・ゴール教授は言う。「しかもそれを、個々の組合としてではなく、ひとまとまりの労働組合運動としておこなう必要がある。仕事と賃金を守るということは、公共サービスの質と量を守るということと同義だからだ」。たとえば、いつ解雇されるかわからない公務員についてだけでなく、利用者へのサービスがなくなることや、民間の労働者の仕事も危険にさらす経済的波及効果についても、いっしょに議論しなければならないということだ。

何より労働組合は、今日の労働者階級に適応しなければならない。「労働運動は変わったということ、三〇年前のあり方に決して戻ったりしないことを認識すべきだ」と労働組合委員長のビリー・ヘイズは言う。「労働組合は力を取り戻すことができるが、私などではとてもできないようなアイデアや活動を思いつける、次世代のリーダーを探さなければならない」

階級を中心にすえた活動は、中流階級をのけ者にすることになると反論されるかもしれない。しかし、自動的にそうなるわけではない。ある政治家は、政策のなかでもっとも保守的なものに頼るのは「絶望の政治」だと表現した。「だって、サービトンにいる人たち〔訳注：郊外の中流階級〕は、それじゃ納得しないでしょう」。この発言の主は、熱烈なニュー・レイバー擁護者のヘイゼル・ブリアーズだが、この点は私も同意する。

ほとんどの中流階級の人々は、じつは私立校や民間医療機関に行く余裕がなく、資金潤沢で良質な地元の学校や病院に行きたがる。世論調査では、中流階級の人々が富裕層への増税を支持していることも明らかになった。彼らは、富裕層が労働者階級と比べて相応の税金を負担することになんの不満も感じない。犯罪の少ない社会で暮らせるなら、中流階級の利益にもなる。それを達成するおもな手段は、社会的な原因を減らすことだ。リチャード・ウィルキンソンとケイト・ピケットの著書『平等社会』が示すとおり、さまざまなことが平等になれば、中流階級を含めて、社会のすべての階級が恩恵をこうむるのだ。

認識すべきことはさらにある。新しい階級政治は、いまやイギリスだけの現象ではない。億万長者のビジネスエリートたちがグローバル化したのであれば、労働者階級の人々もあとに続かなければならない。選挙にもとづく政府を人質にとって、多国籍企業が身代金を要求することができるのなら、その挑戦に立ち向かえるのは、強力で国際的な労働者たちだけだ。急成長するインドや中国の労働者と提携することで、イギリスの労働者は初めて、賃金や雇用条件の世界的な「底辺への競争」を食い止めることができる。

もし、このような運動が失敗に終わればどうなるか。あらゆる種類の不吉で終末論的な予測を立てて、暴動や革命が起きるだろうと警告したくなる。現実はあまりにも憂鬱だ。労働者階級は弱く、声がないままになるだろう。中流階級のディナーの席で相変わらずジョークの種にされ、怒った右派の新聞のコラムで憎まれ、テレビのホームコメディで馬鹿にされる。どのコミュニティにも安定した高給の仕事はなく、そこで暮らす人々は敵視されつづける。生活水準は向上するどころか低下し、一方で最富裕層はかつてなかったほど荒稼ぎする。投票に行く労働者階級はますます少なくなり、右派のポピュリズムは、世間に侮辱された労働者階級の失望や怒りをいっそう利用するようになる。おもだった政治家は、少数の裕福なエリートの要求を満たすことに注力しつづけ、どんどん無関心になっていく労働者階級の要望には、なおさら興味を持たなくなる。

つまり、政治は一九世紀のそれに先祖返りするだろう――本質的に、競合する裕福な派閥同士の内輪の口論に。

労働者階級の敵視の中心にあるのは、もはや下の階層から盾突かれず、彼らを指差してあざ笑うようになった富裕層の、目に余る勝ち誇った態度だ。保守党主導の政府が、エリートの犯罪の代償を労働者階級に支払わせる経費削減を推し進めるかぎり、彼らの笑いの種が尽きることはない。

けれども、このままにしておく必要はない。大金持ちの利益を中心に構造化された社会の愚かさは、銀行家の強欲に端を発する経済危機によって白日《はくじつ》の下《もと》にさらされた。新しい階級政治は少なくとも、富裕層が覇権を握るひとり勝ちの階級政治への対抗勢力として始まる。そしておそらく、私的利益ではなく人々の需要にもとづく新しい社会が、もう一度実現可能になるだろう。

かつて労働者階級の人々は、自分たちの利益を守るために組織を作り、この声を聞けと要求し、富裕層や権力者を譲歩させていた。

馬鹿にされるかもしれない。無視されるかもしれない。それでも、彼らはいつかきっと、「この声を聞け」とふたたび立ち上がるにちがいない。

謝辞

本書は、みなさんの熱意と助言、経験があってこそ完成した。

ジョーダン・ゴールドマンとドミニク・サンドブルックの励ましがなければ、そもそも私がペンを取ることはなかっただろう。アンドリュー・ゴードンという献身的なエージェントがいてくれたのは、これ以上ないほどの幸運だった。アンドリューは私と最初のアイデアを形にし、ごく初期から貴重な助言をくれ、揺るぎなく支援してくれた。彼の努力なくして本書は生まれなかった。トム・ペンは、私のぎこちない文章を徹底的に校正するだけでなく、格段に本書の質を高めてくれた優秀で忍耐強い編集者だ。タリク・アリが当初から熱心に企画に加わり、バーソブックスにしっかり引き継いでくれたのは光栄だった。

サラ・シンは疲れを知らない広報担当者で、本書が反響を得られたのは彼女のおかげだ。バーソブックスで本を出版したすべての著者と同様に、私もローワン・ウィルソンに深い感謝を捧げる。ローワンがいるから、同社は大手出版社に対抗できるのだろう。マーク・マーティンとローナ・スコット・フォックスは、本書の文法のまちがい、ことばの誤用、長ったらしい文章を徹底的に取り除いてくれた。彼らの努力のおかげで本書はずっと読みやすくなった。

アメリカにいる、バーソブックスの最高のマーケティング・マネジャー、クララ・ヘイワースにも特別な感謝を捧げたい。悲しいことに、本書が出てさほどたたないころに他界したけれど、私は幸い彼女とニューヨークで顔を合わせ、連絡をとり合って、その温かさと知性に心を打たれた。本書がアメリカで評判になるとは予想だにしていなかったが、それも彼女の努力の賜物だ。クララはバーソブックスの全社員とまわりの愛する人々すべてに惜しまれている。私も同じ気持ちだ。

数多くの専門家が快く時間を割いて知識を提供し、あれこれ討議し、私自身の考えを明確にしてくれた。アラン・ウォルター（惜しくも本書の執筆中にこの世を去った、公営住宅の勇気を与える運動家）、マーティン・バーンズ、フィリップ・ブロンド、ジョン・ケアリー教授、ニック・コーエン、ダニー・ドーリング教授、ラリー・エリオット、ジリアン・エバンス教授、グレガー・ゴール教授、ジョン・ゴールドソープ教授、リンジー・ハンリー、ヨハン・ハリ、デイビッド・キナストン、エイリス・ローラー、ロブ・マクドナルド教授、ジョン・マクドネル下院議員、ジョン・マキナリー、ロス・マッキビン教授、フィオナ・ミラー、リチャード・マーフィー、サム・タリー、マシュー・テイラー、マーク・トマス、グレアム・ターナー、フィオナ・ウィアー、ピーター・ウィットル、リチャード・ウィルキンソン教授のほか、みなさんに感謝する。

執筆中つねに友人たちの愛情と支援を得られたのは幸運だった。大勢が初期の草稿に目を通し、厳しい指摘や批判をしてくれた。永遠に感謝したい。グラント・アーチャー、ルース・エイレット、グレアム・バッシュ、アレックス・ビークロフト、ジェイムズ・ベバン、リーアム・クランリー、デイビッド・イーストン、アンドリュー・フィッシャー、ティム・フラットマン、ローラ・フリアーズ、ロブ・ジョーンズ、リア・クライツマン、エレノア・メイ・オヘイガン、スー・ルークス、ドロシー・マセド、セイラ・モリソン、マイク・フィップス、ジェイミー・ラン、デイビッド・ロバーツ、アダム・スミス博士、シュテファン・スミス、トム・ストート、ウェス・ストリーティング、クリス・タップ、ジェミマ・トマス、クリス・ウォード、ありがとう。ジヨージ・テイラーは本書が出版されたあと、人生の苦闘の旅を終えた。勇気と威厳を失わずやりとげた彼を、とても誇らしく思う。

インタビューに時間を割いてくれたすべての人々に、深い感謝を捧げる。とくに、事前連絡もほとんどしなかったのに、立ち入った質問に答えてくれた全国の労働者階級の人々に。本書のなかで、彼らのインタビューほど信頼でき、観察が鋭く、真実を明らかにするものはない。私にとって、彼らの経験や意見をそのまま伝えることが何よりも重要だ。それができていることを願う。

親愛なるみなさんへ（二〇一二年版に寄せて）

本書がこれほどの注目を集めるとは誰も思っていなかった。しかも、三、四年前に出版されたのであれば、こうはならなかっただろう。本書の衝撃は、人目を引くタイトルではなく、いままさに「階級」が逆襲してきていることにある。

好景気の時期には、政治家やメディアの知識人が「いまやみな中流階級」と言いたてたとおり、少なくとも階級がもはや存在しないふりをすることができた。財務大臣ゴードン・ブラウンが「にわか景気と不景気の波」の終了を宣言したときには、生活水準の上がる未来が手招きしているように思えた。経済の混乱期から見れば、さながら黄金期だった――いまではその好況感は砂上の楼閣だったとわかっていても。そう、たしかにそれは幻想で、現実には実質賃金は半分まで落ちこみ、さらに二〇〇四年以降は三分の一にまで下がりつづけ、四年後に金融危機を迎える運命だった。しかし、低利金融が広まったために、かつてなく階級の分断が進んでいるという事実（政治家やメディアのエリートは傲慢に否定していた）は覆い隠されていた。

私は、階級をめぐって静かに進行する陰謀を止める手立てになれば、と考えて本書を書いた。だが、予想に反して扉はすでに開いていた。経済危機のせいで、富と権力の不公平な分配にまた注目が集まっていたのだ。

本書が刊行された二〇一一年のあいだに、イギリス人の平均的な生活水準は、一九二〇年代以来もっとも激しく下落した。〈児童貧困アクショングループ〉は、貧しい家庭が給付金、支援、サービスという点で「三重苦」に直面していると警告し、「連立政府の残した政策によって、過去数十年の政府のなかで最悪の貧困を記録するおそれがある」と指摘した。[*1]

にもかかわらず、特権階級には、にわか景気が続いていた。二〇一一年、イギリスの上位一〇〇位の企業の役員報酬は四九パーセントも上昇した。前年は五五パーセントの急上昇だ。[*2] 同様に、イギリスの最富裕層一〇〇〇人の資産は、過去最高を記録した二〇一〇年の三〇パーセント増に続き、二〇一一年も二〇パーセント増えた。保守党の緊縮財政の旗頭であるジョージ・オズボーンは、財務大臣になるなり、「われわれはみな一心同体」と主張したが、それを聞いてばかばかしくも腹立たしくもなったように、イギリスに深刻な階級分断がないなどと考える人はほとんどいなかった。

私としては、階級について幅広い議論をうながしたかったのだが、『CHAVS（チャヴたち）』というタイトルは刺激が強すぎたようだ。敵視されているのは労働者階級全体ではなく、簡単に識別できる不品行な下位集団であることに気づいていない、という批判もあった。「チャヴ」の由来や定義について議論が空回りしているというのだ。

表紙のあちこちに「チャヴ」ということばを用いているのだから、その種の議論に応じないのは失礼だったかもしれないが、本書はたんにことばについて論じたのではなく、「いまやみな中流階級」という幻想を打ち砕くことが狙いだった。かつての大半の労働者には「向上心」があって、「ミドル・ブリテン」（その意味がなんであれ）の仲間入りをしたので、無気力で不健全なクズが残った、という幻想だ。また、それはたびたび「人種」の問題と見なされ、無気力で不健全なのは「白人労働者階級」だとひとくくりにされた。ありとあらゆる軽蔑の意味合いがからむ「チャヴ」ということばは、この差別の実態をもっとも的確にとらえていたのだ。

＊

本書が出版されてまもないころ、世論調査会社〈ブリテン・シンクス〉の調査で、「労働者階級」というアイデンティティがいかに敵視されるようになったかが判明した。この本でも指摘したとおり、「みな中流階級」という文句を嫌というほど聞かされたにもかかわらず、過去のほとんどの調査では、五〇から五五パーセントの人が頑なに、自分は労働者階級だという認識を持っていた。ところがこの調査では、七一パーセントの人が自分は中流階級と見なし、労働者階級と考える人はわずか二四パーセントだった。もちろん、それまでとまったく異なるこの結果には、選択肢に「労働者階級」がひとつしかなく、「中流階級」に上、中、下の三つがあったことが大いに影響したはずだが、そこにはより重要で不安になる説明がついていた。

以前にゴードン・ブラウンのもとでも世論調査をした、ブリテン・シンクスのデボラ・マッティンソンによると――

フォーカスグループの参加者たちは、立派で勤勉だった誇り高い労働者階級の伝統は終わった、と強く感じていた。「労働者階級」ということばが、「チャヴ」などの階級差別用語と同じように中傷に使われる現場に立ち会ったのは初めてだったので、参加者に、新聞や雑誌の切り抜きを用いて「労働者階級」を表現してもらった。すると多くの人は、けばけばしい化粧、整形手術の失敗、やぼったいデザインの服、酒、ドラッグ、過食といった、まるで魅力のない画像を選んだ。

フォーカスグループのひとつは中流階級の自己認識を持つ人、もうひとつは労働者階級の自己認識を持つ人で構成された。参加者の経歴、職業、収入はほぼ同じだったが、ちがうのは、「中流階級」を自認する人たちが、みずからの階級に非常に前向きなイメージを持ち、魅力のないアイデンティティから距離を置こうとしている点だった。デボラ・マッティンソンの報告によれば、「中流階級にいるということは、多少洗練されているということ」だった。彼らにとって労働者階級という肩書きは、もはや誇りを持てないどころではなく、実質的に「チャヴ」と同義語になっていた。[*3]

一方、自分は労働者階級だと言う少数派は、そのアイデンティティを表現する前向きで現代的なイメージを見つけ出すのに苦労した。フォーカスグループの参加者たちは、イギリスの労働者階級の最盛期は一九六〇年代だったと言った。いま労働者階級であることは何を意味するか? と訊かれたときに共通する話題は、「たんに貧乏だという意味に使われることが多い」だった。[*4]

このブリテン・シンクスの調査は、本書で私が指摘しようとした社会的、政治的な力の影響の数々を示している。第一に、労働組合から伝統的な産業に至るまで、イギリスの労働者階級を支えてきた多くのものをサッチャー派が攻撃していること。第二に、サッチャリズムによって、われわれはみな中流階級をめざすべきであり、労働者階級であることはもはや誇れないという政治的合意ができたこと。そして第三に、テレビなどのメディアや政治の世界で、労働者階級の実像を伝える人がほぼいなくなり、グロテスクな「チャヴ」という戯画に取って代わられたことだ。

今日では、イギリス社会のさまざまな集団が「チャヴ」ということばを使っているが、冗談以外で「自分はチャヴ」だと言う人はまずいない。このことばは、たいてい本人の承諾なく人を侮辱するときに使われる。つまり、その正確な意味は、誰がどんな文脈で使うかによって変わるわけだが、本書で述べたように、階級差別に使われていることは否定できない。

*

不快きわまりないウェブサイト〈チャヴタウンズ〉は、悪敵の一覧表に私の名前を加えた。名誉なことだ。〈チャヴタウンズ〉は、あちこちのコミュニティをあざ笑っているが、たまたま、私の生まれ故郷のストックポートも、露骨な階級差別主義に満ちた匿名の投稿者から何度か攻撃されている。「たしかに、ストックポートにはすごく裕福な地区もあるけど、残念ながら、下等な地区のほうがずっと多い」と書いてあったり、「正直なところ、自分の住所にストックポートと書かなきゃならないのが恥ずかしい。想像よりずっとすばらしい郊外の住宅地なのに（本当にそういうところもあるの）」と嘆いたりしている。また、ストックポートとそう変わらない地域に住んでいる人が、ストックポートの公営住宅の入居者をこきおろしている書き込みもある。

とはいえ、この敵視の構造は単純ではない。名著 *Estates: An Intimate History*（公営住宅のくわしい歴史）の著者リンジー・ハンリーも本書の書評で、階級差別は決して「一方通行」ではないと論じた。むしろそれは「共謀していて、多くはわかりにくく、すべての人の品位を貶める一連の行為や態度だ。実際、チャヴ・バッシングの多くは労働者階級の地区内で進行している。理由のひとつには、品行方正をめざす人々と、それを蔑む人々のあいだに、昔ながらの分断があるからだ」と。

ハンリーの言うとおり、チャヴ・バッシングは、自分たちのコミュニティにいる反社会的集団への苛立ちの表れとして、労働者階級のなかでもたびたび起きる。本書では、そうした反社会的行為を社会・経済的な文脈でとらえようと試みた。反社会的行為は、貧困や失業がより深刻なコミュニティで起きやすい。また、反社会的行為や犯罪が階級問題になりやすいのも事実だ。どちらも統計的に、中流階級より労働者階級に強い影響を及ぼす。当然ながら、被害を受ける側が加害者側に同情することはほとんどない。同じくらい厳しい経済環境にありながら反社会的行為に走っていない人々であればなおさらだ。

また、いわゆる「社会保障費詐欺」への敵愾心《てきがいしん》も、中流階級のデイリー・メール紙の読者（レースのカーテン越しに外を見て、ゲイやロマ族に暴言を吐くタイプ）にかぎられた話ではない。低賃金で厳しい生活をしている人にとって、すぐ近くに自分が払った税金でぬくぬくと暮らす人がいれば、何よりも腹立たしいだろう。これは昔ながらの「貧者同士の対立」であり、右派の政治家やジャーナリストはこうした感情を容赦なく利用する。「社会保障費詐欺師」の極端な悪例が、タブロイド紙でおもしろおかしく追及され、これはまれな例ではなく、その地域特有の大きな問題なのだと認識されるようになる。かくして、イギリスの無職者の公の印象は「たかり屋」になった。

だが、かといって長期失業増加の本当の原因が広く知られていないわけではない。ブリテン・シンクスの調査でも、労働者階級を自認するひとりは、「いまのような社会保障頼りの世代が出てきたのは、サッチャーがあらゆる工業を終わらせたときからだ」と語っている。本書では、誇張された社会保障費詐欺の話を訂正しておきたかった。なにしろ、そのような詐欺は社会保障費全体の一パーセントにも満たず、経済的スペクトルの反対側にいる人々の脱税額の六〇分の一にすぎないのだから。もちろん、職業案内センターに行く労さえ惜しまなければ仕事はいくらでもある、という考えも笑止千万だ。すべての証拠が示しているとおり、無職者の大半は必死に仕事を探しているが、見つけられない。

二〇一一年末には、デイリー・テレグラフ紙が、「イギリスでは、ひとつの求人に対して二三人の応募者がいる」と報じている。小売業ではそれが四二人、顧客サービスでは四六人になった。*5 地域によっては状況はさらに厳しい。たとえばヨークシャー州のハルでは、三一八件の求人に一万八七九五人の応募者が殺到している。

たんに働き口が不足しているのだが、この現実の大部分は新聞やテレビから消される。一方、エリートビジネスマンの脱税は、多くの人にとって抽象的で遠い世界の話なので、実態を正確に知ることはむずかしい。

労働者階級への敵意は、一見同じ境遇にある人々の不安感や、彼らからの「社会的距離」が原因になる場合もある。実際、ブリテン・シンクスの調査結果では、もっとも激しくチャヴ・バッシングをする人々のなかに、まさしくチャヴの烙印を押されそうな集団が含まれていることが多かった。ある長期就業不能給付の受給者は、チャヴたちがこの制度を食い物にしていると非難した。十代で子供を持つ無職の女性二名も同様だった。これは階級差別ではなく、敵視される集団と同一視されることへの不安によるものだ。標的にされた当の人々からも、偏見の声があがる——これこそ、無職者や十代の母親を執拗に攻撃したことのおぞましい結果である。

だいたいにおいて、労働者階級への敵視は、大衆の意識を変えようとする活動の名残と言える。その活動はサッチャーが始め、ニュー・レイバーが引き継ぎ、連立政権のもとでさらに勢いを増した。貧困と失業はもはや社会問題ではなく、個人の考え方に欠点があるからだととらえられ、しっかりがんばれば誰でもうまくいくという根拠のない説が広まった。貧しい人がいるとすれば、それは彼らが怠惰で金遣いが荒いか、向上心が欠けているせいだった。

二〇一一年末に出版された最新の社会的態度調査には、この政策がどれほど成功したかということだけが報告されている。経済危機で失業者と貧困者の数が増えると、彼らに対する世間の風当たりが強くなった。失業者は二七〇万人近くいたが、調査を受けた人の半数以上は、求職者手当が高額すぎて、失業者が仕事を探す気をなくしていると信じていた。言うまでもなく、求職者手当が週にたったの六七・五〇ポンド（約九八〇〇円）であることを、新聞やテレビで知っていた人はほとんどいなかった。対象者が二六歳以下だとさらに少額だ。また、六三パーセントの人が、子供の貧困は「働きたがらない」両親のせいだと思っていた。気の滅入る調査結果だが、サッチャー派による猛攻撃や、保守党の社会問題に対する独断にニュー・レイバーが異を唱えなかったこと、メディアが貧困と失業の実状をごまかし隠していることを考えれば、驚くにはあたらない。

そしてもちろん、そうした態度は政治にも大きく関係してくる。貧困と失業が社会の問題ではなく、個人の失敗によるものだとしたら、なぜ社会保障制度が必要になるのか？ 同じ調査では、富の再分配を支持する人は全体の三分の一にまで落ちこんでいた。サッチャー政権末期の一九八九年には、半数を超えていたというのに。イギリスのような格差社会で、「敵視」は非常に使い出がある。それが、不平等はたんに素質や能力のちがいの表れだから合理的だ、という考えを助長し、社会の底辺にいるのは愚かで怠惰な人か、道徳的に問題がある人だということになるからだ。敵視は、不公平な社会の根幹をなすイデオロギーなのだ。

＊

本書には別の批判もあった。工業社会をあまりにも美化し、それがサッチャーの実験で台なしにされたと主張することで、ありもしなかった黄金時代を称えているというのだ。私は本書でそういうことを述べたつもりはない。工業関連の仕事がたいてい汚くて骨が折れることは強調した。女性がその種の仕事につくことはむずかしく、ついたとしても男性と同じ地位は得られないことが多かったことも認識していた。だが、二十代なかばの著者が不充分な知識で書いた工業社会の歴史については、説明し忘れた問題がいくつもあっただろう。

ただ、本書の論点は、工業関連の仕事の多くが消えたことでぽっかりと開いた穴は、たいてい適切に埋められず、地域社会全体に評価の高い安定した仕事がなくなったという点にある。サービス業なら概して清潔で、肉体的にも苛酷ではなく、女性も就職しやすい（たとえ、いまだに男性より不相応に低賃金で不安定な職種とはいえ）。だが、そうした仕事はおおむね工業関連より賃金が低く、評判も悪く、雇われても解雇されやすい。

コールセンターやスーパーマーケットは、かつての採掘場や工場、港湾の仕事と同じような地域社会の基盤にはならないのだ。私は、若者にまた採掘場で働けと呼びかけたわけではない。空白を埋めた産業がいくつかの重要な点でまえより劣るからといって、ならば失われた世界に戻ろうという話にはならないだろう。

さらに、著者が労働者階級のほんの一面しか見ていないという指摘もあった。つまり、白人男性の労働者階級だけを論じているというのだ。しかし本書では、カレン・マシューズや、ジェイド・グッディや、ビッキー・ポラードといった、労働者階級敵視の標的にされた女性の実例も数多く取り上げている。階級差別と女性蔑視は重複することが多い。私としては、ここ数十年で女性の職場進出が爆発的に広がったことも強調したかった。現在、全労働者の半数以上を女性が占めている。だが彼女たちは、いつの時代も男性がやるのを拒んできた家事のほとんどを無報酬でおこなうなど、実際にはつねに働いてきたことも忘れてはならない。

私は「商品を陳列する低賃金のパートタイムの女性」を、現代の労働者階級のひとつの象徴とした。性別を抜きにして階級は理解できないが、逆も真なりだ。女性の解放を語るなら、階級に触れざるをえないが、現実には、階級からの脱却は女性の解放に触れずに議論されることが多かった。

本書は白人労働者階級だけを扱っている本だと言われたこともあったが、執筆の目的のひとつは、まさにそういう狭くかぎられた労働者階級のイメージと戦うことだった。チャヴは「白人労働者階級」と見なされることが多い。しかし本書の副題を意図的に、「白人労働者階級への敵視」ではなく、「労働者階級への敵視」としていることに着目してほしい［訳注：原書の副題を指す］。メディアや政治家は、長らく「われわれはみな中流階級」と主張してきたあとで、また労働者階級について論じはじめたが、それはもっぱら「人種」問題としてだった。「白人労働者階級」の抱える問題は、階級ではなく、白人であることが原因とされたのだ。

本書はこの誤った考えに異を唱えた。労働者階級のコミュニティや職場には、中流階級より多様な民族が集まっている。住宅危機、優良な就職先の不足、職場での権利の弱さ、生活水準の悪化、コミュニティの安全性などはどれも、白人労働者階級の人々にかぎった問題ではない。これらは人種を問わず、労働者階級のあらゆる人々に共通する問題なのだ。

もちろん、労働者階級すべてに共通する問題に取り組むと同時に、マイノリティがさらなる圧力に苦しんでいるのを無視してはならない。人種が前面に出てくるのは、労働者階級のなかでも民族的マイノリティが、別の種類の圧力や搾取に苦しむときだ。たとえば、イギリスのバングラデシュ系、パキスタン系移民は総じて貧しい生活をしているものの、警察に職務質問される頻度は黒人のほうがはるかに多い。

政治家やメディアの評論家が、ことさら「白人労働者階級」について話すようになった大きな理由のひとつは、極右ポピュリズムの台頭にある。とりわけ目立っているのが、イギリス国民党（ＢＮＰ）だ。本書では、そうした動きは何より社会経済の不安定によって生じると論じた。もちろん、そこには言語道断の人種差別や偏見も含まれている。戦後のイギリスでは、人種差別に対する取り組みに大きな進展はあったものの、いまだにどの階級でも、先入観や不寛容、差別待遇が大きな問題として存在する。

読者のなかには、私が興味深い前提から出発したのに、サッチャリズムに対する時代遅れの遺恨から抜け出せなくなったと感じた人もいたようだ。たとえば、小説家・批評家のフィリップ・ヘンシャーはスペクテイター誌に、「都市の労働者階級への軽蔑の広がりは重大な問題だが、この本はサッチャー女史への古臭い不満のなかで迷走している。もう誰も気にしてなどいないのに」と書いた。サッチャリズムへの根強い反感を隠す気はないので、そのことで責められても困る。本書で一九八〇年代のサッチャリズムが残したものに言及しないわけにはいかない。

階級差別は、より大きな社会的、政治的な流れから切り離せないと私は考える。本書の主要な論点のひとつは、いまの新しい階級主義が、労働組合や産業、住宅、地域社会、価値観などのあり方を含めたイギリスの労働者階級に対する攻撃と結びついている、ということだ。われわれはまだ、サッチャリズムが築いたイギリスで暮らしている。つまり、サッチャリズム批判を「古臭い不満」として片づけることはできない。

本書には理論的な説明が欠けている、という指摘もあった。これについて弁明はしない。近年、階級という概念が議論されることは学者や左派のあいだでもあまりなくなったが、関連文献はまだ存在する。ただ、その大部分は少数の専門家以外に読まれることがない。本書の目的のひとつは、より多くの人に階級に関するさまざまな考えを紹介し、かつ左派が非常に弱体化しているいま、左派的な思考をうながすことだ。そのために読みやすく書くことを心がけた――そうなっていることを祈る。

以上の批判はいずれも、より大きな議論の一部である。私の意見に賛成だろうが反対だろうが、何よりも「階級」について議論してもらうことが本書の狙いだった。ところが、その議論は、本書の出版から数カ月後に思いも寄らぬ展開を見せた。二〇一一年八月の数日間、イギリスはまるで社会的混乱の深淵をのぞきこんだようだった。そして、私がここで論じた「敵視」が、かつてないほど広がった。

＊

八月のイギリスは、例年くだらないニュースがあふれる時期だ。国会は閉会中で、ニュース番組はおめでたい有名人のゴシップを山盛りにして差し出すか、追い詰められた政党代表の将来について考えるか、天才動物の特集を延々と流している。だが、二〇一一年はまったくちがっていた。くだらないシーズンはふっ飛び、イギリスじゅうの地域社会が暴動、略奪、放火に圧倒され、大混乱に陥った。

すべての暴動は、二〇一一年八月六日、ロンドン北部のトッテナム地区で二九歳のマーク・ダガンが警察に射殺された二日後から始まった。ダガンは黒人で、トッテナムの黒人社会と警察との関係は、かねてから緊張をはらんでいた。

一九八五年にも、黒人のシンシア・ジャレットが自宅の強制捜査の途中で死亡し、暴動が発生していた（その地区名にちなんで、ブロードウォーター・ファームの暴動と呼ばれる）。騒ぎのなかでキース・ブレイクロックという巡査が殺され、一五〇年を超えるロンドン警視庁の歴史のなかで初めて、暴動で殉職した警官になった。その事件以来、関係は徐々に改善してきたが、トッテナムの住人の多く、とくに黒人の若者は、警察が嫌がらせをすると感じて、恨みを抱いていた。実際にイギリスとウェールズでは、刑事司法・公共秩序法六〇条によって職務質問される黒人の数が、白人の三〇倍にのぼっていた。[*6]

警察がダガンの遺体を家族に返したのは、三六時間もあとのことだった。ダガンのほうから警察に発砲したという警察苦情処理独立委員会の最初の報告はそもそも疑わしく、事実、のちにまちがいだったことがわかった。八月六日土曜の午後、トッテナム警察署のまえには、静かに抗議する人々が数百人集まったが、ほんの数時間で雰囲気は険悪になった。翌朝イギリス国民は、トッテナムの目抜き通りの大混乱と、煙を上げる瓦礫の大々的な報道を目にする。

続いて起きたのは、常識では考えられない、予想を上まわるすさまじい混乱だった。月曜までに暴動は私の住むロンドンのハックニー区にまで拡大した。奇しくも私の誕生日だったが、不安になった友人たちが帰ったので、祝杯は途中で打ち切られた。キングズランド・ロードを自転車で通ると、沿道の店には板が打ちつけられ、トルコ人の男たちがそこを守っていた。

北はバーネットから南はクロイドンまで、ロンドンの店という店が略奪され、放火された。暴徒化した群衆は通りで暴れまわった。月曜から火曜にかけて、バーミンガム、マンチェスター、リバプール、リーズ、ノッ

©alamy/PPS通信社

2011年、29歳の黒人が警察に射殺されたのが契機となって、ロンドン中で暴動が発生した

ティンガムなど、ほかの都市にも不安が広がった。ふだんは冷静な人たちも、国全体が混沌に陥るのではないかと感じはじめた。タイム誌は、「第二次世界大戦の大空襲以来、ロンドンで一度にこれほど激しく、たくさんの炎が燃え立ったことはなかった」と報じた。[*7]

そうした混乱のなかで、評論家たちは本書を新しい視点で見るようになった。とりわけツイッターやフェイスブックで、「チャヴ」が暴徒を表すことばとしてまき散らされたのが一因だろう。スコットランドのソフトロックバンド〈トラヴィス〉のリードシンガー、フラン・ヒーリーは、ツイッターでこの暴動に触れ、「アラブの春」をもじって「チャヴの春」と表現した。フィットネスクラブ・チェーンの〈ジムボックス〉——「チャヴ撃退術」クラスの発案で本書に登場した——は、「チャヴ大量発生」につき閉店を早めると発表した。

しかし何より、暴動がイギリスの分断された社会にスポットライトを当てたことで、本書との接点がていた。

暴動のあった週に、世論とちがうことを言ってほしいと依頼された数少ないコメンテーターのひとりだった。当時の世論は、この暴動はたんに思慮を欠いた犯罪でしかないということで一致しており、異議を唱える人はなかなかいなかった。みなそれぞれの地域で恐怖を覚え、イギリスじゅうで怒りの反動が起きていた。

暴動が始まって二日目、調査対象者の九割が高圧放水銃の使用に賛成し、三分の二が軍隊の投入を望み、三分の一が暴徒に実弾を使うことを支持した。実際に何が起きているのか理解しようとすること自体が、暴動の正当化と見なされた。イギリスの都市に広がる無秩序に、社会的、政治的な説明を求める声はほとんどなく、人々はただ安全を求め、暴徒が罰せられることを望んでいた。

そしてこの時期、私はうかつにも、きわめて悪質な反動の討論会に参加してしまった。BBCの時事番組『ニュースナイト』で、作家のドレダ・セイ・ミッチェルとともに、テューダー朝歴史学者デイビッド・スターキーと議論を戦わすことになったのだ。スターキーは、のちに悪評の立った話の運び方で、まず保守党議員イノック・パウエルの「血の川」演説を引用した。スターキー自身も認めたとおり、移民の流入が地域社会内での暴力につながるというパウエルの予測はまちがっていたのだが、彼は、移民の代わりに「黒人文化」が白人を暴徒集団に変貌させた、「白人が黒人になってしまった」と宣言した。

スターキーは、黒人をスケープゴートにするために議論をねじ曲げ、ほとんどの暴徒は黒人ではなかったという事実には触れなかった。聞く者を当惑させるが、明らかに周到に準備されていた暴言はますますひどくなり、著名な黒人労働党議員デイビッド・ラミーの姿を見ずに演説だけを聞けば、白人とまちがえるだろうとまで言った。私は目のまえで展開する話になかば呆然として、それは黒人を犯罪者、白人を品行方正と決めつけることだと反論した。

スターキーの大げさな物言いで私がいちばん心配になったのは、このあと何が起きるかということだった。彼は新たなイノック・パウエルになり、私のような批評家は、真実を語る勇敢な歴史学者に盾突くリベラル知識人として追放されるのだろうか？「スターキーは正しい」と宣言するバッジやTシャツが作られるのだろうか？　一九六八年にパウエルが人種差別発言で保守党の影の内閣からおろされたときのように、今度はスターキーを支持するデモ行進がおこなわれるのだろうか？　私が危惧したのは、社会の緊張が高まって人々が怒りや怖れを抱いているときに、スターキーが人種問題を持ち出したことだった。

しかし、彼に対する共感はとりたてて強くなく、深まりもしなかった。第二次世界大戦以降の人種差別に対する取り組みが、人々の人種に対する考え方を変えていたのだ。たとえば、ほんの五〇年前、ギャラップ社による世論調査では七一パーセントが異人種間の結婚に反対していたが、今日そのような偏見を容認する人の数は事実上ゼロだ。人種差別が社会から一掃されたとはとても言えないにしろ、それでもイギリスは変わり、歴史学者がテレビで長ったらしい演説をしても逆行させることはできなかった。

警察が国じゅうの通りに出動して騒ぎが終息すると、政府は暴徒の取り締まりを誓約した。国民の怒りが広がるなか、激怒した右派の反動が続き、保守党のベテラン議員がそれを注意深く後押しした。道徳を説く右派の人たちが非難の矛先を向けたのは、昔ながらの標的、すなわちシングルマザーだった。

保守党のデイビッド・キャメロン首相は、暴動の原因のひとつとして「父親のいない子供」に目をつけ、右派の評論家がそれに同調した。デイリー・エクスプレス紙はなんの矛盾も感じていないかのように、「われわれは、子供に自分と同じあやまちをくり返させる無能で無法な男たちを育ててしまった」と書き、別の段落では、「父親がいないということは、現代社会においてもっとも破壊的な要素」と決めつけた。

それは、アメリカの右派の似非《えせ》社会学者、チャールズ・マレーを思い出させる議論だった。マレーは「下流階級」の違法行為が増加したことで「新暴徒」が生まれたと主張した。複雑な社会問題を個人の失敗や行動責任に帰する古典的な「敵視」の手法だ。

反動期に盛んに語られたのは、「野生化した下流階級」だった。ビクトリア時代の「価値のない貧者」をさらに推し進めて、暴徒やその家族を、価値がないだけでなく、ほとんど人間ですらないと見なしたのだ。この表現を極限まで突きつめる評論家もいた。右派ジャーナリストのリチャード・リトルジョンは、デイリー・メール紙のコラムで、暴徒を「スラム街で野生化した捨て犬や野良猫の群れ」と呼び、「赤ん坊アザラシ」のように棍棒で殴ってやればいいと書いた。

「ふつう」の中流階級の多数派に対する問題だらけの下流階級、という構図が、暴動後のあらゆる論評で見られた。保守党内閣の労働・年金担当大臣、イアン・ダンカン＝スミスは、「わが国の一部の公営住宅の生活実態に気づいていない人が多すぎる。なぜなら、中流階級の大多数の目に触れないように、こうした問題の多くに蓋をして隠してきたからだ」と語った。

暴動のほとぼりが冷めないうちに、政府は公営住宅に住む暴徒を家族ともども退去させる方針を打ち出した。いわば集団責任である。キャメロン首相は、「彼らを退去させ、二度と入居させない措置を可能にすべきだ」と下院に通達し、ノッティンガム、サルフォード、ウェストミンスターなどの地方議会は、そのことばどおり対処すると表明した。加えて、暴動中に犯罪を起こして有罪判決を受けた者の社会保障費を削減する計画も発表された。こうして暴徒と公営住宅入居者、ひいては生活保護受給者が結びつけられ、そのすべてが「野生化した下流階級」という概念を強化した。一方で、キャメロンのイギリスには先例ができた。もし貧困者が犯罪を起こせば、二度罰せられるのだ――一度目は司法制度、二度目は福祉制度によって。

暴動に関連した訴訟が次々と進められたが、言い渡される判決は、まるで正義の名を借りた報復のようだった。「暴動には参加しなかった二児の母親が、店から略奪されたショートパンツを受け取った罪で懲役五カ月」とグレーター・マンチェスター警察署がツイッターで自慢した。「言いわけは認めない！」。この警察署はのちに謝罪させられた。また、二三歳のニコラス・ロビンソンは、前科がなかったにもかかわらず、三・五ポンド（約五〇〇円）のミネラルウォーターを盗んだ罪で六カ月の実刑判決を受けた。別のふたりの若者は、フェイスブックに地元の暴動をあおる書きこみをした罪で懲役四年だった――殺人罪でもこれより軽い場合がある。しかも、地元の暴動は結局起きなかったのだ。

＊

この国では、ミネラルウォーターの窃盗で六カ月の投獄になる一方、全世界を一九三〇年代以来もっとも壊滅的な経済危機に陥れる片棒を担いでも、いっさい法的制裁を受ける心配はない。西欧で破綻した金融制度がいまだに納税者の巨額のポンド、ドル、ユーロで支えられているのに、銀行員はひとりとして被告人席に座らなかった。

さらに言えば、暴動後に正義を叫んでいたイギリスの政治家の多くは、ごく最近まで納税者の金を何百万ポンド（何億円）も使いこんでいた。暴動の二年前、下院議員たちが組織的に経費制度を悪用していたことが発覚したのだ。だが、それで刑務所に入ったのはたったの三人。暴徒のほうが乱暴な手段だったことはまちがいないが、彼らが店から持ち去った大画面テレビを、下院議員は着服した金で買っていた。労働党議員のジェラルド・カウフマンが〈バング&オルフセン〉の高級テレビセットを買うために公金を八七五〇ポンド（約一二七万円）横領していたのがわかったときには、たんに返還を求められただけだった。つまり、暴動後のイギリスでは、もはや国の司法制度は富や権力に左右されないと言えなくなったのだ。

市場の引き起こした経済危機が、公的支出の危機にすり替えられたように、暴動後の反動は、右派がどれほど都合よく巧妙に危機を操作できるかということを証明した。暴徒たちはまたしても、社会問題は個人の失敗の結果であり、手に負えないほど野蛮な下流階級が存在するからしっかり管理すべきだ、という見解を広めることに利用された。

私は、本書で検討した数多くの問題が、暴動でさらに深刻化したのを感じた。イギリスの街中に平穏が戻って数週間もすると、支配的だった世論に相反する事実がいくつも出てきた。たとえば、イアン・ダンカン＝スミスはギャング文化を批判したが、逮捕者のうちギャングの構成員はたったの一三パーセントだった。

政府が発表した数字によると、暴動に加わった若者の四二パーセントは学校の無料給食を提供されていて、それは全国平均の二・五倍以上だった。成人の逮捕者のうち、失業手当受給者の割合は全人口と比べて三倍近く、若い暴徒のほぼ三分の二はイングランドの最貧地域の住人だった。しかし、彼らはイギリスで急増する貧しい若年層のごく一部にすぎない。失業と貧困が「原因」で、暴動という「結果」が生じたと考えるのは単純すぎるだろう。つまるところ、無職者や貧困者の大部分は暴動に加わっていない。

安心できる未来のないイギリスの若者の数が、着実に増えているのは確かだ。若年層の失業率は二〇パーセントを超え、住宅はなかなか手に入らず、社会保障は一九二〇年代以来もっとも大きく削られ、生活水準は低下している。大学授業料は三倍に跳ね上がり、貧困層の学生のための教育扶助手当は廃止された。多くの若者が、ほとんど希望もなく置き去りにされている。第二次世界大戦後初めて、現世代より次世代の暮らし向きが悪くなっているのだ。もちろん、われわれにはみな主体性があり、同じ状況で同じように対応するわけではない。だが、通りに混乱を巻き起こすには、何も失うものがない若者のごく一部がいれば事足りる。

暴徒のほとんどが男性だったという事実も、無視できない。逮捕された暴徒の九割は男性だった。イギリスの急速な産業空洞化と、そこそこの収入を得られる専門職の多くが消えたことは、とりわけ労働者階級の男性の生活に壊滅的な打撃を与えた（女性はそもそもそういう職業につけないことが多かった）。ひと昔前なら、労働者階級の若い男性は一六歳で義務教育を卒業し、見習いの仕事につくという明るい未来があった。見習いとして訓練を積めば、尊敬される専門職への道が開け、ある程度の人生設計も可能だったが、彼らを支えていた職業や見習い制度がなくなったあと、それに代わるものは何も現れなかった。産業空洞化はたいてい北部の鉱山や製造工場と結びついていたが、南部でも工業は姿を消し、ロンドンやイングランド南部では、おもに軽工業分野で何十万もの職が失われた。

二〇一一年一〇月、内閣府は暴動について、もっとも被害が大きかった五地域での聞き取り調査にもとづく報告書を発表した。たとえばトッテナムでは、「地元産業の衰退と、それに続いた目抜き通りの小売業の減少が職不足の原因と考えられる。インタビューを受けた人々は、就職の機会がかぎられた若年層の絶望を口々に語った」[*8]。ここでも機会の喪失が、多くの労働者階級の若者に影響を与えている。彼らの大多数は暴動に参加しなかったが、未来にたいした希望もないまま学校を卒業する若者があまりにも多いなか、先々を悲観したごく一部が暴れだしたとしても、不思議はない。

不平等と消費主義の有害な組み合わせが影響したのもまちがいない。一九七九年、イギリスは西欧でも指折りの平等社会だったが、サッチャリズムから三〇年がたったいまでは、もっとも不平等な社会のひとつとなった。社会の所得分配の不平等を測る「ジニ係数」は、三〇年で二五パーセントから四〇パーセントに跳ね上がった。ロンドンは世界有数の不平等都市になり、上位一〇パーセントの富裕層が、下位一〇パーセントの貧困層の二七三倍もの資産を所有している[*9]。

ただ、ロンドンもまだパリのレベルには達していない。パリでは富裕層が中央に集中し、最貧層がバンリュー〔訳注：郊外の貧しい公営住宅地帯〕で暮らす傾向があるが、ロンドンでは富裕者と貧困者がほとんど重なり合うように住んでいて、豊かさに縁のない人々が、決して手に入れられないものを毎日のように見ることができる。たとえばクラパム・ジャンクション駅は、二〇一一年八月の暴動の現場のひとつだが、線路を境に豊かな南部と貧しい北部の住宅が分かれている。「地域の利害関係者」のひとりは、「もし彼ら（若年層）が自分の持っていないものに気づきたければ、ここはちょうどいい場所だ」と内閣府の調査員に回答した。[*10]

イギリスは超消費主義社会だ。何を所有し、何を着ているかということがステータスに大きく響く。若者の大多数はこの消費社会の一員になりたいと思っているが、巨大な金銭上の障害にぶつかる。暴動の際の略奪でスポーツシューズが狙われたことに、私はまったく驚かなかった。子供のころ、スポーツシューズは大きなステータス・シンボルで、流行遅れのシューズをはいていると冷やかされた。だから、高級品店がたんに放火されて焼け落ちたのに対し、靴のチェーン店〈ロッカー〉は略奪されたのだ。高級品店の商品のほうが価値は高かったかもしれないが、それは若者の生活とは縁のない品々だった。そこにステータスはない。

警察に対する敵愾心も、暴動の重要な要素だった。あの暴動以来、私は大勢の黒人の若者に、警察との体験談を聞いてまわった。私同様、彼らも犯罪者として起訴されたことはなかったが、ひとつ大きなちがいがある。私は警察に呼び止められて職務質問を受けたことがない。しかし、彼らは職務質問に生涯耐えなければならないのだ。

ある若者は一二歳のときに、母に頼まれて牛乳を買いにいく途中、初めて警察に呼び止められた。警官たちはときに同情し、申しわけなさそうにすることもあったが、攻撃的になったり、脅したりすることもあった。なかには、「自分たちがこの街でいちばんのギャング」のようにふるまう警官もいた（有罪判決を受けた暴徒へのインタビューで出てきた感想だ）。暴徒の聞き取り調査を共同でおこなったロンドン・スクール・オブ・

エコノミクス、ジョゼフ・ローンツリー財団、ガーディアン紙の報告書 *Reading the Riots*（暴動を読み解く）によると、暴動の最大の原因はたしかに警察への反感だった。[*11]

もちろん暴徒の多くは、刑罰を受けることなく物を盗めると考えて騒動に加わった。友人のまえで目立ち、自分も行動したと自慢できるチャンスにわくわくして参加した者もいた。たまたま暴徒の集団に出会って、通常の社会規範が一時的に働かなくなった例もある。銀行員や政治家の恥知らずな強欲を目にして、国のトップがなんのおとがめもなく持ち逃げしているのなら、自分だっていいだろうと感じた者もいた。不満や怒り、幻滅、退屈を感じていた者も。具体的な動機はそれぞれ異なり、いくつかの理由が重なっていることもあった。だが、イギリスが熱くなった八月の暴徒や略奪者に共通していたのは、失うものがたいしてないこと、そして地元警察に不信感や露骨な嫌悪を抱いていることだった。

今後、新たな暴動の波が起きるかどうかは誰にも予測できないが、一九二〇年代以来もっとも過激な経費削減が、イギリスの社会構造に壊滅的な打撃を与えるのは確かだろう。先行きは暗いという感覚を抱く人の数は、全世代をつうじてまちがいなく増えるはずだ。そういう状況で、人々の怒りや不満は確実に蓄積されていく。政治的な方向性をきちんと示さなければ、それがもっとも醜いかたちで外に表れる可能性は否定できない。

＊

二〇一一年は、世界的に情勢が不安定な年だった。経済危機が深刻化しただけでなく、アラブ諸国の何百万もの人々が勇ましく決意して、非人道的で古臭い独裁政治に反旗を翻《ひるがえ》した。この新しい政情不安の時代は、また別の変化が起きていることの表れであり、私の議論にも大きくかかわっている。本書はおもに「挫折の遺産」、つまり、一九八〇年代のイギリスの労働運動や数多くの労働者階級のコミュニティがこうむった大打撃の結果について語った。「敵視」の本質は、「もはや下の階級から挑戦されず、彼らを指差してあざ笑うようになった富裕層の勝者の奢《おご》り」であると論じたが、出版後まもなく、その奢りが攻撃されるようになったのだ。二〇一一年末、タイム誌の「パーソン・オブ・ザ・イヤー」は、「抗議者《ザ・プロテスター》」だった。たしかに、圧政者に対する反乱といい、緊縮財政に反対するデモといい、「抗議」は一九六〇年代以来となる大々的な復活をとげた。イギリスにおいてもデモや占拠、ストライキが相次いだ。富裕層のエリートの地位を揺るがすほどではないにしろ、抵抗はできることが改めてはっきりと示された。

イギリスでも、その前年の二〇一〇年一一月一〇日、学生組合連合会が授業料の三倍値上げに反対するデモを呼びかけたことで、新たな抗議の時代が訪れた。参加者は二万人程度と見込まれていたが、およそ五万二〇〇〇人が集結した。デモ行進をした人々は初めて政治に関心を持ち、若者たちと歩くことを楽しみ、力が湧いてくると感じた。

デモ隊の一部が保守党本部のあるウェストミンスターのミルバンク・タワーを占拠すると、独善的なメディアは「暴力」を糾弾しようと現場に殺到したが、実際には暴力などほとんどなかった。ミルバンク占拠は、多くの急進的な若者にとって反抗のシンボルになった。学生組合連合会の指導部からの支援はなかったものの、その後の数週間は抗議活動が続き、全国の大学で数十の占拠が発生した。

このとき、メディアは道徳的な怒りや割れた窓にばかり注目して、抗議活動でいちばん興味深い要素を見落としていた。それは、もっとも強い決意と声で抗議していたのが、中流階級の学生ではなく、教育扶助手当(貧しい学生が教育を受けられるように、政府が資力調査のうえで提供する助成金)の廃止に激怒した労働者階級のティーンエイジャーだったということだ。彼らの多くは、億万長者の政府が門戸を閉ざしたと感じていた。以前なら、せいぜい『Xファクター』〔訳注:イギリスの音楽オーディション番組〕やiPhoneにしか関心のない無気力な集団として放置され、最悪の場合には鎮圧すべき社会の脅威と見なされていた若者たちが、このときには政治的に鋭い感覚を持ち、怒り、長く無視されてきた自分たちの声を聞かせようという断固たる意志を持ったのだ。

結局、学生たちは政府による授業料三倍化を止められなかったが、少なくとも、イギリス国民は御しやすいという幻想は断ち切った。対照的に、弱体化しきって自信喪失した労働組合は、この抗議活動にほとんど興味を持たなかった。イギリス最大の労働組合〈ユナイト〉の書記長レン・マクラスキーに言わせると、抗議活動をおこなった学生たちは、労働組合をむしろ「苦しい立場」に追いやった。

だが翌二〇一一年、今度はその労働組合の番がやってきた。緊縮財政が就職や生活水準にも悪影響を及ぼしはじめていた同年三月二六日、ユナイトは人々に、「変革のための行進」を呼びかけた。労働者によるここ数十年で最大の抗議活動だった。自分たちに責任のない金融危機のつけを払わせようとする政府に対し、現代イギリスの何十万人という規模の労働者階級が、業種の垣根を越えて立ち上がったのだ。

その抗議活動から、労働組合の新しい抵抗の波が起こった。保守党主導の内閣が発足すると、政府は公共部門の年金「改革」を宣言した。「改革」ということばは、とうの昔に「社会的進歩」ではなく「縮小」という意味になっている。このときにも政府は、公共部門の年金を負担しきれなくなったという理由から、労働者の負担額を引き上げて、しかもより長期間支払わせ、受給額は減らすという計画を発表した。しかし、超ブレア派の元労働党大臣ジョン・ハットンに委任された政府報告書によると、公共部門の年金支給額はイギリス経済に比例して減少する、つまり、すでに持続的な支払いが維持されるように設定されている。要するに、負担額の引き上げは、年金資金を支えるためではなく、国庫収入を直接増やすためのものだった。学校給食係から教師に至るまで、公共部門で働く人々に課した事実上の加算税である。

こうして、過去一〇年間で民間の年金制度が崩壊したことを利用して、政府は「分断と支配」の戦略に打って出た。多くのメディアがそれを後押しした。なぜ年金の少ない民間労働者が、公共部門の気前のいい年金制度を支援しなければならない？　というわけだ。民間部門の年金支給が不充分だったことは疑いない。二〇一二年初頭、保険数理士の団体であるコンサルティング・アクチュアリー会は、民間の確定給付年金制度の九割が新規加入者を受けつけていないと警告した。[*12] しかし政府が提案したのは、民間年金の支給額引き上げではなく、公務員の年金を引き下げるべきだという「引き下げ競争」だった。

公共部門の労働者の大半は、政府のレトリックの真の意味を悟った。二〇一一年六月三〇日、何十万もの教師や公務員がストライキを断行した。それでも政府がこれといった譲歩を見せないと、今度は公共部門のさまざまな労働組合で投票がおこなわれ、争議行為に圧倒的な支持が寄せられた。一一月三〇日には、学童交通整理員や空き壜回収者、看護師、その他の労働者もストライキに入った。これは一九二六年のゼネスト以来、もっとも大規模な争議行為だった。数々の労働組合の活動が死に絶えたあと、ついに労働者の力が結集し、ふたたび注目されるようになったのだ。

階級問題への注目をうながした活動は、ほかにもあった。アメリカでは二〇一一年一〇月、緊縮財政に抗議する人々がウォール街を占拠した。彼らの一部は、前年五月にスペイン政府の金融危機対応に抗議してマドリッドの大通りを占拠した「怒れる人々《インディグナドス》」からヒントを得ていた。そのスペインの抗議者たちは、タハリール広場を占拠したエジプト革命の例にしたがった。

ニューヨークの抗議は世界的な占拠《オキュパイ》運動を誘発し、世界の何百という都市で似たようなテントが組みたてられた。ロンドンでもセントポール寺院の外に並んだ。「われわれは九九パーセント」が占拠運動の重要なスローガンで、頂点に立つ一パーセントのエリートと対立する圧倒的多数の人々の利益を反映していた。

九九パーセントというのは正確な数字ではないかもしれないけれど、要点はそこではない。このスローガンは、二〇〇八年九月のリーマン・ブラザーズの破綻から始まった深い不公平感に根ざしていた。そして何より、経済危機を招いたのは誰か、そのつけを実際に払っているのは誰かを思い出させて共感を呼んだ。二〇一一年一〇月のＩＣＭの世論調査によると、回答者の三八パーセントは、「抗議者たちは考えが甘い。現実として資本主義に代わるものはない。大事なのはそれをもう一度機能させることだ」と考えていたが、ほかの五一パーセントは、「抗議者たちが、人より利益を優先させる制度に待ったをかけたいと考えるのは当然だ」と賛同していた。

＊

イギリスは、いまだに解決困難な危機のなかにある。現状では、世界じゅうの裕福なエリートの立場は相変わらず強く、何百万もの労働者の未来は信じられないほど暗い。しかし私は、階級問題に立ち返ることで希望が見えてくると堅く信じている。つまり、「われわれはみな同じ」という虚構を排し、労働者同士は基本的に利害が一致しているが、トップエリートの利害とは対立するということを認識しなければならない。

本書で論じたかったのは、憐れみやノスタルジーではなく、権力だった。とりわけ、労働者階級の代表者が足りないという現代政治の核心的な危機に焦点を当てようとした。人類の大多数の将来を脅かす経済の狂気に挑めるのは、労働者階級の組織的な活動だけだ。だが、数多くのでまかせを暴かないかぎり、そうした活動はできない。たとえば、われわれは実質的にみな中流階級だとか、階級という概念はもはや時代遅れ、社会問題は個人の失敗の結果といった言説は、どれもまちがっている。

本書は、こうした言説を正すことに多少なりとも貢献した。とはいえ、社会の変化は同情的な物書きの拙《つたな》い文章からは生まれず、下からの大集団の圧力があってこそ可能になる。イデオロギー色の強い緊縮財政計画は、全国の地域社会に無理難題を背負わせるが、その一方で、いまとは別の道をめざして闘おうという決意が育っていることもまちがいない。

旧態依然としたブレア派と裕福な後援者からなる保守党は、向こう見ずにもすでに勝利したと考えているかもしれないが、闘って勝ち取るべきものは、まだたくさん残っている。

ふたたび、親愛なるみなさんへ（二〇一六年版に寄せて）

この本を書いたのは五年以上前だ。限度を超えて不公平、残酷で、分裂した社会に異を唱えたのだが、二〇一一年の初版以来、イギリスはいっそう不公平で残酷になり、分裂はますます深まっている。

保守党が一三年間も下野したあと政権に返り咲き、それから一年足らずのうちに世に出た本書には、主要なテーマが三つあった。第一に、イギリスは階級のない社会であるという迷信を打破すること。現に巨万の富と強大な権力は、ごく一部の人々に集中している。第二に、貧困などの社会問題は個人の責任であるという有害な主張に立ち向かうこと。そして第三に、同じような経済的利益をめざす人々が改革に取り組むことで社会は進歩する、という考えを後押しすることだ。

私がまだ幼かった一九八〇年代、サッチャリズムがイギリス社会を根本から作り替えた。二〇一〇年以降は、保守党党首デイビッド・キャメロンが、「思いやりのある保守主義」を公約したにもかかわらず、その政権は、サッチャー政権でやり残した仕事を完遂して、国の役割をいっそう縮小することに熱中している。

保守党に資金援助する人々、なかんずくイギリスを経済危機に陥れた金融業界にとって、ここ数年は書き入れどきだった。現代イギリス史上指折りの経済的トラウマのなかで、最富裕層のイギリス人一〇〇〇人の資産ない不良品等を寄附してもらい、生活に困っている人にそれを配給する団体］に頼っている。

ひとつでありながら、何十万人もの国民がフードバンク［訳注：企業などから、食べるには問題ないが売り物にはなら

っとも長く下落しつづけ、食糧難がそれに追い討ちをかけた。いまのイギリスは、史上もっとも裕福な国家の

は二倍以上になった。[*1] 反面、労働者階級の窮状はあまりにも悲惨だった。労働者の所得は一八七〇年代以来も

政府の計画の主眼は、社会保障の削減だった。これを正当化するために作り話が広められ、事実が曲げられ、一部の国民が悪者扱いされた。一九九〇年代に労働党が学校や病院に予算をかけすぎたせいで、国の財政が制御不能になった、と政府は言った。さらに、イギリスの巨額の財政赤字は世界的な金融危機のせいではなく、政府の寛大すぎる支出が原因だったとも主張した。だから二五一〇億ポンド（約三六兆円）にのぼる「福祉」予算[*2]は大幅に削るしかない、と。

しかしこれは、政府がさまざまな支出を組み合わせて、意図的に誤解を生じさせ、絶望的なイメージを作り出しているにすぎない。現実には、福祉予算の大半は、生涯にわたって年金を支払ってきた受給者への支払いに充てられており、当の政府も国の年金制度と社会保障制度は守ると有権者に約束している。「福祉」ということばで有権者が思い浮かべる無職者への支出は、社会保障費のなかでも比較的割合が低い。にもかかわらず、福祉制度の危機の原因として、不当に厳しく責めたてられているのだ。

政府による社会保障費の削減は、受給者を「働く気のない怠け者のたかり屋」と見なすことで支持されてきた。それを推し進めるには、人々の「ねたみ」を容赦なく利用する政治が必要だった。低所得の労働者は在職給付金［訳注：低所得の有子家庭に対する補助金］を削られ、まっとうな生活を送れないほど収入が減ったが、本来なら政府や雇用者に怒りをぶつけるべきところ、自分たちの納めた税金で贅沢な暮らしをしているにちがいないと、無職者を恨むように仕向けられた。

二〇〇八年の金融危機からこれまで、保守党政権は貧困者を助けるどころか、大っぴらに「怠け者」、「仕事嫌い」と非難し、労働者階級の分裂をうながした。デイビッド・キャメロンは下院で、「われわれは労働者を支援している。労働者は怠け者を支援している」と述べた。[*3] 財務大臣のジョージ・オズボーンは、「早朝シフトの労働者がまだ暗い時間に家を出るというのに、生活保護を受けている隣人はブラインドを閉めて眠っている。これのどこが公平なのか」と問いかけた。[*4] 一部の人を悪者扱いすることが、これほど強力な分断と支配の道具になったことはない。

＊

本書の冒頭で、シャノン・マシューズという幼い少女の話をした。タブロイド紙から不正に取材費をせしめようとした母親が実の娘を誘拐したという、異常で非人道的なこの犯罪を、メディアや政治家はこぞって取り上げ、これこそ社会で大きな割合を占める「チャヴ」の象徴だと印象づけようとした。

本書でこの暗い話を取り上げたあとも、残忍な個人の行為をさらに悪質に利用する事例は続いた。たとえば、二〇一三年四月初旬、ダービーに住むミック・フィルポットとその妻が、自分たちの子供六人を殺害した罪で終身刑を言い渡された。胸が悪くなるような事件だった。フィルポットは自宅に火をつけ、彼の愛人に罪を着せようとした。愛人は夫妻と同居していたが、子供数人を連れてすでに家を出ていた。家庭内暴力と女性蔑視が恒常化した家で、フィルポットは無職のあいだ、代わりに働く妻と愛人に暴力をふるっていた。一九七〇年代後半の従軍中には、当時の恋人のスカートが短すぎると言ってクロスボウで射ち、彼女とその母親を刺し殺しかけていた。[*5]

保守的なタブロイド紙、デイリー・メールはこの好機を逃さなかった。フィルポットが裁判所で判決を言い渡されたほんの数時間後、一面に「福祉大国イギリスの恥ずべき成果」という大見出しを掲げ、[*6]これこそ怠け者を援助する社会保障制度の醜い実状だと報じた（フィルポット家では家族が働いていたので、収入のほとんどは就労所得だったにもかかわらずだ）。こうして残虐非道な犯罪が、社会保障制度に対する非難へとねじ曲げられた。かつて、大量殺人を犯した開業医ハロルド・シップマンをふつうの医師と強引に関連づけたのも、この種の不完全な論理と意図的な省略だった。二〇一三年に、二三万ポンド（約三三〇〇万円）の土地を相続しようとして両親を殺害した、四六歳の詐欺師スティーブン・セドンの事件でも、報道は遺産相続制度がもともと不公平であることには触れなかった。[*7]フィルポットが大家族だったことは、どういうわけか生活保護受給者の典型のように報じられたが、統計によれば、少なくとも一名以上の失業手当受給者のいる一三五万世帯のうち、子供が一〇人以上いる世帯はわずか一九〇だ。[*8]

このとき、デイリー・メール紙は重要な役割を果たした。あらゆる問題について、生活保護受給者に対する怒りと敵意をあおったのだ。エリート政治家が議論に加わる雰囲気も作り出した。ジョージ・オズボーンは、この政治的なチャンスを逃す手はないとばかりに、デイリー・メールのフィルポットの記事に刺激されて催された討論会に参加した。そして、「政府、社会、納税者として、こういう生活者を援助する意義を問うべきです」と述べた。[*9]デイリー・メールの一連の報道は、六人の幼い子の殺人事件でさえ政治の素材となり、ろくに名前もあげられない彼らの不幸が宣伝活動に利用されるという教訓だった。

だが、もっとショッキングな実態がある。政府自身の推定でも、給付金の不正受給による損害は社会保障費全体の約〇・七パーセントなのに、保守党はこうした極端な犯罪をメディアに流すことによって、不正受給者の数がとてつもなく多いという偽りを広める仕組みを作り上げたのだ。「極悪の双子の兄」と取りちがえられて逮捕されたと主張する者や、妻を実の妹に見せかけようとした者の事件に、ジャーナリストは大喜びで食いついた。それらが不正行為であることは論をまたないが、かかわったのはごく少数の人間である。[10]それとは比べものにならない数の無職者たちが必死に仕事を探し、履歴書をいくら送っても採用されない事例は、政府の報道発表にはなじまないのだろう。

政府は、おもに保守党連立政権の施策で苦しめられている低収入労働者を狙い撃ちして、生活保護受給者への怒りをあおろうとした。汗水垂らして働く労働者より、生活保護受給者のほうが豊かな生活をしている、という誤解をさらに強化するために。たとえば、受給可能な年収の上限は、平均世帯収入の想定にもとづいて二万六〇〇〇ポンド（約三八〇万円）とされているが、この世帯収入の想定自体が正しくない。年収二万六〇〇〇ポンドの平均的な就労世帯は、それに加えて数千ポンドの在職給付を受けられるからだ。そういう給付金の対象者は何百万人もいる。他方で、実際に二万六〇〇〇ポンド以上の生活保護を受給している無職者はほんのひと握りで、扶養家族が非常に多いか、賃借料が法外に高い物件に住んでいて住宅手当が高額な人だけだ。

これは、社会的にもっとも弱い人々のための効果的なセーフティネットの話ではない。政治的な策略の話であり、その目的は人々を互いに反目させることだ。「今回の政策で、手のつけられない給付金の高額請求はなくなるだろう。懸命に働いて納税している世帯の多くがとても稼げないほどの給付金を、一部の受給者が得る状況はなくなる」と労働・年金担当大臣イアン・ダンカン＝スミスは述べて、有権者のあいだに不和の種をまいた。[11]

さらにダメ押しするように、連立政権は二〇一三年初頭に、社会保障費を実質的に削減する福祉給付改革法案を発表した。イギリス政治のもっとも卑劣で皮肉な面が発揮され、一九三一年以来、政府が初めて意図的に貧困層の収入を減らすことになったのだ。[12]結果として何十万もの子供が貧困に追いやられるだろうと、慈善団体は見積もった。議会の審議のあいだじゅう、多くは億万長者である保守党議員たちは、会ったこともない人々を貧困ラインの下に追いこむ準備をしながら、野次を飛ばしたり大声で笑ったりしていた。保守党のポスターには、「いま労働党は、就労者の給与を上まわる福祉給付金の引き上げに賛成している」と書かれたが[*13]、じつは、この立法の影響をいちばん受けたのは就労世帯だった。保守党政権のせいで、低賃金労働者も、給与とタックス・クレジットの実質的減少という二重苦を味わうことになった。労働者も無職者も、同じように金を奪われたのだ。

いわゆる「寝室税」の問題もあった。この税に関連した立法によって、公営住宅に「予備の寝室」がある場合には住宅手当を減らされ、すでに住んでいる家に住みつづけたければ追加の家賃を払わなければならなくなった。不公平なことに、該当する住人はほとんど金銭的な余裕のない貧困層で、影響を受ける世帯の三分の二には障碍者がいるという推定だった[*14]。「予備の寝室」の多くは、介護者が寝泊まりしたり、障碍に合わせてリフォームされたりしているのが実態だ。寝室税を取られたくなければ、狭い家に移らなければならないが、一寝室の公営住宅は全国的に不足していて、多くの人は引っ越せなかった。

寝室税導入の裏づけとされた理屈は、どうしても入居が必要な世帯のための空きを作ることだった。言い換えれば、狭い家に住む大家族や、公営住宅の入居待機リストに入れられた五〇〇万あまりの人々は、充分な数の住宅を建てられない政府を責めるのではなく、住居スペースにわずかな余裕がある障碍者に怒りの矛先を向けろということだった。

同時に、障碍者の「労働者としての評価」も、キャメロン政権下で劇的に変化した。まず、労働能力があるかどうかの審査を、国から委託されたフランスの〈アトス〉という企業が実施し、その結果、病気や障碍のある多くの人が就労可能と評価されて手当を減らされた。さらに、メディアや政治家は、こうした気の毒な人々を障碍者手当の不正受給者として中傷し、きわめて深刻な事態をもたらした。キャメロン政権の初期には、メディアや政治家の言説によって障碍者の虐待が急増している、と障碍者支援団体が警告した。たとえば、メンタルヘルス支援団体〈スコープ〉は、二〇一一年九月に障碍者の三分の二から虐待の報告を受けたという。それは、ほんの数カ月前と比べて四一パーセントの上昇だった。[*15]

＊

貧困層の攻撃に乗り出したのは、政治家や新聞だけではなかった。集団ヒステリーに近い雰囲気のなかで、テレビ局のプロデューサーも時流に乗り遅れまいとした。チャンネル4は、産業の衰退で打撃を受けた町スカンソープに焦点を当てたドキュメンタリー番組『スキント』〔訳注：「無一文」の意〕の制作を発表したが、[*16]実際に放送された番組では、視聴者にのぞき見趣味的な楽しみを与える、無秩序で誇張された住民の生活が前面に出ていた。同じチャンネル4の別の番組『ベネフィッツ・ストリート』〔訳注：「給付金通り」の意〕も同様に、バーミンガムのある通りで同情しづらい生活保護受給者を追ったものだった。ソーシャルメディアには、あいつらを絞首刑かガス室送りにしろという視聴者からの要求が殺到した。

それらは貧困者同士を対立させる目的で、特権階級が発注し、制作した番組だった。「停留所でバスを待っているとき、社用車で出勤する途中のチャンネル4のプロデューサーが、私立校のまえでわが子をおろすところを見かけた」と、ベテランのジャーナリスト、クリストファー・ヒルドは言う。「収入が高すぎて公共サービスを受ける必要がなく、健康診断も社内で受け、公立校の教育も知らず、公共交通機関も使わない。完全に自分たちだけの世界で暮らしていることを、その光景が象徴していた。こうしてほかの人たちの日々の生活からかけ離れていく。とりわけロンドンの外にいると、そうなる」

BBCのチャンネル3も、マンチェスター州ハーパーへイの団地を舞台にした『ピープル・ライク・アス』

という番組を放送した。このときには地元住民が激怒して、自分たちのコミュニティに対する「偏見と曲解」を糾弾する集会を開き[17]、娘が番組に出演した地方議員のリチャード・サールも、「BBCはこのように労働者階級のイメージを悪化させ、まちがった認識を広めるべきではない」と主張した[18]。チャンネル5では、犯罪行為に焦点を当てたシリーズ番組『万引犯の誇り』、『スリの誇り』、『生活保護受給者の誇り』を制作した。そこでもまた、すでに主流メディアで大きく取材されていた一一人の子持ちのヘザー・フロスト〔訳注：無職で一一人の子持ちだったヘザーは、児童手当や生活保護で月八〇万円以上の給付金を得ていた。広い家に住んでいる様子が報道され「給付金の女王」として話題になった〕のような極端な大家族が、社会からはみ出した極端な例として取り上げられた。

これらの番組の多くは、客観性や正確さを売りにしていない。たとえば、BBCの熟練インタビュアー、ジョン・ハンフリーズが司会をした番組『福祉国家の未来』は、イギリスが「給付金制度の時代」に入ったと主張したが、のちに監督機関のBBCトラストから、公平性と正確性の規則に違反していると指摘された。この徹底した宣伝活動には、お決まりの仕掛けがある――極端な例を見つけ出し、偏った情報源にもっぱら取材し、統計や事実による裏づけのない大胆な主張をするのだ。BBCトラストは、問題の番組を見た視聴者が「充分な情報にもとづいた意見を持つことができない」と裁定した[19]。

もうひとつの攻撃方法は、公務員に対する民間労働者の敵意をあおることだった。これにより、民間も給料を減らされたのだからという理屈で、政府による公務員の実質的な減給が正当化された。同じく公務員の年金削減も、民間の年金削減を理由に支持された。たしかに民間企業の年金は大幅に削減されたが、それは企業経営者の失策であり、学校給食担当の女性や空き壜回収の男性が悪いからではない。たとえば、一九九〇年代を通して、従業員が貢献しつづけているにもかかわらず、企業は年金基金への積立を一時停止して一八〇億ポンド（約二兆六〇〇〇億円）も支出を抑えた[20]。だが、商品陳列やコールセンターの受付で働く人々は、政府やメディアにそそのかされて、上司に腹を立てるのではなく、年金が保証されている看護師や教師に敵意を向けたのだった。

デイリー・テレグラフ紙のイアン・コーウィは、「労働組合は、公務員の年金削減に断固反対すると言うが、一般大衆からの支持はほとんど得られないことに気づくべきだ。この制度の恩恵にあずかれない多くの庶民にとっては、削減後の年金でさえ高嶺の花だからだ」と記事に書いた。コーウィはまた、民間企業の三分の二の経営者が従業員年金基金に一ポンドも払っていないことは認めるが、それでも公務員は恵まれた立場にいると書いた。これは「年金アパルトヘイト」だという彼の比喩は、ひどく物議をかもしそうだ。[*21] 皮肉なのは、最富裕層の税負担を増やそうという運動に右派が反対する段になると、彼らが「政治にねたみを持ちこむべきではない」と議論しがちなことだ。言うまでもなく、「ねたみ」を利用しているのは彼らのほうである。

＊

二〇一五年の選挙期間中、保守党は社会保障費を一二〇億ポンド（約一兆七四〇〇億円）削減すると公約したが、内容について問い詰められても、どの部分にメスを入れるか答えようとしなかった。デイビッド・キャメロンも、労働者を援助するタックス・クレジットが減るのかと国営放送で訊かれた際に、「減らさない」ときっぱり否定した。

ところが、選挙で保守党が予想外の勝利を収めると、キャメロンの発言は嘘だったことがわかった。タックス・クレジットは削減され、三〇〇万を超える就労世帯で年間平均収入が約一三五〇ポンド（約二〇万円）減り、ほかの何百万もの世帯も減収になることが判明したのだ。政府は、「生活賃金」として最低賃金を一時間あたり九ポンド（約一三〇〇円）に上げたことを誇らしげに宣伝したものの、その中身はずさんで、タックス・クレジットの減少分すら加味していなかった。独立系シンクタンク〈財政問題研究会〉によると、最低賃金の上昇は、失われた収入の一三パーセントしか補填しないという。[22] また、このタックス・クレジットは子供ふたりまでしか適用されず、スーパーマーケットの従業員や清掃員に子供が三人以上いる場合、彼らはタックス・クレジットの対象外になる。

これらの政策は、内容もさることながら、理屈づけにも注目すべきだ。貧しい人たちが次々と出産することを政策が後押ししてしまっているという考え方は古くからある。一八三四年以前の救貧法も、その観点から批判されていた。タックス・クレジットを子供ふたりまでに限定する理由はそこにある。低賃金労働者が大家族になることを国家がうながしている、という考えを巧みに利用したのだ。これもまた、就労している生活保護受給者を悪者扱いしようというあからさまな態度だ。無職の受給者にとっては、すでにありふれた状況である。

この正当化の裏には、「低賃金の労働者はもっと働け」という単純な思考がある。保守党の閣僚ジェレミー・ハントは、タックス・クレジットを減らすことで、勤勉の重要性、つまりイギリスの労働者も中国のライバルに負けないくらい熱心に働かなければならないという「重要な文化的シグナル」を送ったと言った。[23] これは昔からの保守党の政策主題だ。たとえば、やはり閣僚のリズ・トラスは、イギリス人労働者を「世界で一、二を争う怠け者」と批判する書籍に協力した五人の保守党議員のひとりで、「あまりにも多くのイギリス人が、まじめに働くより朝寝をしたがっている」と言っている。[24]

もし保守党が、労働者の収入を減らすことなくタックス・クレジットや在職給付の支出を抑えたいのなら、単純に賃金を上げる必要があった。ところが現実には、低収入の仕事が増え、社会保障費が跳ね上がっている。あまりにも多くの人が低賃金の仕事につかざるをえなかったため、第一次保守党政権のあいだに、タックス・クレジットも当初の見積もりより大きくなった。[25] 保守党は、労働こそが貧困から抜け出す手段だと言うが、五〇〇万人以上のイギリス人労働者が生活賃金に満たない給与しか支払われておらず、貧困者の大半が就労していることを考えれば、その主張はナンセンスだ。

社会保障改革の責任者は労働・年金担当大臣のイアン・ダンカン＝スミスだったが、いま彼の選挙区であるチングフォードとウッドフォードで暮らす労働者の四八・三パーセントの収入は、生活賃金に届かない。これは、イギリスの選挙区のなかでも五番目に高い割合である。[*26]

＊

本書が初めて出版されてから、いくつかの変化があったのも事実だ。たとえば、この本は、「いまやわれわれはみな中流階級」という主張への不満から生まれたようなものだが、今日では、右派ですらそういう主張をめったにしなくなった（本書の功績と言うつもりはないけれど）。保守党においてすら、著名な党員数名が「ブルーカラー保守主義」を確立して、労働者階級を取りこもうとしている。

だが、階級についてはまだ議論すべきことが多々ある。本書では、「労働者階級」とひと口に言っても、みな同じではないと指摘した。生活が苦しく、せめて快適で安全な暮らしがしたいと悩んでいる人もいれば、とりあえず生活に支障はないが、もっと楽ができるはずの人も、先の見えないわが子たちの将来が心配でしかたない人もいる。社会の改革を望むなら、低所得者と中所得者、貧困にあえぐ人と会社勤めで年収二万八〇〇〇ポンド（約四〇〇万円）の人、自称「労働者階級」と「中流階級」を自認する人々のあいだに、協力関係を築かなければならない。

それはつまり、階級がこれからどうなるのかを見きわめるということだ。公共部門で働く人より自営業の人の数が多くなるのは時間の問題と見られている。いまのところ、労働者のおよそ七人に一人が自営業で、その多くが独立した立場を重んじている。労働者より管理者に権限が集中しがちな国だから、それもうなずけるが、一方で、多数の人が不安定な生活に怒りを覚えている。彼らには有給病気休暇も出産休暇もなく、タックス・クレジットは総じて減らされ、銀行の融資はなかなか受けられず、住宅ローンもたびたび却下され、完了した仕事の代金回収にやたらと時間がかかり、劣悪なWiFi環境を初めとする不充分なインフラに苦しめられている。これらはまさに、社会を変えたい人々が取り組まなければならない問題の数々だ。

同時にわれわれは、社会のあり方について、明確なビジョンを持たなければならない。キャメロン政権時代の大半において、左派の立場は「反緊縮財政」、要するに防御的な姿勢だった。しかし、世の多くの人は、「緊縮財政」と言われてもよくわからない。再生可能エネルギー開発とハイテク産業育成、安定した熟練職の創出、公的投資銀行による経済調整、経済の民主化、公平な税制、労働組合による昇給と生産性向上の実現――こうした一貫性のある産業戦略になんとしても取り組んで、多くの国民に、わかりやすいことばで説明する必要がある。

*

不公平は往々にして克服が困難に見え、気力をくじかれるものだが、途方もない難題であっても乗り越えられることは、歴史が証明している。法外な富や権力がごくかぎられた人々の手に集中している状態は、きわめて不合理だ。ここまで社会が分断されると、本来必要のない不安や苦難、ストレスが生じ、夢は実現できず、未来は壊れてしまう。いまあるすべての不公平は克服可能だけれども、不公平が多くの要素を含む問題である以上、その解決策は包括的でなければならない。

人々のあいだには、当然さまざまなちがいがある。しかしそれらは、手の届かない権力とのちがいに比べれば、ものの数にも入らないということ、みなが協力すれば、集まった力で社会を変えられるということも理解する必要がある。

言うは易くおこなうは難し。それでも私は、不公平を乗り越えてきた祖先の伝統が受け継がれ、ときに困難はあっても、かならずや、いまよりはるかに公平なイギリス、そして世界が作られていくことを、心から信じている。

February 2012.

＊16 Mark Jefferies, 'Skint: Grimsby residents campaign against Channel 4 documentary attempts for "new Benefits Street"', *Mirror*, 21 January 2014.

＊17 BBC, '*People Like Us*: New BBC Three series upsets locals', bbc.com, 19 February 2013.

＊18 Suzannah Hills, '"It's Jeremy Kyle–style, laugh at the chavs TV": Stars of BBC's *People Like Us* claim it is faked to make them appear drunk, fat and lazy', *Daily Mail*, 22 February 2013.

＊19 Randeep Ramesh, 'BBC programme on welfare reforms broke impartiality and accuracy rules', *Guardian*, 30 July 2013.

＊20 Public and Commercial Services Union, 'Scandal of Private Sector Pensions', *pcs.org.uk*, 2013.

＊21 Ian Cowie, 'Why Hutton must take a hatchet to public sector pay', *Daily Telegraph*, 21 June 2010

＊22 Josh May, 'IFS: Higher minimum wage only offsets 13% of benefit cuts', *Politics Home*, 10 September 2015.

＊23 Rowena Mason, 'Hunt: tax credit cuts will make Britons work like Chinese or Americans', *Guardian*, 5 October 2015.

＊24 BBC, 'British workers "among worst idlers", suggest Tory MPs', bbc.com, 18 August 2012.

＊25 Andrew Grice, 'Low wages force Britain to spend £900m more on tax credits than planned', *Independent*, 11 December 2014.

＊26 TUC, 'In part of Britain half of jobs pay less than the living wage', tuc.org.uk, 23 February 2015.

＊9 Randeep Ramesh, 'London's richest people worth 273 times more than the poorest', *Guardian*, 20 April 2010.

＊10 Morrell, 'The August riots', p. 17.

＊11 Paul Lewis, Tim Newborn, Matthew Taylor and James Ball, 'Rioters say anger with police fuelled summer unrest', *Guardian*, 5 December 2011.

＊12 Association of Consulting Actuaries, 'Major survey finds gulf between private and public sector pensions is growing with 9 out of 10 private defined benefit schemes closed … and more closures on the way', aca.org.uk, 3 January 2012.

ふたたび、親愛なるみなさんへ

＊1 John Arlidge, 'Super-rich have doubled their wealth since economic crisis', *The Sunday Times*, 26 April 2015.

＊2 ONS Digital, 'How is the welfare budget spent?', Office for National Statistics, 7 July 2015, visual.ons.gov.uk/welfare-spending/.

＊3 Tom Chivers, 'Anne-Marie Morris's outburst: the moment PMQs finally descended into self-parody', *tommychivers.com*, 11 July 2012.

＊4 George Osborne, 'George Osborne's speech to the Conservative conference: full text', *newstatesman.com*, 8 October 2012.

＊5 Paul Bentley and Andy Dolan, 'Evil Mick Philpott shot me in the groin with a CROSSBOW dart because he thought my dress was too short', *Daily Mail*, 3 April 2013.

＊6 Tom Moseley, '*Daily Mail* front page on Mick Philpott provokes online storm', *Huffington Post* UK, 3 April 2013.

＊7 Press Association, 'Stephen Seddon jailed for 40 years for parents' murder', *Guardian*, 28 March 2013.

＊8 Ally Fogg, 'A mother of 11 housed in a "mansion"? Spare us this modern morality tale', *theguardian*.com, 19 February 2013.

＊9 Peter Dominiczak and Robert Winnett, 'George Osborne: Why should the taxpayer fund "lifestyles" like those of the Philpotts?', *Telegraph*, 4 April 2013.

＊10 Press Association, 'Benefit fraud claims include "evil twin" and woman whose "skin colour changed"', *Guardian*, 31 August 2013.

＊11 Iain Duncan Smith, 'For those eyeballing benefits as a one-way ticket to easy street, I have a wake-up call for you: those days are over! says Iain Duncan Smith', *Daily Mail*, 11 August 2013.

＊12 Stewart Lansley, 'The welfare uprating bill penalises the poor, again', Poverty and Social Exclusion, poverty.ac.uk.

＊13 Tim Montgomerie, 'New Tory poster—Labour are voting to increase benefits by more than workers' wages', conservativehome.com, 7 January 2013.

＊14 ITV News, 'Pensioners hit by "bedroom tax"', itv.com, 1 February 2014.

＊15 Peter Walker, 'Benefit cuts are fuelling abuse of disabled people, say charities', *Guardian*, 5 *idence and Policy*, EHRC, 2009, pp. 3, 16–17.

＊5　Business Link in London, 'Diversity in London's retail sector', businesslink.gov.uk（2010 年 11 月 29 日最終アクセス）

＊6　The Poverty Site, 'Low Pay by Ethnicity', poverty.org.uk（2010 年11月 29 日最終アクセス）

＊7　Luke McLeod-Roberts, 'Thompsons Solicitors crowned most diverse in BSN's latest league table', *The Lawyer*, 17 December 2009.

＊8　Hilary Metcalf and Heather Rolfe, *Employment and Earnings in the Finance Sector: A Gender Analysis*, EHRC, 2009, p. 14.

＊9　Lucy Bland, 'White Women and Men of Colour: Miscegenation Fears after the Great War', *Gender & History* 17 (April 2005): 51–2.

結論　「新しい」階級政治へ

＊1　2008 年 9 月 11 日、インディペンデント紙社説、'The class struggle is over, it' s all about social mobility'.

＊2　2008 年 4 月 11 日、コナー・バーンズの投稿、'Margaret Thatcher' s greatest achievement: New Labour', conservativehome.blogs.com.

＊3　Mark Seddon, 'Has Labour handed Stoke to the BNP?', *Guardian*, 2April 2010.

＊4　Ipsos MORI, 'How Britain voted in 2010', www.ipsos.com, 21 May 2010.

＊5　Jonathan Rose, *The Intellectual Life of the British Working Classes*, Yale 2001, p. 464.

＊6　Polly Toynbee, 'Tony Blair tried to bury it, but class politics looks set to return', *Guardian*, 10 July 2010.

親愛なるみなさんへ

＊1　Child Poverty Action Group, 'Government must act urgently on devastating child poverty warning', cpag.org.uk.（2012 年 1 月 30 日最終アクセス）

＊2　'FTSE 100 directors' earnings rose by almost half last year', *Guardian*, 28 October 2011.

＊3　Deborah Mattinson, 'From cloth caps to cafetières: you are what you buy', *Independent*, 20 March 2011.

＊4　BritainThinks, 'What about the workers?: A new study on the Working Class by Britain-Thinks', 2011, britainthinks.com.（2012 年 1 月 30 日最終アクセス）

＊5　'Number of job-hunters chasing every post jumps to 23', *Daily Telegraph*, 28 December 2011.

＊6　'Stop and search "racial profiling" by police on the increase, claims study', *Guardian*, 14 January 2012.

＊7　William Lee Adams and Nick Assinder, 'London riots: Fires spread on third night of violence', *Time*, 9 August 2011.

＊8　Gareth Morrell et al., 'The August riots in England: Understanding the involvement of young people', National Centre for Social Research, October 2011, p. 13.

＊15 Patrick Wintour, 'Benefit cuts "will force thousands into suburbs"', *Guardian*, 4 October 2010.

＊16 Joe Murphy, 'Welfare cuts "will be like the Highland Clearances"', *Evening Standard*, 7 October 2010.

＊17 Terence Blacker, 'Please stop sermonising over Ashley', *Independent*, 24 February 2010.

＊18 Joseph Rowntree Foundation, *Young People and Territoriality in British Cities*, York 2008.

＊19 2006年2月20日、BBCニュースでジョゼフ・ローンツリー財団について、*Parenting and Children's Resilience in Disadvantaged Communities*,York 2006.

＊20 Caroline Roberts, 'Gangs', *Times Educational Supplement*, 23 June 2006.

＊21 Prison Reform Trust, 'Criminal Damage: why we should lock up fewer children', prisonreformtrust.org.uk, 2008.

＊22 John McTernan, 'The Blairite case for Ed Miliband', *New Statesman*, 14 October 2010.

＊23 Prison Reform Trust, 'Prison Briefing—May 2010', prisonreformtrust. org.uk, 2010.

＊24 David Cracknell, 'Secret memo warns Blair of crime wave', *Sunday Times*, 24 December 2006.

＊25 Alan Travis, 'Police failing to tackle "middle-class" cocaine abuse, say MPs', *Guardian*, 3 March 2010.

＊26 John Mann, 'Heroin in Bassetlaw: Report of the inquiry convened by John Mann MP', d3n8a8pro7vhmx.cloudfront.net.

＊27 'Underage pregnancies', poverty.org.uk/24/index.shtml.

＊28 Max Pemberton, 'Teenage pregnancy: a national talking point', *Daily Telegraph*, 13 July 2009.

＊29 2010年2月18日、Unityの投稿。'16, pregnant and middle class—What the papers don't say' 参照元：liberalconspiracy.org.

＊30 Amelia Gentleman, 'Teenage pregnancy more opportunity than catastrophe, says study', *Guardian*, 12 February 2010.

＊31 Susan Hallam and Andrea Creech, *A Review of the Literature Relating to the Parental Aspirations of Teenage Mothers: Executive Summary*, CfBT Education Trust, p. 4.

8 「移民嫌悪」という反動

＊1 余談だが、国際労働者協会も同様の理由で1864年に設立されたことは、指摘しておく価値があるだろう。同協会は「第一インターナショナル」としても知られ（「第二」社会主義インターナショナル、「第三」共産党インターナショナルに先行するから）、カール・マルクスが創設者に加わっている。もともとインターナショナルの大きな目的は、スト破りする外国人労働者を阻止することだった。

＊2 Stephanie Flanders, 'Have British jobs gone to British workers?', BBC News, 21 April 2010.

＊3 Stephen Nickell and Jumana Saleheen, 'The Impact of Immigration on Occupational Wages: Evidence from Britain', *SERC Discussion Paper*, October 2009, p. 20.

＊4 Will Somerville and Madeleine Sumption, *Immigration and the Labour Market: Theory, Ev-*

Guardian, 24 May 2010.
＊14 Alice Tarleton, 'How many go from free school meals to Oxbridge?', blogs.channel4.com, 15 February 2010.
＊15 David Woods, 'Recession forces graduates to work without pay', *HR Magazine*, 20 July 2009.
＊16 Shelley Phelps and Nick Quin, 'Clegg's internship policy flawed when Parliament can't get its own house in order', unitepsbranch.org, 11 April 2011.
＊17 Afua Hirsch, 'Cost and class raise barriers to legal aid lawyer careers', *Guardian*, 1 March 2010.
＊18 Milburn, *Unleashing Aspiration*, p. 22.
＊19 Randeep Ramesh, 'Britain's class system—and salaries—inherited from fathers', *Guardian*, 11 February 2010.
＊20 Larry Elliott, 'OECD: UK has worse social mobility record than other developed countries', *Guardian*, 10 March 2010.

7 「ブロークン・ブリテン」の本当の顔

＊1 Simon Heffer, 'We pay to have an underclass', *Daily Telegraph*, 29 August 2007.
＊2 'Ashington', communities.northumberland.gov.uk.
＊3 'Suicide toll on former MG Rover staff in Longbridge', Birmingham Mail, 10 July 2010.
＊4 Joseph Rowntree Foundation, '"Need not greed" motivates people to work informally, according to new research', www.community-links.org, 16 June 2006.
＊5 'Exposing the myths about welfare', pcs.org.uk, 6 April 2011.
＊6 Christina Beatty and Steve Fothergill, *Incapacity Benefits in the UK: An Issue of Health or Jobs?*, Sheffield 2010, p. 4.
＊7 Nicholas Watt and Patrick Wintour, 'Iain Duncan Smith: I will tackle root causes of poverty', *Guardian*, 26 May 2010.
＊8 Beatty and Fothergill, *Incapacity Benefits in the UK*, pp. 20–2.
＊9 David Webster, James Arnott et al., 'Falling Incapacity Benefit Claims In a Former Industrial City: Policy Impacts or Labour Market Improvement?', *Policy Studies* 31 (2010): 2, 164, 165, 167, 176, 181.
＊10 Amelia Gentleman, 'Response suggests many people wrongly judged fit to work', *Guardian*, Joe Public blog, 29 March 2010.
＊11 Joseph Rowntree Foundation, 'Monitoring poverty and social exclusion in the UK 2005', jrf.org.uk, 13 December 2005.
＊12 Public and Commercial Services Union, 'Nine jobseekers for every job in Duncan Smith's Cardiff', swindontuc.worldpress.com, 23 October 2010.
＊13 Stewart Lansley, *Unfair to Middling: HowMiddle Income Britain's ShrinkingWages Fuelled the Crash and Threaten Recovery*, London 2009, p. 20.
＊14 Lynsey Hanley, *Estates: An Intimate History*, London 2007, p. 7.

＊20 Ibid., pp. 3, 10, 17.

＊21 New Economics Foundation, *A Bit Rich: Calculating the Real Value to Society of Different Professions*, 2009, pp. 3–4.

＊22 David Litterick, 'Britons work almost two hours more per week than average European', *Daily Telegraph*, 3 September 2008.

＊23 Office for National Statistics, *Social Trends*, No. 39, London 2009, p. 54.

＊24 Press Association, 'Unpaid overtime soars to "extreme" levels, says TUC', *Guardian*, 26 February 2010.

＊25 Litterick, 'Britons work almost two hours more per week than the average European'.

＊26 Department for Work and Pensions, *Households Below Average Income*, p. 14.

＊27 Megan Murphy and Nicholas Timmins, 'Boardroom pay gap doubles in a decade', *Financial Times*, 27 November 2009.

＊28 Ashley Seager and Julia Finch, 'Pay gap widens between executives and their staff', *Guardian*, 16 September 2009.

＊29 Jeremy Warner, 'Capitalism has forgotten to share the wealth', *Daily Telegraph*, 29 January 2010.

6 作られた社会

＊1 Alan Milburn, *Unleashing Aspiration: The Final Report of the Panel on Fair Access to the Professions*, London 2009, p. 18.

＊2 Jessica Shepherd, 'White working-class the worst GCSE students, study finds', *Guardian*, 27 March 2008.

＊3 Jessica Shepherd and Polly Curtis, 'Middle-class pupils have better genes, says Chris Woodhead', *Guardian*, 11 May 2009.

＊4 Amelia Hill, 'Children of rich parents are better at reading', *Observer*, 6 February 2005.

＊5 Ofsted, *Cale Green Primary School: Ofsted Report 2003*, p. 3.

＊6 Richard Garner, 'Revealed: The schools where 1 in 4 play truant', *Independent*, 13 January 2010.

＊7 Phil Mizen, *The Changing State of Youth*, Basingstoke 2004, p. 44.

＊8 Julie Henry, 'Graduates told to work in call centres', *Daily Telegraph*, 23 May 2009.

＊9 Gary Anderson, 'Flagship Tory free schools scheme condemned by Swedish education minister Bertil Ostberg', *Daily Mirror*, 30May 2010.

＊10 Gillian Plummer, *Failing Working-Class Girls*, London 2000, p. 16.

＊11 Nicola Woolcock, 'Privileged children excel, even at low-performing comprehensives', *The Times*, 21 February 2008.

＊12 David Turner, 'Class split "will cost Britain £50bn"', *Financial Times*, 15 March 2010.

＊13 George Monbiot, 'Plan after plan fails to make Oxbridge access fair. There is another way',

*52 *Socialist Review*, March 1995.

*53 Gary Imlach, *My Father and Other Working-Class Football Heroes*, London 2005.

*54 Jason Cowley, *The Last Game: Love, Death and Football*, London 2009, p. 326.

*55 Ibid., p. 238.

*56 Richard Giulianotti, *Football: A Sociology of the Global Game*, Oxford 1999, p. 79.

*57 Cowley, *The Last Game*, p. 237.

*58 Deborah Orr, 'Your class still counts, whatever you call it', *Independent*, 31 January 2003.

5 「いまやわれわれはみな中流階級」

*1 'The good news, Dave: We're ALL middle-class now', *Daily Mail*, 6 December 2005.

*2 Andrew Adonis and Stephen Pollard, *A Class Act: The Myth of Britain's Classless Society*, London 1998, p. 9.

*3 Simon Hattenstone, 'General election highlights Britain's confusion over social class', *Guardian*, 14 April 2010.

*4 Andrew Denham, *British Think-Tanks and the Climate of Opinion*, London 1998, p. 101.

*5 'Half of UK's poor own their homes', BBC, 8 January 2003.

*6 *Talking Retail*, 15 September 2009.

*7 *Retail Week*, 1 June 2009.

*8 Simon English, 'Mini workers hurl fruit as 850 sacked', *Evening Standard*, 16 February 2009.

*9 Karen Higginbottom, 'Temporary "flexiforce" is the future of business, says CBI', cipd.co.uk, 23 November 2009.

*10 Mike Jones, 'Agency workers key to recovery—REC', recruitmenttoday.net, 13 May 2010.

*11 Sean O'Grady, 'New part-time jobs boost rise in employment', *Independent*, 17 December 2009.

*12 *Regeneration and Renewal*, 20 July 2009.

*13 2009年11月12日、サイモン・ロジャーズの投稿。'What do people get paid?' 引用元：*Guardian* data blog.

*14 Irene Krechowiecka and Jan Poynter, *A-Z of Careers and Jobs*, London 2004.

*15 René Lavanchy, 'Unions have a future, workers tell survey', *Tribune*, 19 March 2010.

*16 Department for Work and Pensions, *Households Below Average Income: An Analysis of the Income Distribution 1994/95–2007/08*, London 2009, p. 19.

*17 *Prospect*, 127, October 2006.

*18 Stewart Lansley, *Unfair to Middling: HowMiddle Income Britain's ShrinkingWages Fuelled the Crash and Threaten Recovery*, London 2009, p. 8.

*19 Stewart Lansley, *Life in the Middle: The Untold Story of Britain's Average Earners*, London 2009, p. 17.

2009.
＊26 Hannah Frankel, 'From the other side of the tracks', *Times Education Supplement*, 30 October 2009.
＊27 Jade Goody, *Jade: My Autobiography*, London 2006, pp. 23, 31, 41, 58.
＊28 Johann Hari, 'Jade Goody showed the brutal reality of Britain', *Independent*, 23 March 2009.
＊29 Paul Callan, 'LEADER: How can bosses defend the show that shames us?', *Daily Express*, 19 January 2007.
＊30 Simon Heffer, 'What we're actually seeing is class hatred', *Daily Telegraph*, 20 January 2007.
＊31 Stuart Jeffries, 'Beauty and the beastliness: a tale of declining British values', *Guardian*, 19 January 2007.
＊32 Johann Hari, 'Jaded contempt for the working class', *Independent*, 22 January 2007.
＊33 *Evening Standard* letters, 18 January 2007.
＊34 *Nottingham Evening Post*, 18 January 2007.
＊35 Fiona Sturges, 'Jade Goody: Reality TV star and media phenomenon', *Independent*, 23 March 2009.
＊36 Rod Liddle, 'After Jade's cancer, what next? "I'm a tumour, get me out of here"?', *Spectator*, 23 August 2008.
＊37 Jan Moir, 'The saddest reality show of all: Are we so desensitized that watching a woman's death is acceptable entertainment?', *Daily Mail*, 21 February 2009.
＊38 Toby Young, 'Couples on Wife Swap are divorced from reality', *Mail on Sunday*, 7 November 2004.
＊39 Andrew Sparrow, 'Jeremy Kyle Show "undermines anti-poverty efforts", says thinktank', *Guardian*, 10 September 2008.
＊40 LornaMartin, 'Cracker creator blasts "chav" TV', *Observer*, 27August 2006.
＊41 Matt Lucas, David Walliams and Boyd Hilton, *Inside Little Britain*, London 2006, p. 245.
＊42 Richard Littlejohn, 'Welcome to Britain, land of the rising scum', *Daily Mail*, 14 November 2008.
＊43 James Delingpole, 'A conspiracy against chavs? Count me in', *The Times*, 13 April 2006.
＊44 'What is working class?', BBC, 25 January 2007.
＊45 London School of Economics, 'Little Britain filled with "figures of hatred" not figures of fun', lse.ac.uk, October 2008.
＊46 Ian Wylie, 'Shameless creator Paul Abbott talks about his new Channel 4 series', *Guardian*, 29 November 2010.
＊47 'Be a shameless groupie for the day', channel4.com.
＊48 2005年7月12日、Objectivismの投稿。引用元：thestudentroom.co.uk
＊49 Robin Nelson, *State of Play: Contemporary 'High-end' TV Drama*, Manchester 2007, p. 50.
＊50 Nigel Floyd, 'Eden Lake', *Time Out*, 11–17 September 2008.
＊51 '"EastEnders" writer wins £68,000 from BBC', *Independent*, 17 October 1992.

＊18 Michael Young, 'Down with meritocracy', *Guardian*, 29 June 2001.

＊19 Jon Swaine, 'White working class "feels ignored on immigration" ', *Telegraph*, 2 January 2009.

4 さらしものにされた階級

＊1 P. J. Keating, *The Working Classes in Victorian Fiction*, London 1971, p. 21.

＊2 George Orwell, *A Collection of Essays*, New York 1953, p. 57.

＊3 *Socialist Review*, March 1995.

＊4 Andrew Billen, 'Meet the romantic lead in the new Merchant-Ivory film. (Just kidding)', *Observer*, 5 January 1997.

＊5 *Daily Mail* reporter, 'Rising toll of Waynettas …', *Daily Mail*, 14 January 2010.

＊6 Lee Bok, *The Little Book of Chavs: The Branded Guide to Britain's New Elite*, Bath 2004.

＊7 Lee Bok, *The Chav Guide to Life*, Bath 2006, pp. 11, 12.

＊8 Mia Wallace and Clint Spanner, *Chav!: A User's Guide to Britain's New Ruling Class*, London 2004, pp. 14, 51–2, 75, 235.

＊9 Jemima Lewis, 'In defence of snobbery', *Daily Telegraph*, 1 February 2004.

＊10 David Thomas, 'A to Z of Chavs', *Daily Mail*, 20 October 2004.

＊11 David Thomas, 'I'm a Chav, get me out of here', *Daily Mail*, 12 February 2004.

＊12 Brendan O'Neill, 'Roasting the masses', *Guardian*, 27 August 2008.

＊13 Johann Hari, 'Jaded contempt for the working class', *Independent*, 22 January 2007.

＊14 Rachel Williams, 'Affluent teenagers drink more, study shows', *Guardian*, 24 June 2010.

＊15 Janet Daley, 'The real reason for all those louts on holiday', *Sunday Telegraph*, 9 August 2009.

＊16 Michael Odell, 'This much I know: John Bird', *Observer*, 27 August 2006.

＊17 'BBC to explore Britain's white working class', *Daily Telegraph*, 21 November 2007.

＊18 Nicole Martin, 'BBC series "labels white working class racist"', *Daily Telegraph*, 12 March 2008.

＊19 Yasmin Alibhai-Brown, 'God bless the foreigners willing to do our dirty work', *Independent*, 23 August 2006.

＊20 Yasmin Alibhai-Brown, *Independent*, 5 January 2009.

＊21 'The Janet Daley column', *The Times*, 2 June 1994.

＊22 Amanda Platell, 'It's shabby values, not class, that are to blame for society's ills', *Daily Mail*, 30 January 2010.

＊23 Duncan Larcombe, 'Future bling of England', *Sun*, 10 April 2006.

＊24 Decca Aitkenhead, 'Class rules', *Guardian*, 20 October 2007.

＊25 Nick Britten, 'Britain has produced unteachable "uber-chavs" ', *Daily Telegraph*, 9 February

＊18 1987年12月22日、カトリック・ヘラルド誌のインタビュー。参照：margaretthatcher.org.

＊19 1996年11月22日、ニコラス・リドレーの記念講演。参照：margaretthatcher.org.

＊20 1989年11月22日、タイムズ紙のインタビュー。参照：margaretthatcher.org.

＊21 Julian Buchanan, 'Understanding Problematic Drug Use: A Medical Matter or a Social Issue?', *British Journal of Community Justice*, 4(2): 387–397.

＊22 Mark Duguid, *Cracker*, London 2009, p. 70.

＊23 Paul Lewis, *Hillsborough*, dvdcompare.net, 7 September 2009.

＊24 Euan Ferguson, 'Best Foot goes ever forward', *Observer*, 4 March 2001.

3 「政治家」対「チャヴ」

＊1 Polly Toynbee, 'Tony Blair tried to bury it, but class politics looks set to return', *Guardian*, 10 July 2010.

＊2 Francis Elliott and James Hanning, 'The many faces of Mr Cameron', *Daily Mail*, 17 March 2007.

＊3 James Hanning and Francis Elliott, 'David Cameron's band of Etonian brothers', *Independent*, 20 May 2007.

＊4 Daniel Hannan, 'If you pay people to be poor, you'll never run out of poor people', *Daily Telegraph*, 18 April 2009.

＊5 Misha Glenny, 'Baltimore upon Thames? Not true, that', *Guardian*, 25 August 2009.

＊6 Allegra Stratton, 'Tories get their sums wrong in attack on teen pregnancy', *Guardian*, 15 February 2010.

＊7 Amelia Gentleman, 'Teenage pregnancy more opportunity than catastrophe, says study', *Guardian*, 12 February 2010.

＊8 Randeep Ramesh, 'Talking tough on teenage pregnancy', *Guardian*, 17 March 2009.

＊9 Melissa Kite, 'Coalition to tell unemployed to "get on your bike" ', *Telegraph*, 26 June 2010.

＊10 Paul Waugh, 'Plot to rid council estates of poor', *Evening Standard*, 10 July 2009.

＊11 CharlesMurray, *Underclass: The Crisis Deepens*, London 1994, pp. 5, 8, 32.

＊12 Anushka Asthana, 'George Osborne's budget cuts will hit Britain's poorest families six times harder than the richest', *Observer*, 27 June 2010.

＊13 Jason Groves, 'Tory minister under fire for gaffe as he tells MPs: "Those in most need will bear the burden of cuts"', *Daily Mail*, 11 June 2010.

＊14 Rosalind Ryan and Andrew Sparrow, 'No 10 plays down Flint's social housing plan', *Guardian*, 5 February 2008.

＊15 James Kirkup, 'James Purnell defends welfare reform after accusations of "stigmatising" benefits claimants', *Daily Telegraph*, 10 December 2008.

＊16 Martin Bright, 'Interview: James Purnell', *New Statesman*, 18 September 2008.

＊17 Anthony Horowitz, 'Hoodies and baddies', *The Times*, 23 July 2005.

＊37 John Harris, 'Safe as houses', *Guardian*, 30 September 2008.

＊38 George Jones, 'More high earners should live on council estates, professor tells Whitehall', *Daily Telegraph*, 21 February 2007.

＊39 John Hills, *Ends and Means: The Future Roles of Social Housing in England*, London 2007, p. 45.

＊40 Kate O'Hara, 'Into the Lion's Den as search for Little Shannon stepped up', *Yorkshire Post*, 22 February 2008.

＊41 Richard Pendlebury, 'Downfall of a decent clan', *Daily Mail*, 16 April 2008.

＊42 Alison Park et al., eds, *British Social Attitudes: The 24th Report*, London 2008, p. 242.

＊43 Whitney Richard David Jones, *The Tree of Commonwealth 1450–1793*, London 2000, p. 136.

2 「上から」の階級闘争

＊1 Alfred F. Havighurst, *Britain in Transition: The Twentieth Century*, Chicago 1985, p. 75.

＊2 C. A. R. Crosland, *The Future of Socialism*, London 1956, p. 61. 邦訳は C.A.R.クロスランド、関嘉彦監訳『福祉国家の将来』（論争社、1961）

＊3 John Rosr, 'Thatcher and Friends: Chapter 3—the Tory elite', socialist economicbulletin.blogspot.com, 30 January 1983.

＊4 Hugo Young, *One of Us*, London 1990, p. 127.

＊5 Margaret Thatcher, 'Don't undo my work', *Newsweek*, 27 April 1992.

＊6 Margaret Thatcher Foundation, *Release of MT's private files for 1979 (3)* Domestic Policy, margaretthatcher.org.

＊7 Conservative Central Office, *The Right Approach: A Statement of Conservative Aims*, October 1976.

＊8 Ellen Meiksins Wood, *The Retreat from Class: A New 'True' Socialism*, London 1986, p. 182.

＊9 John Cole, *As It Seemed to Me: Political Memoirs*, London 1995, p. 209.

＊10 Andrew Sparrow, 'Tebbit admits pit closure programme went too far', *Guardian* politics blog, 9 March 2009.

＊11 '1979: Council tenants will have "Right to buy"', *On This Day*, BBC.

＊12 Chris Ogden, *Maggie: An Intimate Portrait of a Woman in Power*, New York 1990, p. 333.

＊13 Mary Shaw, Daniel Dorling, David Gordon and George Davey Smith, *The Widening Gap: Health Inequalities and Policy in Britain*, Bristol 1999, p. 147.

＊14 Earl A. Reitan, *The Thatcher Revolution: Margaret Thatcher, John Major, Tony Blair, and the Transformation of Modern Britain, 1979–2001*, Oxford 2003, p. 77.

＊15 Eric J. Evans, *Thatcher and Thatcherism*, London 2004, p. 139.

＊16 Shaw et al., *The Widening Gap: Health Inequalities and Policy in Britain*, pp. 144, 145, 147.

＊17 Stewart Lansley, *Life In the Middle: The Untold Story of Britain's Average Earners*, London 2009, p. 15.

＊12 Neil Sears, 'Calls for Tory councillor to resign after he suggests parents on benefits should be sterilised after one child', *Daily Mail*, 24 March 2008.

＊13 Lucy Thornton, 'Mocked… but we all stick together', *Mirror*, 10 April 2008.

＊14 'A feckless existence', *Huddersfield Examiner*, 5 December 2008.

＊15 Alastair Taylor, 'Estate is like a nastier Beirut', *Sun*, 9 April 2008.

＊16 Carole Malone, 'Force low-life to work for a living', *News of the World*, 7 December 2008.

＊17 'Plea for the victims of welfare Britain', *Daily Mail*, 6 December 2008.

＊18 Joe Mott, 'Shameless attack on our poor', *Daily Star*, 13 April 2008.

＊19 Melanie McDonagh, 'Shannon Matthews case: Five fathers, one mother and a muddled family saga', *Independent on Sunday*, 13 April 2008.

＊20 Bruce Anderson, 'The night a grim malaise was hammered home', *Sunday Telegraph*, 16 November 2008.

＊21 デイリー・メール紙が専業主婦を褒めそやした例は数知れない。たとえば、Steve Doughty, 'Children perform better if mother stays at home', *Daily Mail*, 9 June 2006; Daniel Martin, 'Betrayal of stay-at-home mothers: Millions lose state pensions after Government U-turn', *Daily Mail*, 20 December 2007; Steve Doughty, '"Superwoman is a myth" say modern women because "family life suffers with working mums"', *Daily Mail*, 6 August 2008.

＊22 Centre for Social Justice, centreforsocialjustice.org.uk, 2December 2008.

＊23 Ibid.

＊24 David Cameron, 'There are 5 million people on benefits in Britain. How do we stop them turning into Karen Matthews?', *Daily Mail*, 8 December 2008.

＊25 Gaby Hinsliff, 'Tories to probe long-term jobless', *Observer*, 7 December 2008.

＊26 The Sutton Trust, *The Educational Backgrounds of Leading Journalists*, suttontrust.com, June 2006.

＊27 Christina Patterson, 'Heaven help the white working class now', *Independent*, 24 January 2009.

＊28 The Sutton Trust, suttontrust.com, 9 December 2005.

＊29 Allison Pearson, 'I looked at Ivan and thought, "We're going to get through this. He's lovely"', *Sunday Telegraph*, 16 October 2005.

＊30 Vincent Moss, 'Tory leader David Cameron at centre of a political storm', *Sunday Mirror*, 23 March 2008.

＊31 Dylan Jones, *Cameron on Cameron: Conversations with Dylan Jones*, London 2008, p. 207.

＊32 Gaby Hinsliff, 'Public wants taxes that hurt the rich', *Observer*, 4 January 2009.

＊33 Department for Work and Pensions, Households Below *Average Income Report 1994/95–2006/07*, www.gov.uk.

＊34 Julian Glover, 'Riven by class and no social mobility—Britain in 2007', *Guardian*, 20 October 2007.

＊35 John Harris, 'Bottom of the class', *Guardian*, 11 April 2006.

＊36 Chris Holmes, *Housing, Equality and Choice*, London 2003, p. 3.

原注

はじめに

＊1 Mark Sweney, '"Chav fighting" gym ads escape ban', *Guardian*, 17 June 2009.

＊2 Michael Kerr, 'A "chav-free" break? No thanks', *Daily Telegraph*, 21 January 2009.

＊3 Dominic Sandbrook, 'A perfect folk hero for our times: Moat's popularity reflects society's warped values', *Daily Mail*, 19 July 2010.

＊4 Simon Heffer, 'We pay to have an underclass', *Daily Telegraph*, 29 August 2007.

＊5 Zoe Williams, 'The chavs and the chav-nots', *Guardian*, 16 July 2008.

＊6 Christopher Howse, 'Calling people chavs is criminal', *Daily Telegraph*, 17 July 2008.

＊7 Emily Pykett, 'Working classes are less intelligent, says evolution expert', *Scotsman*, 22 May 2008.

1 シャノン・マシューズの奇妙な事件

＊1 Quoted by Peter Wilby, 'The nursery-tale treatment of a real-life nightmare', *Guardian*, 14 May 2007.

＊2 Allison Pearson, 'Poor Shannon was already a lost child', *Daily Mail*, 27 February 2008.

＊3 Allison Pearson, '98 words that broke my heart', *Daily Mail*, 9 May 2007.

＊4 India Knight, 'Every mother's nightmare', *The Times*, 6 May 2007.

＊5 Roy Greenslade, 'Why is missing Shannon not getting the same coverage as Madeleine?', *Guardian*, 5 March 2008.

＊6 Andrew Norfolk, 'Poor little Shannon Matthews. Too poor for us to care that she is lost?', *The Times*, 1 March 2008.

＊7 Melanie Reid, 'Shannon Matthews is the new face of poverty', *The Times*, 17 March 2008.

＊8 Cole Moreton, 'Missing: The contrasting searches for Shannon and Madeleine', *Independent on Sunday*, 2 March 2008.

＊9 Maureen Messent, 'Home's no place for shy Shannon', *Birmingham Evening Mail*, 28 March 2008.

＊10 Melanie Phillips, 'Why Shannon is one more victim of the folly of "lifestyle choice"', *Daily Mail*, 17 March 2008.

＊11 Neil Sears, 'Calls for Tory councillor to resign after he suggests parents on benefits should be sterilised after one child', *Daily Mail*, 24 March 2008.

（弊社刊行物の最新情報などは
以下で随時お知らせしています。
ツイッター
@umitotsuki
フェイスブック
www.facebook.com/umitotsuki
インスタグラム
@umitotsukisha）

チャヴ　弱者を敵視する社会

2017年7月28日　初版第1刷発行
2019年3月5日　　　第6刷発行

著者
オーウェン・ジョーンズ

訳者
依《よ》田《だ》卓《たく》巳《み》

編集協力
藤井久美子

装幀
Y&y

印刷
萩原印刷株式会社

発行所
有限会社 海と月社
〒180-0003　東京都武蔵野市吉祥寺南町2-25-14-105
電話0422-26-9031　FAX0422-26-9032
http://www.umitotsuki.co.jp

定価はカバーに表示してあります。
乱丁本・落丁本はお取り替えいたします。

ISBN978-4-903212-60-9